金融陷阱

金融史上的骗局解密

[法] 马里乌斯-克里斯蒂安·弗朗扎——编
(Marius-Christian Frunza)

年四伍——译

INTRODUCTION TO THE THEORIES
AND VARIETIES OF MODERN
CRIME IN FINANCIAL MARKETS

中国人民大学出版社
·北京·

译者序

行将定稿之际，市场爆出瑞幸咖啡伪造22亿元交易额的丑闻，引发美国股市中概股震荡。联想起近年来的互联网理财、众筹、P2P风险事件，各类打着加密数字货币幌子的虚拟币骗局，獐子岛的扇贝6年里4次“逃跑”丑闻，种种金融骗局与陷阱，你方唱罢我登场，重大风险事件甚至直接影响金融市场的稳定。金融犯罪手法层出不穷，让普通居民防不胜防，以至于有人调侃：总有一款骗局适合你。

本书作者马里乌斯-克里斯蒂安·弗朗扎（Marius-Christian Frunza）是研究金融欺诈和犯罪问题的全球著名专家。翻译过程中，译者感触良多，全球金融发展史不就是一部金融犯罪史吗?！从保护投资者的角度，译者更有了一定要把本书推荐给中文读者的冲动；译毕抚卷长叹，“烈日底下无鲜事”，眼前事正是书中骗局换个马甲在当下时空的再度演绎，只是今人并不知晓罢了。甚至于许多今日今时之事，竟然早在作者预料之中，让人不由为之叹服。

他山之石，可以攻玉。权威数据表明，截至2019年，中国金融行业总资产300万亿元，其中银行业268万亿元，居全球第一。中国的债券、股票、保险市场也都成为全球第二大市场。中国金融市场规模经历高速增长，因此，回首全球金融市场发展历程，吸收其金融犯罪的治理经验，才能有效防范各类金融陷阱，全面提升市场合规水平，推动中国金融市场进入高质量、高效率、安全可靠的新发展阶段。

本书以访谈实录开篇，围绕金融犯罪活动这一主线回顾并展望金融市场发展，从道德风险、机制设计和犯罪组织等视角，深挖华尔街金融犯罪的形成根源。全书聚焦内幕交易、庞氏骗局、上市欺诈、洗钱等传统金融犯罪类型，最后重点探讨对冲基金犯罪、新兴市场犯罪与恐怖融资等新型金融犯罪活动。本书作者深谙金融机构和金融市场运行机理，通过分析金融大案解密金融陷阱，直指人性弱点和机制设计缺陷，深入揭示其危害本质，于实务研究中不失理论概括与模型总结。

可以说，本书所涉领域远非一般教科书和金融投资书籍所能及。作者具有宽广的全球视野，对于金融犯罪组织与犯罪类型能够信手拈来，案例、模型与访谈皆备，能够做到定性与定量分析结合，数理建模学术功力深厚；书中案例选择经典务实，对金融骗局的解析条理清晰，情节引人入胜，趣味性与可读性极强。访谈实录思考深邃、前沿，每章末尾给出规避陷阱的建议和形势预判，作者的真知灼见及其背后的胸襟与情怀实属难能可贵。本书可供金融监管部门、业务和风控主管及高校师生作为学习参考资料，也是金融投资者的案头必备读物。

自 2016 年下旬本书翻译工作启动以来，光阴在一行行文字的推敲琢磨中悄然流逝。全书历史跨度长，跨地域、跨文化，涵盖证券、大宗商品、电力和碳排放权等市场，涉及各类隐蔽复杂的犯罪手法，尤其表现在涉及全球犯罪团伙、衍生工具和对冲基金等内容的章节。书中所提到的金融历史人物人名、古今地名、专业术语的翻译及事件脉络的梳理难度极大。而书中所呈现的相关内容远比书中提及的《教父》《华尔街之狼》《绝命毒师》《上帝的银行家》这些影视作品的演绎要精彩，事实亦绝非影视作品所能企及。回想翻译初稿的头两年，力求忠实原文，做到语言简洁、通俗、流畅，常因寻找合适的词语和表达而绞尽脑汁，因专业词汇的晦涩难懂而伤神费脑。个中艰辛与窘迫，难于言表，亦不忍赘述，唯愿能不负作者与诸位读者。

翻译占据了大半闲暇，幸好得到诸多专家朋友帮助。译稿关于反洗钱和反恐怖融资的章节得益于中国人民银行重庆营业管理部反洗钱专家冯春江先生的全程指导，上海信托曹立群、招商银行金融市场部包呼和、富安达基金张帅、华能信托孙新宝、徽商银行李清亦贡献颇多专业意见。还要感谢宾夕法尼亚大学成倩仪，贵州大学王亚、刘子瑞，对外经贸大学何艺颖等同学协助校对。更多师友恕不一一提及。当然，译文中的错误与瑕疵，责任在我。

感谢中国人民大学出版社的信任。感谢编辑王海龙老师，他洞察本质，一语中的地概括了中文书名，无疑是画龙点睛之笔。本书同样受益于马晓云老师出色的编辑与出版支持。此外，还要感谢我的妻子朱琦女士及其他家人主动承担家务，让我得以静心工作；尤其是女儿出生后，家人更是付出了很多辛劳。翻译工作占据了本属于家人的时光，令我每每心有歉疚，深感亏欠太多。没有他们的支持，本书是无法按时付梓的。

年四伍

于春申江

2020 年 4 月

自　序

我的上一本书《碳排放权市场大骗局》（*Fraud and Carbon Markets*：*The Carbon Connection*）出版之后，我就决定再写本新书，来进一步解密金融市场中的各类骗局与犯罪活动，并分享我在研究交易员欺诈其他投资者群体案件以及各类犯罪活动中所积累的经验。

金融危机爆发之后，监管机构和调查人员披露了一系列犯罪活动和不当行为。所有这些被披露出来的白领犯罪，都只不过是金融市场犯罪骗局全景图的“冰山一角”而已。尽管如此，这些犯罪却在时刻威胁着天然具有脆弱性的金融市场的方方面面。

本书在详解各类型犯罪案例的过程中，也会介绍一些定量方法和分析技术。全书横跨金融犯罪和统计学两个专业领域，我希望能够借助专业术语，在定性描述和定量分析之间找到适当的平衡。尤其应该特别指出的是，除了教科书中所使用的技术性介绍外，数据挖掘和统计分析本身并不足以完整刻画金融市场犯罪的复杂性。因此，在这些方法之外，我们还必须全面掌握犯罪骗局的事实，并分析与犯罪案件相关联的一应因素。

这本书的内容从英国写起，涵盖了全球若干地域，包括欧洲大陆、中亚、土耳其和横跨乌拉尔山脉的俄罗斯联邦，以及东南亚和美国。我在书中也记录了对很多人的访谈实录，他们大多来自金融监管部门，或是调查人员以及熟悉金融圈的有组织犯罪情况的个人。

本书撰写过程中，我的研究工作主要面临两大难题。首先，我试图尽可能充分地收集与犯罪有关的各种情报信息，并尝试与犯罪嫌疑人、举报人、调查人员或金融犯罪受害人进行互动沟通。实际上，这些人大多不太愿意和别人讨论金融行业中的犯罪活动。其次，既要定性描述金融市场犯罪活动，又要介绍资产管理行业中的众多专业性极强的领域，我希望能在两者之间找到适当的平衡，这是我遇到的第二个挑战。

在研究金融犯罪的某些圈子里，有种观点认为，金融犯罪是一种更为温和的非暴力犯罪，这种看法会给人们造成一种假象：白领犯罪与蓝领犯罪截然不同。这也就导致了人们在分析金融犯罪方式时会出现认知偏差。

首先，白领犯罪和蓝领犯罪两者密切相关，任何一类的活动会对另一类活动产生外部影响。一方面，市场上存在的欺诈手段，如操纵农产品价格，可能造成全球某些特定地区的社会动荡，从而增加人身伤害或抢劫事件的发生；另一方面，蓝领犯罪活动，比如在禁酒令生效期间某人参与了非法走私违禁物品，这可能导致流动性大幅提升，如果资金进而转移进入金融市场，可能会造成或加剧金融危机。

其次，从心理和精神层面来看，金融犯罪与其他类型的犯罪并没有任何区别。那些操纵股价或建立洗钱网络的人，他们的道德水平与那些从事货物走私或抢劫银行的人，其实并不存在任何本质上的差别，两者在心理和情绪的触发上存在诸多相似之处。

过去几十年来，传统的有组织犯罪开始慢慢渗透到较为复杂的白领犯罪领域。因此，各类金融犯罪活动所牵扯到的因素及其成因开始变得更为复杂，包括了各种社会环境和心理因素。在这种情况下，传统理论中所说的受教育程度低、人均收入低与犯罪活动之间的正相关关系，在这种场景中已经完全不再适用了。

纯粹从过程导向的角度来看，我们绝对有必要掌握一些与刑事犯罪相关的法律知识。在构建犯罪行为的分析解释框架时，我们首先需要了解的就是罪犯或犯罪组织的行为与心理活动。

目　录

第三篇　典型的金融犯罪

第四篇　现代金融骗局

X先生匿名访谈实录

2014年5月

本次访谈时间安排在2014年5月。当时，X先生供职于一家全球知名商业银行的投资银行事业部。

马里乌斯-克里斯蒂安·弗朗扎（Marius Christian Frunza，以下简称“MCF”）：*在过去十年中，投资银行业的运行模式有所改变，您是如何看待投资银行业的未来发展前景的呢？*

X：在我看来，当前投资银行业的运作模式还是老样子，但它需要做出改变。也就是说，监管部门对投资银行的监管应该能够让它们的业务更为专一，以大大减少市场活动或影响其资产负债表变动的活动，从而使投资银行转向更简单的运行模式（我曾两次阐述专业化经营的好处，向银行推荐从事代销、吸收存款、发放贷款和提供非常简单的对冲工具的商业销售模式）。我的看法是，金融和投资圈现有的这些销售模式必须要开始转型，因为监管规定会推动银行只能选择专业化经营。一方面，它们的资产负债表将会受到更多限制，从而降低它们加杠杆的能力并压缩其操作空间；另一方面，监管部门合理提高了银行营运资金的风险阈值。所以，我认为未来的五到十年内应该会出现这一趋势，即趋向于单一银行并回归传统的银行业务，就像它们在 20 世纪 80 年代或 70 年代时那样。

MCF：*这么来看的话，在战略性产品方面，它们的复杂程度是否会降低？*

X：我们必须回归传统的商业银行业务，即吸收存款和发放贷款、交易银行业务，也就是现金管理业务和一切贷款相关的业务，然后使用资本市场上流通的债券，或买卖某些公司发行的债券或股票，以及采取少量应对利率波动的对冲操作，实现自身对资本市场的参与介入，在这一点上肯定会比现行商业银行运行模式要简单。那种构造极其复杂的衍生工具之类的东西必须要消失。

MCF：*在此情形下，银行是否还有创新空间呢？*

X：没有创新空间。但我们也不想让银行显得无所事事。它们可以为客户提供信贷服务，并为投资者提供资产负债表项目中的投资机会。在工作日结束后，银行的公司客户需要的是相对简单的银行服务，零售客户则需要买卖他们能看得明白的产品。较之于现在，我认为金融创新将会变得非常少。

MCF：*然而，市场结构仍然存在很多变化。事实上，从高频交易、算法交易的到来可以看出，市场……*

X：你说得对，不过我认为这些东西也终将再次消失。

MCF：*所以，总结来说，我们会看到银行回归基本业务，是这个意思吗？*

X：是的，所有这些复杂的业务都是特权活动，都将消失。可以肯定的是，监管部门正在限制它们，因此最终它们走向消亡很正常。高频交易并没有给我们服务的客户做出任何贡献——无论客户是借款公司还是实际做投资的投资者。也许未来仍将会有一些对冲基金存在，但是由于监管方面的明确限制，将使得其投资者在市场准入方面相较于其他投资者不具备竞争优势。

MCF：*在这种情况下，对冲基金的作用将会改变。以后它们还会继续开展它们先前的工作吗？*

X：不，它们不可能真正存活下去，因为它们需要的是加杠杆，而银行只会给它们提供越来越少的杠杆。事实上，如果银行用资金给对冲基金提供了杠杆，这意味着银行在对自己的资产负债表施加杠杆作用，而这种情况的发生概率将会越来越小。此外，在此背后是，虽然频次不那么高，但对冲基金确实也有风险，对冲基金的风险包括银行不会有的直接信用风险或承销风险。比如，主要定位于面向银行无法承担的特定资本投资的有保证的次级贷款，或者是银行业务中不会有的承销或共同承销交易。

MCF：*我们的下一个话题涉及不当营销、金融诈骗和欺诈交易的争议和做法。我先说说结构化产品，再聊聊 2009 年以来涌现的那些复杂衍生品，这些都曾在市场上引发了众多商业实体的各种争议，涉及金融欺诈、不当销售等诸如此类的所有事情，尤其是，与利率衍生产品有关的一切，比如次级贷款*

产品等。您怎么看待这些问题？

X：在我看来，监管部门对上述所有这些问题采取的严守规则的态度是正确的。首先，要确保向客户销售的产品是能够被客户理解的——产品本身必须简单；其次，要确保银行不能利用自身对市场的定价优势而从中受益，正如我们所看到的大宗商品、外汇和利率那样，因为这可能会给客户造成不利后果。所以，总而言之，我认为对一些业务采取更加严格的管理更有利于市场的长远发展。无论如何，我认为这都是银行产品名录内必须重点简化的一部分。当然，这些过程必须调整得更符合客户利益，以避免处于特殊的仲裁领域；同时，我认为随着产品变得更加简单，这两个问题本身也会得到解决。

MCF：*我们可以说是复杂性导致了上述问题吗？它们是复杂性的伴生产物吗？是加杠杆的缘故吗？*

X：不对。这些问题的产生，一部分是由于整个产品自身的复杂性，另一部分是由于产品自身复杂结构所导致的易于被人误解。产品拥有一些特定的终端用户，甚至银行客户经理对产品的部分机制也存有误解。举例来说，从伦敦银行同业拆借利率（英文简称为 LIBOR）操纵丑闻来看，这显然就是具有代表性的案例。比如对于银行管理者而言，当他发觉自己任职的银行成为法庭或者新闻记者报道的焦点时，对于该银行交易员实际上正在做什么，他甚至一无所知。客户和管理层都被蒙在鼓里，导致可能出现那些不符合客户利益但符合银行利益并可以被人为操控的地带。

MCF：*如果我们回顾 20 世纪 80 年代迈克尔·米尔肯（Michael Milken）的案例，然后再看看今天的 LIBOR 操纵丑闻，我们可以说一切的金融骗局存在顺周期因素吗？这是否取决于某种市场行情走势？*

X：在我看来，牛市或熊市并不是导致欺诈和骗局的重要因素。不过确实是，当市场交易比较活跃时——基本上是牛市的行情，此时市场的流动性及成交量更大，这就会使人们开发更多产品，同时也可能导致一些套利行为发生，而这些套利行为完全没有考虑过客户的利益。但是，我认为监管规则也在变化，也就是说，那些在眼下被视为违背客户利益的举措，在几年前可能并没有被当作违规行为。确实，监管规则变得越来越严格。我个人认为，我们现在所面临的环境相对简单。我相信，通常牛市会带来更大流动性，进而会形成一个更具活力的市场：我们会遇到入职银行的许多新人，也许他们并没有受到任何有效的监督。因为需要招募更多员工，所以在管理要求上会相对放松，进而也就导致银行在牛市中开展业务活动的风险要高于在熊市中的风险；并且在熊市中，银行自己就会主动对业务活动采取更严格的控制措施。

MCF：*未来金融市场将会走向何方，这取决于法官对稍有争议的案件的判决结果所造成的后续影响，特别是之前曾引起关注的名叫杰洛米·科维尔（Jerome Kerviel）和皮坎农-纳兹（Picano-Nacci）的两个法国交易员的案件。很显然，银行自己实际上对这一业务也负有相应责任。所以，责任要在外部*

环境和自身之间有所分摊。您同意我的观点吗？在此类案件中，要看看机构自身和环境的作用分别有多少，自身又起到了什么作用。

X：如果小偷闯入一栋房子，这是警察的错还是小偷的错呢？也就是说，房子门前没有警察，就说是警局的过失？同样道理，银行也是如此。根据你的观点，要负责任的不仅仅是有欺诈行为的个人。但进一步来看，无论你有多少法律或门锁，小偷还是可以通过地下室或者窗户进去的。根据国家的文化理念，你可以多多少少采取即时防范措施，或者你可以采取其他做法。所以，我认为这在很大程度上是一个文化理念问题。

MCF：*有没有人探讨过究竟是警察的过错还是小偷的过错呢？但最近金融服务行业中再次出现了危机，即风险管理人员和经营者之间存在着不对称。有时候，舆论会认为，在组织、流程、资源、培训等方面，风险管理人员的水平都有所下降，是这样吗？*

X：我可不这么看。我想我们应该回到小偷和警察的比喻上：如果你在每栋房子门前都安排了警察值勤，显然房子是不太可能被贼侵入的。虽然仍然有可能发生盗窃案，但在某种程度上这个例子证明了，只要配置足够的资源，任何类型的金融机构（如银行、保险基金机构等）都能得到或多或少的保护（即使事实可能并非如此）。我认为，在此背后，更多是风险的性质决定了我们所需要配置的资源和实施的程序。在银行领域，前台业务活动在资源和运营商数量上下降了很多，而在风险控制上投入的资源则是有所增加的，所以在资源配置方面我们采取了完全不同的办法。事实上，今天我们在与风险相关的一切事务上投入了更多的资源，而在前台业务上则相应减少，这意味着最初的情况是极度不平衡的，没有足够的资源供给运营商使用。我认为这一切都取决于所涉及的风险的细分程度。银行所面临的主要风险是 IT 风险，例如，你可能会受到电脑黑客的攻击，而在几年前这些风险是不太可能有的。今天，由于黑客技术不断提升，银行就需要部署更多的资源，而且面临的风险也更大。所以，我相信，一段时间后风险资源的边际收益肯定会下降。今天更重要的是，决定我们不要去做哪些事情，而不是决定我们要去做哪些事情，以避免额外的风险资源投入。在许多领域，银行没有特定的竞争优势，也没有本土优势，所以最好是让银行远离这些领域，而不是让它们付出额外成本去扩张。以在亚洲发展的欧洲银行为例，有很多银行具有战略眼光，但欧洲银行在亚洲的竞争优势非常有限——不具备当地银行的本土性、缺乏对市场的深入了解、没有使用当地网络等。总而言之，在我看来，这种拓展只会带来一些市场运营风险、信贷风险和监管风险。我认为，大家不要去宣称“我们将在亚洲扩张，我们将大量投资中东地区”，最好是说“我们不在亚洲扩张，我们只会深耕自己熟悉的市场”。在研究信贷风险时，这是个很常见的问题。当前，欧洲银行正在亚洲地区拓展业务，面对客户做出信贷决策，它们所掌握的亚洲客户的信用风险、信用活动的相关信息都非常有限。欧洲银行由于管理架构在欧洲，对亚洲的情况往往并不了解，不可避免地会犯一些亚洲本土银行从不会犯的错误。所以说，在亚洲地区拓展业务时，欧洲银行会面临更多的局限。你必须招聘几个本土的信用分析师，借以尝试弥补这一缺陷，这最终会使信贷职能和投资策略功能被管理职能所取代。如果管理层对这种情况的认识并不充分，我认为聘用更多的信贷分析师也无法真正弥补这一缺陷。总而言之，我认为管理这些风险的最佳方法就是：一方面，下定决心控制你所从事的业务范围；另一方面，坚持在你所熟悉的业务领域中做业务——这里我所说的"你所熟悉的业务领域"是指你具有特定竞争优势的业务领域。

MCF：*由于未授权交易或围绕着所谓金融犯罪而出现的银行亏损，很显然，重点仍然是分销中心的巨大损失，或是由于决策不当而可能造成的损失。*

X：我认为，银行最大的亏损仍然与其传统业务的准备金有关。当然，当你把钱借给客户时，就一定会有违约概率，所以银行必须相应计提准备金。但是，与初始预期损失相比，损失金额有多少？偏差量是正的还是负的？相较于对巨额亏损的重视，人们很少去关注或分析正在发生的事情。我们在分析巨额亏损事件时，仍然是着眼于条款规定，以及它们与预期损失（理论上的损失）的关系。我认为，今天的关键是应该简化模型，以控制由于运营商账户未经授权的行为而导致的分销损失概率；还有非常重要的一点是管理好信用投资组合，包括银行家放贷时确定的预设目标以及如何开展评估，以确保评估目标与业务活动之间的一致性，最终优化和更好地管理贷款组合。这些日子，我们也很容易忘记，银行首要的任务是发放贷款。而从信贷业务来看，银行正在丧失市场份额。我不确定研究人员或记者是否会重点关注这一点，但它是业务的核心。

MCF：*您把信贷业务作为一类活动做了深入探讨。我们是否该寄希望于那些老牌玩家，比如华尔街人士或盎格鲁-撒克逊投资银行在某一时刻做出改变？*

X：如果真是那种绝对纯粹的盎格鲁-撒克逊式的投资银行，它们是不会去做贷款业务的，但肯定会提供相关咨询业务服务。对于那些从事全球性业务的欧洲银行，即零售和商业银行，你必须要看到一点，即欧洲各大银行在欧洲发放给欧洲客户的贷款总额高达 2 500 亿到 3 000 亿欧元，这仍然是数目惊人的贷款。信用评估中出现的任何错误，都可能导致远超平均预期损失金额的巨额亏损。我认为，首先要做的是整顿和规范这些贷款组合的管理，这是银行的首要任务，市场活动等只是次要的任务。

MCF：*在风险管理方面，传统分析框架中确实倾向于关注小概率事件。您认为今天有必要了解整个活动的损益、结构和驱动因素吗？*

X：你必须考察业务负责人是如何管理他们的工作的。如果我从市场活动开始考察，就必须确保流程的稳健性，因为它们是章程所规定的，而其使用者又不可避免地会犯错误，因为这世上不存在从不犯错的人。所以，有必要设置不同的控制水平，并确保它们有效。这是一种相对传统的过程方法论。过去发生的各种事件意味着银行的控制和敏感度水平已经发展得很好，尽管这个过程需要永久性的保障：当流程建立时，你必须确保人们遵循这个流程，这件事虽然困难但至关重要。当你这样做时，你可以避免信用损失，但你不能避免在不利环境中的市场损失，这取决于健全的业务活动、管理成本和其他因素，这是事关限制或风险偏好的问题。在信用方面，确实还有些别的分析框架，包括分析非常细致的信贷方面的方法，而不是更多的统计方法——与消费信贷融资有关的任何事情，例如贷款给个人等。或者更具体的方法——在给企业发放贷款时，你可以选择在两种极端方法之间存在的一些方法，信用分析、风险分配和集中风险是其重中之重。除了这些信用风险之外，考虑因素还包括银行家、交易者的目标及其本质等相关因素：如果你为银行家设定了信贷额度目标，就像大约 15 年前银行所设定的目标一样，理性的银行家会将资金借给风险较高的客户，因为他可以收取更高的利息费用。如果信贷额度是经过风险调整后的，也就是说，如果你关注的是扣除客户违约损失金额之后的利息收入的话，那么你可以采用一种方法来让运营商尝试将风险分散化，实际损失将非常接近预期损失，并防止出现实际损失远高于预期损失的情况，这是信用投资组合管理的真正任务：让真实损失接近预期损失，而不会超过预期损失。我认为，信贷方式和目标既取决于对后者的理解，也取决于评价方法和设定目标的基本原则。而且在我看来，银行经理人员或监管部门仍然未能很好地认知和了解它们。

MCF：*我们先不谈信用的话题，在引入诸如风险调整量之类的措施之前，您需要一个边际的信用风险建模体系，这可以是……*

X：关于风险调整后的信贷金额或风险调整后的收入，银行对每一个客户都应该有评级，这是最基本的。评级可以作为预期损失的参考指标。银行的评级模型是否准确？不同银行之间可能会存在差异，因为它们拥有自己定义的高级评级模型，但它们或多或少会有类似的模型。所以，我认为，给客户评级这种事，一方面，它本身并不复杂；另一方面，银行间也有相对统一的标准，并且欧洲央行也正在审查，以确保欧洲客户的评级能够实现跨银行的可比性，此举将使客户评级更加简单可行。欧洲央行正在不断地强化自身的金融监管职能。所以，我认为这取决于目标：一方面，你为银行业务团队设定了信用风险调整目标——我知道其他银行不一定是这样的；另一方面，必须有其他方式来管理风险（想要自主设定一个风险调整后的目标，这本身就无法实现）。此后，你必须考虑信贷资产如何打包、怎样管理其集中度。我们可以给某个银行家设立一个风险调整后的目标，他的资产组合包中只有一项信贷资产就可以达成上述目标。我们可以为一个有一定信用额度的银行家在其投资组合中设定一个风险调整后的目标，以实现我们的目标；

但是，如果还有另外一个银行家，虽然他的资产组合包中的名义金额与前者可能完全一样，但是其组合中有一千项信贷资产，那么他更可能实现设定的预期损失，这是因为他的风险敞口更加精细可调。而对于只有一项信贷资产的那个银行家，他要么会收获一个特别好的结果，要么就是得到一个特别糟糕的结局。因此，单靠风险调整目标是不够的；除此之外，你还必须关注集中度目标和风险敞口的分散等。在我看来，这是当下最重要的。

MCF：*在这种情况下，如果将其扩展到所有活动，模型风险相比以前发挥了更重要的作用吗？*

X：我认为模型风险比以前变得更为重要了，因为银行的模型更多了。过去，它们不用模型，也就没有模型风险，但这并不意味着它们没有风险——这种做法可能有点太复杂了。如今之所以出现了模型风险，是因为我们开始广泛使用模型，也就意味着对模型错误的敏感性更强了。从某种意义上说，我这是在重复解释。那么，对我而言，关键点并不在于建模的风险，而是要知道这个常识是什么。为了试图说明这一点，最近大家主要辩论的点是关于银行杠杆比率与资本金消耗的比较，后者是由银行以模型为基础计算的，以便你可以实现 9%或8%的资本充足率。有些监管人士认为，超过法规要求的资本金规模会让银行看起来更加稳健一些，因此有必要设定一个杠杆比率这样的比值要求。也就是说，同样要关注银行的资本金与资产负债规模的比值。事实上，依据我们熟知的巴塞尔协议Ⅲ

的要求，其中对资产负债规模并不要求进行任何风险调整的处理。我认为这并不愚蠢，因为巴塞尔协议Ⅲ下的资本计算是通过模型来完成的，模型可能会产生不一致或非常高的风险集中度。有一些模型在处理 AAA 评级（这是一种非常高的评级）的资产时，会得出结论认为其几乎没有任何风险，因此，你可以为非常低的资本承诺建立非常高的风险集中度。这可能是主权债券，在这背后，如果你不具备常识（即名义敞口或杠杆比率——资产负债表中的资本金规模与特定资产负债规模的比率），那么你就无法判断出资本充足率的真实情形。我给大家举个例子：德国最大银行的资本充足率为 8%或 9%，高于监管要求，资本金在资产负债表中的占比为 3%。那么，是不是资产负债表受到 3%的资本金保护，我们就安心了？可能并不会。即使受到 4%的资本金的保护，我们可能也不会安心。银行应该放多大的杠杆才达到合适的风险敞口水平呢？这是留给大家自行判断的。而且我认为，那种所谓“按模型定价”的方法，并没有回到名义上的方式，它只是在评估了资产大类中的某项特定资产相对于整个资产负债表的情况之后，获得了一个名义上的风险集中度。这并不能加强你对这些风险的管理能力。所以，如果简单地相信并依赖于模型，实际上会使银行容易暴露在风险中，并且你总是需要回归到名义上的风险敞口。如果说我从危机中得到什么教训的话，那这就是其中之一。

MCF：*在谈论信用评级时，您认为主要评级机构的作用*

会改变吗？

X：不，我不这么认为，因为银行从来就不用评级机构。它们不会根据机构的评级结果来发放贷款。比如，你只会靠自己来做信用分析，并且给出的评级并没有用于你自己的分析或用来定义监管资本的评级。我认为，在危机中，评级机构给出的结果远远落后于信贷的演变。我们不是说它们做得不好，但评级的确是一个滞后指标，并不是一个领先指标，这是可以理解的，一方面是出于结构化的原因，另一方面，事实上它们只是在计算潜在风险的大小。当前，我们已经有了三家主要评级机构，不是那么多。我们需要更多家评级机构吗？评级机构是否向用户提供了相当透明的信息？对诸如此类的问题，我也没有答案。但我认为，投资人不应该依赖信用评级机构。一个优秀的投资人，必须依据自己所做的信用评估来做出信贷决策，而不是完全依赖于由外部评级机构给予的某些评级结果。

MCF：*回到市场风险，如今有两个名词——高频交易和资金暗池交易——发出很多声音，即便您可能会说它们可能并不是常见事物，甚至您可能会说它们并不那么常见。除了几年前发生的闪崩事件之外，在这种情况下，是否会有类似魔鬼交易的欺诈行为？*

X：金融是基于大量投资的金融市场的聚集。我认为，财务欺诈风险或不当行为总会时有发生，但肯定不会出现在你预期会发生的地方。高频交易基本上属于操作风险。例如，当你不再能控制计算机时，或者由于重新评估参数而导致定价不合理时，这无关市场风险，因为究其本质来说，头寸随时都是可以平掉的，所以我认为风险比其他任何东西都更具有操作性。未来银行的欺诈风险将来自今天没有被我们所仔细审视的地方。当那些潜在可能发生的事情确实发生时，我们已经对市场行为采取了大量管控举措。另外，正如我刚才所说，真正的风险实际上存在于 IT 领域。我们之所以还没有识别到主要欺诈行为，是因为黑客已经侵入银行并转走了数十亿欧元，并将所有转账的第二个小数位转为欧分，或划款设置为低于敏感阈值的金额。在这种操作下，有可能计算机转走了数十亿欧元，却还没有被人发现。对我而言，真正的风险是在上述这些地方，而不在市场活动中。可惜人们往往倾向于先验地去关注市场活动风险，即便是在近期瑞士的几家主要银行也出现欺诈行为，以及诸如此类的事件等发生之后，人们也还是如此。欺诈行为仍将持续不断发生，但是由于风险控制措施的改进，我觉得之后会有所减少。不过，风险将来自其他地方，尤其是我上面提到的 IT 行业。

MCF：*您刚才谈论到 IT 方面，那么请问您认为大数据来自哪里？*

X：这是另外一个话题。银行可以通过大量的客户信息来获取数据，因为银行知道客户所有的买卖活动信息，也掌握他们所有的资金流。银行当然可以更好地利用这种信息，了解客户的行为，并尽可能为他们提供产品交易服务。只要客户同意，就没有违反有关客户交易的保密规定。鉴于银行拥有如此庞大的信息数据，它知道关于客户消费的一切信息，所以这当然是有价值的，银行可以像亚马逊或 eBay 早就已经在做的那样，利用这些信息来分析客户的消费行为。但是，银行并没有挖掘并利用这些信息。所以，我并没有看出这类信息和欺诈交易之间有什么关联。

MCF：*是的，但可能会出现 IT 欺诈等行为。*

X：IT 欺诈主要涉及登录客户账户和进行资产转移，并且其中确实蕴藏极大的风险。我认为下一次大的危机可以是这样的：比方说，某家银行的计算机系统可能由于黑客入侵甚至国家层面的黑客行为而崩溃。在中东，就有国家似乎有能力把病毒植入其他国家的核武器工厂系统中。如果你都能在封闭系统中执行此类操作，那么你自然可以通过植入病毒来破坏银行系统。如果银行系统崩溃，对银行自身和客户来说都是一个真正的灾难。最近这些天晚上，让我辗转反侧、难以入眠的事情，基本上就是 IT 风险太大。尽管安装了安全防护系统，但任何人都可能将 USB 密钥安在电脑上，或者点击附在电子邮件上的虚假文件，进而导致电脑系统暴露在病毒面前。

MCF：*那么，就是说目前监管层面还没有真正注意到要防范此类风险？*

X：是的。我认为，目前监管部门更多是在关注市场风险和分配风险，而不是 IT 风险。但这只是我的个人看法，也可能是错的。而且在后果方面，我认为IT风险现在比分配风险更大。我给一所知名大学的金融学毕业生做过一次演讲。他们在银行兼职实习，所以我就问他们正在做什么。他们说："我在大银行结构化衍生产品部门工作。"我告诉他们，由于衍生工具正在退出市场，他们选择从事衍生工具相关的工作并不明智。他们说："我知道。但更重要的是，你是否有创新能力，而衍生品恰恰就是创新的工具。"我向他们进一步解释说，很长时间以来创新都是无用的。在我看来，基本上，如果从中期来看，那些创新过度的金融产品、衍生工具，以及结构过于复杂的产品，即将被淘汰。我还说，他们挂在嘴边的"新衍生品"就是现金管理和贸易融资而已，这都是相当重要的部门，通过要点小聪明，就可以让银行盈利，风险也很好控制。当你从事信贷和现金管理业务时，一般来说你的收益必须能覆盖相应的资金成本，市场对此类业务的估值往往数倍于其账面价值。不过，对交易业务和衍生品业务的估值则完全是另一回事。所以，当你想把资金存放到银行里的时候，你只会把它放在现金管理类的存款中，而不会选择衍生品。所以，我认为，目前正在发生意义深远的变革，虽然我不太确定它今天是否被人们真正理解，但是无论如何，调整大学的现有课程设置都需要时间，因为大学中的人们仍然忙于研究资本市场和衍生工具。正如我刚才所说的，理论模型是一码事，结合现实却是另一码事。那些在银行或监管部门中的所有荒唐的事情已经发生了，尽管人们有正确的理论模型，但其实他们只是追求表面上不要出问题。你必须遵守名义上的规则。当我说“遵从名义上的规则”时，我指的是遵守针对资产负债表的各种名义上的规范来做账务处理。当我们都这样说话时，会让人觉得很丧气，但我却认为这正是现实世界运行真相的一部分。

尼克·李森访谈实录

2014 年 2 月，英国伦敦。

在 20 世纪 80 年代初，尼克·李森（Nick Leeson）一开始只是库尔特皇家银行的一名秘书，并由此开启了其职业生涯。在最后就职于巴林银行之前，尼克·李森在不同的银行之间辗转更换了许多份工作。直到在巴林银行时期，他才开始崭露头角，并迅速被提拔至交易室工作。

不久之后，他被任命为负责新加坡货币交易所（简称 SIMEX）新开的期货交易业务的经理，并且很快通过准确判断日经指数的走向，为巴林银行创造了数以百万计的利润。远在伦敦总部的老板非常信任这位交易金童，并对他为银行创造的巨额利润感到满意。

李森和他的妻子丽莎看起来一切都很完美：每年 5 万英镑的底薪，外加高达 15 万英镑的奖金，周末可以在充满异国情调的地方度假，有一套精致的公寓和频繁的派对邀请，并且最重要的是他们还非常恩爱。

那时，巴林银行坚信自己没有遭受任何损失，因为李森声称他是在代理客户执行下单买入。该银行没有意识到的是，尼克·李森通过名为 88888 的错误处理账户隐藏了亏损。这个账户是专门用于处理团队中一些缺乏经验的成员所造成的 2 万英镑以下的操作亏损的。李森通过这个账户来掩盖其不断扩大的损失。

随着亏损的增大，李森申请了更多额外资金以继续交易，希望通过进行更多交易博取更大的利润来弥补损失，从而摆脱困境。三个多月来，他购买了超过 20 000 份期货合约，其中每份价值约为 18 万美元。他试图用这样的方式撬动市场。

尼克·李森总共亏损了 13 亿美元，其中四分之三的亏损来自上述试图挽回亏损的交易。当巴林银行的高管们发现问题的时候，他们不得不告诉英格兰银行（英国央行），巴林银行事实上已经破产了。巴林银行拥有 233 年的经营历史，甚至英国女王本人都是这家银行的客户。但是，仅仅是尼克·李森的交易就让这个庞然大物瞬间轰然倒塌，因为他带来的 13 亿美元的债务已经超出该机构的所有资产和储备金之和。

事发后，尼克·李森逃亡在外数月，试图躲避被引渡回新加坡的命运，但最终还是在德国法兰克福被捕。1995 年 12 月，新加坡法庭判处他六年半的监禁处罚。为了能够经常探视，他的妻子丽莎后来找了一份空姐的工作。起初，他们的婚姻经受住了考验，但最终妻子还是离他而去。在几个月内，李森被诊断出患有结肠癌。他的体重暴跌，头发也在化疗过程中掉光了。

1999 年，尼克·李森从监狱中获释回到英国。此时，他意识到高品质的生活已经再也回不来了。事实上，他已经无家可归，并且失去工作。尽管如此，能够与家人和朋友们见面，还是使他十分欣慰。这一年，他的癌症治疗也进展顺利。

尼克·李森用行动证明了他的坚韧。他将自己之前的经历写成书，在《每日邮报》上连载，并因此获得了不菲的报酬。故事后来被改编成一部名为《魔鬼交易员》（*Roger Trader*）的电影，由伊万·麦克格雷格（Ewan McGregor）主演。2001年，尼克·李森取得了心理学学位。现在，尼克·李森的大部分时间都在以他自己的真实经历为题材，做一些公司风险管理方面的讲演，或者在一些宴会或会议上做发言嘉宾。

后来，尼克·李森再婚，妻子是爱尔兰裔美容师里奥娜·托尔梅（Leona Tormay）。她婚前育有两个孩子——克里斯蒂（Kirsty）和阿历克斯（Alex）。2004 年，他们的儿子出生了，这让他们欣喜若狂。尼克·李森称："我的心态是，不能让癌症控制你的生活。越是保持积极乐观，存活的概率就越大。"同时，他建议人们不要给自己过度施加压力，就像当年他自己做的那样。他说："你需要经常跟别人沟通，充分表达自己的想法，就像我现在经常对里奥娜做的那样。人类的适应能力是惊人的，只要能保持信念，就能战胜所有的困境。"

2005 年 4 月，尼克被任命为戈尔韦（Galway）联合足球俱乐部的商业经理。2005 年 11 月下旬，他又被任命为该俱乐部总经理。同年，尼克与心理学家伊万·泰瑞尔（Ivan Tyrell）共同撰写并出版了他的第二本书《从巴林银行归来如何应对压力》(*Back from the Brink, Coping with Stress*)。2007年7月，他升职成为足球俱乐部的首席执行官，并在这个职位上干到2011年2月辞职为止。

马里乌斯-克里斯蒂安·弗朗扎（以下简称MCF）：*您好，李森先生。终于见到您本人了，我感到很荣幸。很多我认识的金融从业人员，据我了解，他们都读过您写的第一本书，所以我认为这本书可能比很多经典金融书籍都要更受欢迎。*

尼克·李森（以下简称NL）：希望这本书能够为所有人带来警示。

MCF：*过去20年来，金融行业出现了一些重大事件和危机。从您的角度来看，银行业（投资银行业）是否还保持着其精英文化，或者已经进化出不同的东西了？*

NL：我认为你所看到的是，无论哪里出了风险，人们总会有不同的方式来应对。其实，哪里有风险，哪里就存在出问题的可能性。问题可能是由蓄意的欺诈导致的，或者也可能是无心之失，甚至是一个极小的失误导致的。如果你看看最近几年发生的大量丑闻，我想在这些丑闻的初期阶段，很多事件是以人们尽可能曲解规则为特点的。我认为这是一种在投资银行业中一直存在的行业文化。你知道的，这是一种极具竞争意识的文化。人与人之间存在竞争，每个交易平台之间存在竞争，企业之间存在竞争，甚至在金融市场之间也存在竞争，所有人都试图比其他人做得更好。

最终，这种竞争态势会通过业务量和利润等方面呈现得更加淋漓尽致，我想这些指标也是人们衡量成功与否的主要标准。我觉得这种文化这些年来没有什么实质性的变化。在我看来，如果你随便找一个投资经纪人、销售员或交易员聊一聊的话，你会发现他们仍然在用赚多少利润来评价自己。利润就是金融市场中的通用语言。不管你是供职于法国的股票交易平台，还是供职于东南亚市场的交易平台，利润始终是评价、考核你的主要指标。

人们不在乎你的道德水平如何、做法是否合规、业务风险是否可控这些东西，衡量的标准只有一个，那就是你赚了多少钱。我认为这加剧了竞争。我经常把这种现象比喻为一个现代竞技场，角斗士在那里战斗。最好的、最强壮的、最成功的生存下来，其余的被淘汰。其实，我认为，在这种环境下，人们更需要的反而是那些非常有纪律的、遵守规则的人，这种人能够让你的风险得到控制，让你的生意更加安全。然而很显然，当年的我不属于这种类型。我并不是一个风险厌恶者，而且我在从事交易方面特别固执、特别不守规则。从心理学角度看，你肯定不希望像我这样的人手里拿着风险敞口。

但是，如果回头来看这么多年来投资银行圈的行业文化究竟发生了什么变化，会有人提出，随着 LIBOR 定价操纵丑闻曝光，其实这种所谓的文化变得越来越糟糕了。说句公道话，单从损失的金额就可以看出金融行业的文化越来越糟了。这是因为，现在市场涉及的资金量与以往相比已经不可同日而语了，其中大部分的资金量是由这个时代特有的交易类型带来的，即高频交易，这种交易类型更偏向于计算机和算法导向，并且能将交易量和交易频率提升至远超常人理解的水平。我最近见了一个迪拜的朋友，他可以在不到 1 微秒的时间内进行 37 次交易。这本身就给市场带来了巨大风险。

除非人为干预，否则文化本身不会改变。舆论是由各个组织的高层在控制的，也是由监管部门的顶层控制的。显而易见，过去 20 年来，从巴林银行倒闭事件至今，我们还没有形成对违规操作人员的威慑机制。当你身处一个冒险的环境，威慑和控制机制又不是那么强大、到位的时候，我认为人们总是会尝试不断突破自己的底线，从个人利益出发，就像我当年做的那样。你看，大部分都是老套的剧情，而且还在继续。

MCF：*在过去几年中，您提到的像角斗士的圆形竞技场一样的市场发展得越来越壮大。在过去几十年中，金融/投资行业在西方世界显著发展，在一些国家甚至是其经济的主要驱动力。如果类比汽车行业，那么您认为当今的政府/政治家或决策者是否完全理解“竞技场”的“核心商业模式”？这对全球经济有什么影响？*

NL：如果你仔细观察监管部门，看看世界各地的政府，看看它们在全世界不同的地点所做的一切，你就会发现它们其实并没有完全理解这些所谓的“核心商业模式”。例如，德国监管部门的做法和英国的监管部门就非常不同。我觉得很难概括形成通用性的监管措施，但我认为监管部门、政府和中央银行真的不够了解，也没有足够的经验来深入了解市场里的细节。我经常提的一件事就是，它们根本没有真正有力地质疑过金融行业和行业内的具体业务，因为它们不具备足够的专业知识，缺乏对行业的足够了解，来支持它们去这样做。

如果你仔细观察这些政府，你会发现每个政府都是不同的。我现在住在爱尔兰，这个国家的很多政府公务员都出身于学校老师，他们根本没有参与过金融市场业务，也根本不懂得如何管理市场。这就是爱尔兰的情况那么糟糕的原因。当有专业人员提出一些复杂问题的时候，政府人员的知识结构和具体经验使得他们不具备应对的能力。

MCF：*监管部门或政府内部的这些负责人是否至少明白他们是存在问题的呢？这样一来，他们才有动力去学习相应的技能，或者聘请咨询委员会来处理问题。*

NL：市场是不断向前发展和变化的。金融市场的基础是高速、复杂和以盈利为导向的。银行、投资银行和投机商一直在寻找新的赚钱方式，并以他们能够采取的最有效的方式来赚钱。也就是说，被监管者（新的商业模式）总是在变化的，每当看到新的管理制度和新的控制措施时，它们都会快速适应。

人们常常谈论适应性风险管理和前瞻性风险管理。但是，由于被监管者不断变化，监管者需要快速提高自己的投资经验和管理委员会人员素质，以及其他。我认为，在上述两个方面，监管层是滞后的，而且可能已经滞后数百年了。除非监管部门能够在上述两方面追上并且十分接近它们的“猎物”，否则它们将永远无法真正跟上这些快速变化的商业模式的节奏。

然而，我认为责任不能全部归咎于政府部门，显然中央银行和其他监管部门也需要负责。但是，后者也与政府部门一样，远远不能适应“猎物”的变化速度。

MCF：*科学技术从结构上重构了投资/金融世界。从交易系统、风险控制系统，再到我们的交易平台，技术变革的影响几乎无处不在。大数据、社交网络等新兴事物到来，它们会成为监管部门的新武器，还是会成为越来越严格的市场监管的对立面呢？*

NL：我认为，这些技术应该是一种监管工具，但只有在被正确使用的前提下才是。我跟很多金融方向的听众了解过，许多公司正在寻求使用所有可用的数据。在我当时的时代，最常见的场景可能只会是两三个人之间传播关于巴林银行的一些简单传闻，并互相探究巴林银行究竟在干些什么。而现在时代不同了，有那么多社交媒体，人们在这些社交媒体上很可能正在不断交换关于正在发生的事件的看法和意见。此外，我也认为，在目前的环境下人们可以获取到难以置信的海量数据。但不管是用于哪些业务的数据，为获得数据背后的隐含信息，你需要筛选出哪些是最好的指标、哪些是最有效的。我想人们在处理问题的过程中有很多使用数据的聪明方法。我坚信，只要有发生金融危机的风险，总是存在一些能够暴露这种潜在危机的信息的。可能你只是不会发掘和获取这些信息而已。假如你是一个交易员，人们就会调查你参与的是哪个业务板块，使用哪个账户交易，一天中何时下单交易，又交易了几次。你何时进入办公室，又是几点离开办公室的？你真的需要在办公室待那么长的时间吗？把所有这些问题的答案集合在一起，只要有人犯了错，就一定能够定位出市场上干错事的那个人。只不过你需要的是能实时发现他而已。

MCF：*华尔街已经开始雇用所谓的“火箭科学家”，主要是一些诸如数学、物理、统计学等基础学科领域的专家，这些人普遍缺乏或者说完全没有“现实世界的商业经验”。这么来看，我们对交易员的简历要求已经变了吗？*

NL：我觉得是变了。现在确实还有一些传统意义上的交易员，但是这些人在数量上已经十分有限。而且这件事情和学习相关，如果你是在公开市场成长起来的，你就会拥有一些能够在市场上取得成功的特质。比起只懂坐在电脑屏幕前面做交易的交易员，传统交易员更加有洞察力。在伦敦国际金融期货交易所或其他交易所开始交易数小时之后，诱发变化的因素才会出现。传统型交易员需要调整自己，看自己能否在电脑屏幕前游刃有余。在接下来一段时间内，一小部分人能取得成功，而只有屈指可数的一部分人获得了持久成功。私下里，我认识其中的一两位。但是确实只有极少数人能够适应从股票交易大厅环境到电脑屏幕的转变。在芝加哥和纽约有一两个这样成功的交易员，你会发现我们所说的这些传统交易员之所以能够生存下来并一直到今天还在做交易，是因为他们适应了以算法、高频交易为特征的新世界。我之前提到的迪拜交易员就是其中之一。他原本从事的是传统的欧洲债券利率方面的交易工作，现在则在石油和黄金市场做做市商。但他能够持续赢利只是因为他设法适应和掌握了新技术。为了实现这一点，他也会聘请其他人，这些典型雇员可能来自牛津大学、剑桥大学，或者中国广东等地区的创新型大学，再或者是印度某所大学的物理学毕业生。如此一来，他就拥有了一支非常有斗志、极度渴望成功、具有极高职业道德，同时又绝顶聪明的雇员团队。在英国，那些来自传统交易环境的人，之所以能够转变为掌握现代交易技术的交易员，与其说是牛津—剑桥精神使然，不如归功于他们个人对成功的渴望。我不想把任何人标签化，但是在牛津—剑桥环境里，人们不大会产生对成功的热切渴望，因为如果你已经拥有了非常体面的生活，又怎会那么迫切想要成功呢。

打开我的书，你会看到我们以前有一种下单管道，通过这个管道，我们可以在大阪的交易室和执行区域下单。我把我要做的单子下达进去，就会有人去执行这笔交易。当时其中一个负责执行我的交易策略的大阪下单员，名叫迈克·朗奇（Mike Lurch）。现在，他是全世界最大的套利交易员之一。他在火奴鲁鲁（檀香山）有一间办公室，他操作着非常成功的交易业务，叫作老虎交易（Tora Trading）。他的故事是本·梅斯里奇（Ben Mezerick）所著的《丑陋的美国人》（*Ugly Americans*）的原型。这本书的风格类型更像《华尔街之狼》（*Wolf of Wall Street*），而不是分析当下市场正在发生着什么的专著。迈克本应该沿着我经历的职业发展路径一路走下去，从我的下单员一直往上发展，从交易执行者转变为传统交易指令的下达者。我打赌很少有人真正做到了这些。你对比一下20年前的伦敦国际金融期货交易所的交易大厅，有多少人还在那里做交易？我想屈指可数，因为他们都没有能够适应市场交易方式的变化。

MCF：*处理金融工具的角色还能用“交易员”这个词来准确定义吗？还是应该改用“数字物理学家”“数据操作员”“算法商人”？我们不仅正在见证量化模型和量化系统在投资领域获得更广泛的应用，而且也见证着只依赖于模型的交易决策过程的诞生。一些数字开始被另一些数字所解释。您对此怎么看？*

NL：传统意义上的交易员，是指某人发现了一个机会，并且以此获利。然而，现在的交易员只需要向一个黑箱中输入一些指标，然后这个黑箱会自行判断并触发交易。人为干预开始变得微不足道，而在过去人为因素才是交易中的核心部分。这种变化既带来了积极的一面，也带来了消极的一面。消极影响是交易量和交易方向可以在很短时间内迅速变化，这就是需要监管的主要原因。

MCF：*有那么多的模型、系统，并且有几千个专家参与到金融活动中，在2007年时却没有人发现这么多家银行手中持有以美国失业人口的抵押贷款为标的物的次级债，无人去质疑其中的不合理性。这会不会有点悖论的味道？*

NL：我想，我们需要通过挖掘细节才能弄清楚实际上到底发生了什么。这需要这个人具备很好的大局观，还得供职于中央银行、监管部门或者政府部门，因为需要把所有碎片拼凑在一起才能验证危机是否正在发生。正像 10～15 年前，美林证券的许多阿尔法策略基金亏损了一大笔钱，只是因为它们漏掉了一个衡量风险的指标。到目前为止，我们还存在很多人为因素造成错误的情况，以至于现在就谈技术的影响还略显过早。当然，我个人始终相信，技术将在金融市场中扮演极为重要的角色。

有些技术之所以没有应用到市场中，只是出于成本的原因。多年来，公司董事会和银行一直抵制技术应用，因为这对于它们来说机会成本较高，相对来说现有的盈利模式的成本更低。但其实我们应该鼓励应用技术。

MCF：*这种抵制仅仅是因为成本，还是也因为如果将大量新技术应用到金融市场会让每条交易记录更可能被追溯到，从而削弱现存模式，比如手工交易的自由度？*

NL：如果你审视任何金融丑闻，分解到最后，会发现底层的疏忽都是人为造成的。而且情况一向如此。所以，任何关于传统模式的自由度和解释的申诉均可以被快速否决。归根结底，都是为了降低风险。如果你想通过应用技术来降低风险，而不是用上了所有的数据却徒劳无功，就必须要证明它们是有用的，而且是可以带来好处的。

从每个人的 Facebook 账户中采集数据，并生成一个与你的核心业务无关的条目，这种工作显然是没有意义的。因此，关键是如何改进数据采集方式，以及如何把得到的结果呈现给人们。所以，如果你审视我以前在巴林银行那段时间的行为，你会发现当时的复核都是人工来做的。

从心理和行为上的许多变化可以看出当时哪里出了问题：我的样子、我的变化、我上班的时间、我离开的时间以及那段时间我从进入办公室到离开办公室时的变化。回头看看阿多博利（Adoboli）或者科维尔[①]，情况也一样。他们接触到了公司的哪个板块，在整体业务中参与不同部分的频率如何，正在影响什么，他们接触和查看数据的时间，所有这些举动都会预示出有些事情正在朝错误的方向发展。但是，当然，你唯一感兴趣的可能是这其中会不会有例外。

MCF：*法国兴业银行的报告中提到科维尔在几年期间从未休假，他总是尽量待在交易室里。*

NL：这种情况任何机构都不会再允许了，但愿它们不允许。以我为例，在三年的时间里，第一年我总是第一个到交易室，而且每天都是最后一个离开的。有时候，我离开办公室时已是凌晨两三点，因为总是有工作需要处理。到最后，我变成了最后一个到、最早离开办公室的人。所以可以说，我的上班作息时间完全翻转了。这种变化显然可以说明一些问题。在三年的时间里，我从一个极端走向另一个极端。我的健康状况严重恶化，仅仅从外貌上就能看出我从开始到最后的大幅变

---

① 两人分别是瑞银和法国兴业银行的魔鬼交易员。——译者注

化——压力都写在脸上。我对交易数据进行了造假，而这种造假的手段本应该被技术部门的人发觉，比如通过交易所回传的数据，以及这些数据进入你账户后的记录方式。其实有很多简单的途径来做这项工作，你总能想到用其中一个来对风险做预测。唯一需要做的就是梳理清楚是哪些数据起作用，并把这块内容呈现出来。

MCF：*您认为是"市场"决定或控制了投资者，还是投资者控制了"市场"？换句话说，有没有这样一种可能，就是银行创造了一些它们没法控制的东西？*

NL：几年前，我在印度，德意志银行的一些人向我解释，说市场投资的传统方式是：你会接到一些销售人员的电话，这些销售人员一般都很友善并且体贴入微，还会邀请你共进晚餐。随着时间的推移，良好的关系往往是获得优质报告的关键。而这些公司很可能以准确的报告闻名。而现在，销售人员可能只是销售支持部门的一员，因为如果一个客户对他采购的程序化交易系统有疑问，销售支持部门的人可以更好地解释和解决问题。我称之为传统的销售人员的环境已经一去不复返，取而代之的是向分量更重的客户兜售程序化交易的黑箱，由他们自己来做算法交易。整个市场都变了，不仅是交易员，也包括机构中销售人员的工作方式。

现在，我们处在一个到处都是信息噪声的环境当中。人们试图解释这些噪声，并基于他们对这些噪声的解释来做出交易决策。所谓噪声，是指市场上正在发生的许许多多不同的事物，比如交易量的高低、价格运行的轨迹，以及价格涨跌的速度等。有台机器可能正在某地对这些细节信息进行处理，并据此提出交易建议。现在确实还有传统交易员，我最近就见过其中的一个，他向我询问对苏格兰皇家银行股价的看法。当你还是一个缺乏经验的投资者时，等你对价格变动做出反应时，市价已经上涨了 40%。同理，用传统的方式，你能够精准把握进场、出场的时机并做出最佳反应的可能性几乎为零，所以这件事情很难。但还是有人试图走这条路，虽然这些人所占的比例非常小。

MCF：*最近的危机让更多的未授权交易（魔鬼交易）案例浮出水面：阿多博利（瑞银）、科维尔（法国兴业银行）、伊克希尔（Iskil）（摩根大通）、帕西诺纳兹（Picano Nacci）（法国棉花交易所）。为什么只有亏损的未经授权交易才会被披露出来？理论上，未经授权的交易也可能带来盈利，那么那些未经授权的交易带来的盈利去哪儿了？*

NL：有很多原因。赚了钱的单子通常会被认为是笔好交易。而那些亏损被暴露出来时，其实通常是一段时间内的交易合并计算的结果。一直以来，我坚持认为被报道出来的绝非只是一笔独立的交易。一般情况下，都是一段时间里的违规操作的加总，而不是独立案例。所以，实际上我们所看到的亏损在一定程度上都是被人为夸大了的。

有人告诉我，我的职业生涯总亏损多达 14 亿美元。这是一个标志性的事件，当你回顾什么是风控文化的时候，你就会发现人们乐于反复谈论这个话题，但是其中隐含的信息并没有被传递出来。对我来说唯一的结论是，对人们错误行为的威慑还不够充分。如果我曾经意识到自己将会在监狱中度过三年半的时光的话，我敢说自己当时绝对会做出完全不一样的选择。任何想要在金融市场工作的人，都不希望自己在监狱中待上哪怕一天。合理的推论是，受过良好教育的人不大会进监狱。当一些事情发生了，你不作为、不处理，也没有能力处理这种情况，最终就会导致进监狱服刑。

我们还需要考量其他几件重要的事情。我跟所有人一样痛恨“罪犯”这个词。而我在监狱中度过了三年半的时间，所以从白纸黑字的角度来看我已经被贴上了罪犯的标签。但有一点我试图澄清，那就是我并没有犯罪的意图。我们可以想到那些有清晰意图的金融丑闻。我想，这是需要区别对待的。每个被卷入犯罪活动中的人都需要蹲监狱。或许我的情况与伯纳德·麦道夫（Bernard Madoff）那种需要用余生来服刑的情况不同，毕竟他是有目的地犯罪。我的情况是由各种失误和相当糟糕的决策造成的。我的判决结果本来是六年半，有很多人被判过类似期限的刑罚。我想，做一下区分是有必要的。一切都是扛着白领犯罪的大旗的，但应该根据是否有犯罪意图来做区分。就我而言，可以说是没有预谋的。是否有预谋这点真的有必要被认真纳入考虑。

有这样一个阶段，一开始你只是犯了一些小错误，你会尽可能掩盖一下。过一段时间之后，你找到了一种成功掩盖错误的方法。这在多大程度上算有预谋？你找到了一种方法去遮掩事情，然后你继续这样做，这算预谋吗？就我而言，这并不是我一开始的计划。当时存在一些猜测认为，我发现了系统中存在的缺陷并试图利用它们。事实上完全不是那么回事。首先我亏损了，然后我才找到了系统中的漏洞——可以让我能够更长时间地掩饰这些亏损。如果是我发现了漏洞并利用这些漏洞赢利的话，那么我应该是以私下里给自己赚钱作为出发点的。这样说有点咬文嚼字的嫌疑，我也承认。但我们必须公允对待事件发生的实际情况，而且把这个过程讲出来也非常有必要。

MCF：*有些分析师认为神户地震是导致您亏损的重要原因。*

NL：这是一个经常被提及的论调。当时，我已经失控了，我也不知道自己当时是不是处于自大、顽固而且愚蠢、贪婪的精神状态，我不敢肯定。当我回过头来看时，银行已经没钱了。神户地震并没有对银行剩下多少钱这件事造成很大影响。巴克莱银行和花旗银行是当时主要的资金融出机构，它们收缩了信贷规模，而我还需要更多的钱。神户地震当然起了一些作用，但当时的头寸太大，已经没有办法真正管理它。当我们在市场上熬过了一定阶段之后，又有其他一些因素令市场进一步下跌，我真的是这么认为的。1994 年年末，头寸刚好到了无法管理的地步，当时与其说是我在打理头寸，倒不如说是头寸已经控制了我，而我自己也已经开始绝望了。

MCF：*您怎么看待伦敦同业拆借利率操纵丑闻？*

NL：对这起事件，我的态度历来是旗帜鲜明的。由于涉及财务造假，所以这毫无疑问是犯罪。在每个国家都存在财务造假，而且都被定为犯罪。我认为这是犯罪的另一个原因是，该事件是蓄意而为的，它经过了一段时间的各方协调和巩固。以上所有的理由都指向这是一起犯罪事件。涉及的利益大小可以讨论，我接受一些人的观点，即 LIBOR 不再像从前那样被广泛使用了。

当年，LIBOR 是市场运行的基础。你是否采取在 LIBOR 上加百分之 x 的报价方式来融入/出资金，确实会影响到一些人的利益。而一旦有人操纵了这个利率，就是财务造假。我敢肯定上述的推断，所以 LIBOR 操纵丑闻是一次犯罪。就像现在的爱尔兰，不同的司法管辖区各自不同，这不太好。后金融危机时代，美国出现了许多内幕交易和魔鬼交易员的审判，还有很多其他判决。很多人在这些审判中被绳之以法，并被重判。伯纳德·麦道夫显然是其中一条大鱼，但拉杰·拉贾拉特南（Raj Rajaratnam）和其他很多人一样也罪行不轻。

爱尔兰是受全球金融危机影响最大的国家之一，银行担保事件发生在 2008 年，但直到 2014 年都没有人受到任何审判。本周盎格鲁-爱尔兰的高管开始接受审讯。随着时间的推移，绳之以法的动力正变得越来越弱。但如果对 LIBOR 交易员提出刑事指控，他们现在就在那里。这就又回到我之前讲的对犯罪进行威慑的角度了。如果有人在德意志银行操纵了 LIBOR

很多年，并因为这个事件被辞退，然后还能在一墙之隔的某大型基金机构谋到差事，这样的结果肯定不是一个好的信号。从行为学和心理学的角度出发，我们可能会觉得普通人将会得到一个心理暗示：最糟糕的情况，无非就是失去一份工作而已。

我打个简单的比方。把我的经历按时间顺序回顾，并且做最大限度的简化。有段时间，我在巴林银行干得相当不错。如果有人在第一年揭露了我的非法操作，我将会“挨一巴掌”。如果有人在第二年揭发了我的非法交易，我可能会丢掉工作。由于总是幻想着有更多的时间，所以在这种侥幸心理的作用下，你不可能停下来。如果早知道在那段时期的任何时间，我都可能被送进监狱的话，我一定不会去冒这个险，因为这样做不仅是银行的操作风险，也是我个人的风险。这些事情我一直不清楚，也从来没弄清楚过，在那段时期也没有什么是真正清晰的。因为没有谁会想在监狱里待着，所以，如果人们知道非法勾当的后果是要蹲大牢的话，他们才更可能不去重蹈我的覆辙。

接下来说说阿多博利和科维尔。不管怎么看，阿多博利的故事都是一个特别的案例，因为私下里他在外面做了许多事：他在发薪日从放贷人那里借钱做传统点差交易，押注瑞士银行会破产。在所有案例中，他可能是完全失控的那个，可能还要糟糕。我去了解过很多风险管理导向型的事件，从中有一些发现：最近几年里，Detica或者BA风控系统公司开发出了新的风险管理模块，你只听说过一些亏损，但那不是全部亏损。差不多每周都有魔鬼交易出现。最近瑞士银行又发生了一起，瑞士信贷银行也有一起，不过这些交易没有达到媒体报道的级别。但是，这些事情的的确确正在行业中发生。以前跟我在伦敦国际金融期货交易所的交易室共事过的一个朋友，他现在是毕马威交易风险部门的领导。在过去 15 年中，毕马威并没有设置这样一个部门，人们更多地将焦点集中在如何预防上。我仍然认为这是非常重要的事情。在我看来，风险管理就像龟兔赛跑。

MCF：*尽管没有监管制度，但似乎在处理所有这些问题上并没有什么进展。*

NL：无论在哪里，当你看到监管制度或立法的更新速度变得越来越快时，问题都要回归到风险管理和风险管理应该如何革新上。风险管理是需要实时启动的，它不是说等到交易日结束后你来查看人们都做了些什么，它是一个持续的过程。当有什么不对的情况出现时，风险管理系统应该马上提示风险或者发出警报。就像在交易员背后装了一个摄像头，随时观察他们在做什么。这是你应该追求的状态。不是说要真的放一个摄像头在人家头顶，而是需要对交易员们正在做什么、怎样做到这些事情的有充分的认知和控制。我认为，如果我们果真做得很好，也就没有必要去监控别人在屏幕上按了什么按钮。

如果交易员意识到他们在不断地被调查和监控，并且公司对他们正在做的事情有着密切的管控，我认为他们就不会有太多兴趣在规则之外搞事情。只有当他们认为自己可以在规则之外多走一小步时，他们才会出现违规操作，在我看来这就是人性使然。就像你在打小成长起来的过程中，就被定了一些规矩，可以试着一点一点地试探这些规矩的边界，每次都超出一点点，最后看看能把父母定下的规矩突破到什么程度。在金融市场里情况也差不多。当然，我在巴林银行工作期间，也包括在此之前就职摩根士丹利期间，很多钱都被用在了试探着朝那些监管边界外多迈一小步上了。我有没有见证到这种情况在今天发生了什么巨大改变？可惜我没有。

MCF：*然而，看起来虽然出现了更多的手段、更多的工具和方法，但是风险管理人员在业务理解和薪酬上还是落后于交易员，并且这种情况这么多年来一直并没有太多改变。相对于风险管理人员，交易员在公司中的地位是不是出了问题？看起来前者不是那么有价值，而且收入也更低，有时还扮演了尴尬的角色。*

NL：的确存在这种情况，而且在行业中相当普遍。即使是今天我与风险管理人员交流时，也常听到他们聊起这个话题。有个例子充分说明了这种情况。乔纳森·萨卡曼（Jonathan Sugarman）在联合信贷银行（以下简称“联合信贷”）都柏林分行就碰到了这样的问题。他当时是风险经理，他将自己对所任职银行资本充足率的疑问向联合信贷的 CEO 做了汇报，然后被告知是他自己计算错了。几天之后，他对所任职银行的资本充足率水平仍旧心存疑虑，所以他再次向 CEO 进行汇报，然后再次被告知他错了。最后，他向中央银行报告了联合信贷银行的问题。央行向联合信贷银行提出了质询，后者表示一切正常。但是，联合信贷银行发现了萨卡曼的检举行为，于是最后乔纳森·萨卡曼不得不辞职，因为他已经无法在所任职银行立足了。现在，他根本没法在行业中找到其他工作，因为他曾通过检举的方式与自己的雇主作对，所以他再也没能在金融圈找到工作。你可以看到其他的告密者，比如苏格兰哈里法克斯银行的告密者，最终都无法被行业内其他机构聘用。这几乎就像是金融圈里的潜规则或者地下法律。

MCF：*一方面，好莱坞作品和大众媒体往往将投资银行家的表现、行为方式包装得光鲜闪亮。另一方面，传统观点对银行家的认知依然是：他们是非常保守和谨慎的。在金融世界里，有没有一种具体的行为方式来鼓励冒险行为？是什么造成了这种行为？为什么一个 25 岁的数学专业研究生在一夜之间行为就变了，举止谈吐变成像真人秀节目中的成功人士那样？*

NL：我认为原因很简单，就是金钱——金钱的魔力。如果你观察一下其他任何一个行业，比如体育行业。观察一下美国足球运动员退休后的生活状况：他们要么花光了所有的钱，要么变成了瘾君子。很奇怪，他们在某个阶段变得很有钱，然后又变回了穷光蛋。如果你观察英超球员，他们在年轻的时候都很有钱。如果把足球运动员标签化为蠢人，显然不公平，因为有很多球员受过良好的教育。他们都在人生的早期阶段就赚到了很多钱。在职业生涯的早期阶段，他们得到了很大的激励。但在我看来，他们还没有足够成熟到驾驭这些来得太快又太多的金钱。这也是为什么有些行为会自我强化，一些热衷于交际又喜欢张扬的银行家就是这么来的。就像你说的，对于一个跟着妈妈一起生活到 24 岁的物理学双学位研究生来说，当他进入银行工作以后，是什么让他跟原来的行为方式相比看起来更像一个精神分裂症患者？变化来得又快又猛，就像英超球员开始赌马一样。他们不是用 20 英镑来寻个开心，而是在用几千甚至几万英镑来豪赌，过多的金钱使金钱本身已经失去了衡量价值的能力。对比一下一些英超球员的行为，看看他们经历了什么，你会发现现在银行业中也有类似情况。《华尔街之狼》就是真实写照。

你回顾一下我的故事。当我去新加坡的时候，我才 25 岁。而一切开始崩溃的时候，我也才 28 岁。从商业的角度来说，我对那个时期所发生的每件事情的处理都还不够成熟。“成熟”是我在书中使用的词。当一个不成熟的人拥有了一定地位时，他往往会做任何可能的事——真的是任何事——来让自己保住这份荣耀，绝不含糊。

银行家本来就有地位，而一名成功的银行家在其他银行家眼中就更有地位。足球运动员也有很高的社会地位，每天都被人们当作偶像追捧。这两种地位都能带来许多钱。我从来没有真正进入过这么高级的圈子。我一直很安静、内向。但是，自负一点说，我也有过属于我的那一刻。我在迪拜的交易员朋友，当时是金融市场上最不起眼的从业者之一，远离诱惑，现在他却很成功。往事不堪回首，事实却不容争辩。

MCF：*公司在礼品和娱乐方面的限制可以在这些问题上发挥作用吗？它们还像之前那样流行吗？*

NL：礼品和娱乐活动等手段绝对是非常重要的，因为人们靠这些拉到更多生意。无论是兜售一个箱子，还是争取一次投资机会，关键点都是能在多大程度上吸引潜在客户的注意力。几年前，我参加了在孟买举行的一次会议。许多印度的高净值投资人和企业都参会了。会议是非营利性质的，日程为期两天。几乎所有的银行都来了。会后的关键决定是究竟要去哪家银行主办的派对活动。德意志银行聘请了或者邀请到了几乎所有的宝莱坞影星。最后，每个客户都去参加了德意志银行的活动，因为他们太想见见心中的偶像了。后来我甚至都不知道还有什么其他选项。显然，德意志银行赢了。

MCF：*这个问题与心理学、压力病理学有关。因为各种各样的原因，投行工作显然是高压的。一种非常具体的压力主要与心理因素有关。压力在银行家行为中的作用是什么？*

NL：我认为这取决于应对压力的方式，并且掌握这些应对方式需要一定的指导教育。有些应对压力的策略很好，有些则明显具有非常大的破坏性。我们很需要人力资源部门或者相关部门从道德行为角度，持续地教授人们怎样应对压力。巴林银行当年就没有这样的教育。如果有，也只是你在这里干活，这是你要处理的交易，那是你的工位，告诉我你今天赚了多少钱。过去没有针对个人的真正的支持，而支持恰恰又是非常必要的。所以，当年我应对压力的策略是“鸵鸟战术”，就是忽略正在发生的事，也不告诉任何人怎么回事。我们绝对需要鼓励人们谈论他们正在经历什么，或者谈论工作中的经验，用这样的方式观察他们有没有什么不想主动讲出来的。我觉得，这么多年以来，这套机制一直没有发挥作用。事实上，机制根本没有建立起来。人们总是顺手捡起他们最了解的应对压力的东西并且直接用上。对于当时的我来说，那就是酒精。

酒精可以推迟并阻断正在发生的事情所带来的麻烦。我们知道，在金融市场中有很多酒精正在发挥作用。也许是为了娱乐，或者是结束艰难的工作日的需要，许多人下班后会喝三四杯啤酒，而不是去处理现实问题。所以，关键问题是鼓励人们使用更好的方式应对压力。我的方式非常糟糕。不过，我没碰过毒品或者类似的东西，即便当时到处都是那玩意，我还是敬而远之。有许多天，我都喝断片了，醒来之后不记得前一天都干了什么，这是很糟的。当压力显露出来的时候，你不想锻炼，无法健康饮食，无心照顾自己。生活节奏很快，有时你无法从忙碌的工作中抽身，无法说：你们瞧，我能给自己留出一天的时间用来照顾自己，而不是一直工作、一直想着利润。

MCF：*这种压力长期来看会让人体器官产生器质性病变。这种变化会体现在行为中吗？会带来变态行为方式吗？您的经验是什么？*

NL：我觉得会。因为如果你长期滥用酒精，你的反应当然会变，你的思考过程会变，行为也会改变。当你有压力的时候，你会变得易怒，并且会以各种各样的方式表现出来。你可以找出人们承压时的各种各样的表现，对特定的某人也能找出压力下的表现形式。我在监狱里度过了三年半的时间。在此期间，我需要剖析自己过去都做了什么、我应对某些事物的反应是什么，以及我对某些关系的处理方式是怎样的。我不喜欢以前自己的处事方式。但是，过去的处事方式是我当时经历的一部分。高强度的压力导致太多的酗酒——更凶的酗酒，以及无心处理现实事务，所有这一切又导致了我和妻子关系的恶化以及许多本不应该在银行和交易事务中发生的行为。在当时的新加坡，这些问题经常出现。我根本不觉得有什么问题，而实际上这是不对的，但那就是我经历的一部分。我记得我在新加坡时就是这样了。而且最近也有一个例子，我们从中看到年轻小孩做出了与工作不完全相关的错误决定。有个二十三四岁的年轻交易员因为女友提出分手而从窗户跳了出去。如果他理性思考，并且如果不是处于工作压力之下的话，他的思考过程可能会不一样。当然，也可能一样，我不敢肯定。人们一直在那种程度的压力下运转时，会做出极其怪异的举动；但有时又不得不那样运转，否则将失去工作。

MCF：*在投资圈里没有哪个大机构能躲过犯罪指控的丑闻。借用亚当·斯密的格言，我们可以说，金融领域有一双“看不见的罪恶之手”将合法组织和企业推向黑暗的犯罪吗？*

NL：我认为，主观默许的一切事都是错误的。如果回顾次贷危机，再考虑到竞技场般的竞争环境（这意味着大家是在零和博弈），你会发现有盈有亏都是很正常的。每家银行都想追求丰厚利润，然而任何你想要进入的市场都不可能只有银行涉足，一定还会有其他商业主体参与进来。有的时候确实会有利润很丰厚的阶段，但是不久边际利润就会被竞争侵蚀，最终变得不再丰厚。所以，银行试图找到一种开创性的方法，即创造出许多对应市场的衍生品来攫取更多利润，这就带来了问题。银行聘用的统计学家或者数学家，声称银行可以通过这些新的工具和方法赚到更多的利润，但是有时这些专家也会出错。一旦出错了，只能由合规人员和董事会接手处理。而这么多年下来，他们推陈出新的各类金融工具都失败得很惨烈。焦点是赚钱，但是赚钱的工具有时会崩溃，或许是信用违约互换（CDS），或许是近年来出现的其他工具。而且这种现象还会一直存在，银行将会持续向市场推出新产品。

MCF：*在近来的危机中，投资银行的道德问题经常被拿来讨论。很少有人主张银行为了获得利润而给员工在风险方面提供自由裁量的权力。那么，道德风险究竟只是一个结果，还是商业模式使然？*

NL：无论银行怎样辩解，作为企业的它们都是利润导向的。显而易见，它们都试图把风险降到最低。我觉得，问题的关键是新工具的影响。有时，这些新工具的边界不止于一个特定的市场，人们经常将其应用于其他能够赚钱的领域。比如，利用这些工具，衍生出一种新的交易方式，或者干脆创造出一个全新的市场。出问题的都是那种失控的、处在风口浪尖上的新东西。在传统的简单权益市场中，你很难会见到特别巨大的亏损，因为这种市场比较连续且已经被大众熟知。衍生品，尤其是一些特殊的衍生品却不然，它们对市场影响巨大。CDS是另一个好的例子，当然，次级贷也是。那些传统的、存续了好多年的投资工具很少会暴露在特别大的风险之中。

MCF：*自2007年以来，我们看到银行倒闭、被救助、被起诉、操纵丑闻，也看到有人赚取巨额利润。为什么我们要经历危机才能观察到这些呢？*

NL：我觉得，可以理解为事件之间存在联系，而危机发生之后审查会变得更严。如果你回顾一下我在1995年的那次经历，就很容易理解了。当时我造成的亏损很快就让我所在的银行破产了，由此带来的影响想藏都藏不住。不多久，人们就抓住了铜期货市场上的滨中（Hanamaka）以及大和银行的井口（Iguchi）。井口本人就是个有意思的案例。大和银行本来不想向监管部门汇报。只因该银行内部有人告密，才引发媒体大量关注。住友银行在铜上的损失最大，达到22亿，井口14亿，我12亿到13亿，单位都是美元。这些事件之间都是有联系的。因此，全球危机中这些事件接连发生，我丝毫不觉得意外。那些事件造成的损失都是数以十亿计的，但也有些造成的损失低于千万美元，所以你都没听过，而且可能永远都不会知道。金融危机之后的大环境变了，人们知道会有更多针对行业的审查，而且这种审查将给行业带来极大影响。所以，人们要么选择披露所发生的事情，要么就让自己深陷其中。

MCF：*有一种倾向是把金融犯罪归罪于个人。然而，当*

金融犯罪出自组织或者部门时，这种倾向就会消失。我们是不是需要一种“全民公敌”的角色？

NL：是这样的。从银行恢复损失的角度考虑，最简单的方式就是把所有的问题指向个人。把事件个人化，从某种角度来说这样做是对的，因为是个人的非法操作造成了损失的结果。但是，从银行自身来看，这样做的目的是把人们的焦点从银行自己身上移走。其实，我们在多大程度上抨击个人行为导致的结果，就应该在多大程度上去关注银行风险控制的缺陷。当人们的抨击焦点还是个人问题时，银行便赢得了整顿的时间。当有人回过味来，去追究银行以及银行的风控问题时，它们已经补救好了。无论哪次金融危机，套路都相当一致：瞄准某个人，把焦点从银行身上转移走，银行趁机查缺补漏。有时甚至都不需要是个人。在全球金融危机期间，人们的焦点就是创造这些衍生品的过程中高管所拿的奖金，一半人会认为这些激励机制是罪魁祸首，另一半人可能并不这样认为，但无论如何，民众有了可以攻击的目标。

MCF：*尽管应用了电子、IT 控制和监控机制，但看起来金融犯罪的数量和频率都在上升。与过去那种需要把交易指令写在纸上的时代相比，未授权交易或者内幕交易这类公共案件也变多了。科技究竟是帮助我们提高了风控水平，还是起了反作用？*

NL：科技可以非常智能，但就我所见，非常复杂高深的业务却没有那么多。所以，你会发现，从机会成本的角度来看，过度使用科技手段并非明智之举。但我也相信，如果应用得当的话，科技可以降低风险发生的概率并且消灭一部分风险。

MCF：*投资行业的监管规定越来越多。这些法规能够起到警示作用并解决金融行业中的许多问题吗？白领犯罪会逐渐消失吗？*

NL：行业监管水平堪忧，尤其是最近20～30年中。你可以从自己所处的组织监管环境中切身感受其中的细节。我曾经与英格兰银行（英国中央银行）接触过，它当时显然着眼于所有的监控和政策制定。但是，事件爆发的时候（指金融危机），连英格兰银行自己都承认它所使用的技术太陈旧、太不智能，迫切需要改进。作为国家政策机构，英格兰银行发出这样的声音让人非常震惊。现在提倡要发挥自律约束的作用，但这是不够的，因为全球金融崩溃是事关每个人的问题，全球金融行业需要全面的监管。不是说高盛或者苏格兰皇家银行（简称为RBS）知道它们没问题就行了，全面监管者需要知道全球金融市场的不同部分或者各个不同国家的金融市场之间如何互相影响。

一个基本的例子是，我在新加坡参与新加坡国际货币交易所（简称为SIMEX）交易的时候，我持有了很多日经225指数多头头寸。新加坡的交易规则允许不披露持仓，因此它始终没有公开任何信息。但大阪要求披露，并且在大阪，我也有额外的多头。在巴林银行内部，本应该有人同时看到这两部分的多头仓位的，而巴林银行认为我拿的是双边对冲头寸。而且，新加坡的监管者也没有发现我在 SIMEX 和大阪的交易头寸，其实我当时拿的是单边头寸，而且是拿着几倍于巴林银行的资金总量在冒险。我不认为新加坡的监管机构当时就能发现，也不认为它们在事后能掌握情况。当然，它们也是在不断进步的。我没有说它完全没有改进，但是市场的进步已经又把它们甩在后面了。

MCF：*从更为便捷的交易体验来看，暗池交易模式及其流动性扮演了什么样的角色？*

NL：市场从来不缺新创意，而且未来随着创新和复杂多变的环境的出现，新的创意还将层出不穷，这种趋势将长期持续下去。对客户偏好的追求，对新交易工具的追求，将不断创造出新的利润。不要认为这种追求会有尽头，它们只会不断进入下一阶段，因为其他银行快速地跟进模仿，会蚕食掉新交易理念所带来的利润，然后你就不得不再次向前。总有人会创造出新的复杂玩法，要么速度更快，要么方法理念有创新，监管者根本无法跟上步伐。

MCF：*我们看到许多旧的投行业务被并入了对冲基金行业。这会引发新问题吗（比如，交易亏损和破产）？*

NL：这要看是发生在哪个国家。当然，英国的有些银行体量太庞大了。苏格兰皇家银行和劳埃德银行两家差不多平分了市场，它们压缩了绝大多数英国零售银行的市场空间，所以当然应该被拆分。苏格兰皇家银行仍然依赖纳税人支持，从商业和零售客户的角度，这样做会给个人提供更加安全的市场。而苏格兰皇家银行的投资银行部门还会像从前那样交易，但不会有从前那种资产负债表。现在，去杠杆化已经初见成效，但经济形势让银行无法像以前那样赚钱。沃克尔法则（Volcker Rule）和与之相似的条款也限制了金融产品的数量。打个比方，在很多年前我工作的时候，摩根士丹利和巴林银行都有庞大的律师和IT专家团队持续推出绕开规则的方法（如此一来，可以获得更多的利润，同时创造利润的效率也得到提高，只要新的工具能够减少税费或者创造对企业更有利的条件）。人们总是在尽可能绕开规则或改变规则，我们以后还会看到这种情况。

MCF：*最近，银行创造出一种挖掘交易员和基金经理交易记录的方法，通过这种方法它们可以快速获知交易盈亏信息。这是否能为分析交易员的行为方式提供更多的信息？*

NL：人们必须快速找到最佳信号。我认为应该像分析其他行为一样，从行为学的角度看待自营交易，因为就像之前我们所提到的那样，他们都承受着压力。每个交易员都会面临某种程度的压力，但是如果一个交易员从事了非法操作的话，他承受的压力水平就会迅速而且超量地提升。这种压力本身会通过一些行为表现出来，比如交易员隐瞒自己的交易活动，并涉足正常情况下不会参与的业务。此外，盈亏情况报告会在进入正常程序之前就被提前授权，并以常规交易文件的方式发出；或者可能只是通过交易员待在办公室里的时间长度得以表现；

再或者通过随着时间推移发生巨大变化的事情表现出来，比如出现连续三个月不休假的情况。从魔鬼交易这件事情来看，行为学表现似乎更具解释能力。会计指标和公式的确可以找出问题所在。但是，行为上的变化是更领先的指标。在对人的观察方面，行为学是对量化方法和主观方法的有效补充。每个人都能看到盈亏，这些数字显而易见，但人们在办公环境下的行为变化可能昭示着有什么事情不对劲了。

MCF：*网上或者社交媒体上的信息可以用来防止金融欺诈吗？*

NL：几年前，我在澳大利亚和 IBM 有过接触，IBM 提出有很多种方法可以把网上和社交网络上的信息提取出来。在我那个年代，人们会去咖啡馆聊聊。在东京，有些交易员会开会讨论波动率、巴林银行的头寸等变化。那时的方法跟现在比起来费劲多了。我有个推特账号，不过是别人帮我打理的。我不知道社交媒体中有多少细节，但是我见过很多银行相信有方法能利用这些信息。你当然可以影响别人的看法，就像多年前，有人对一些事情面对面发表评论时，多少会对他人产生影响一样。

聊到利润和挣钱，通往成功之路的方法既有正确的，也有错误的。在那段时间，事件发生的过程中，成功对我来说是非常重要的刺激因素。对失败的恐惧对我当年的所作所为也起到了很大作用，让我陷入极差的状态。而且当时我无法跟任何人倾诉，只能保持沉默，一个人独自承担，希望能够处理好所有事，结果没成功。有很多工具可以让人们以诚实的态度分享他们的观点、他们的看法和他们的担忧——这些行为应该得到银行鼓励。内部报告是个好主意，但是组织内部的心理压力让此机制无法奏效，因为没有人愿意被指责打小报告。去年在南非的一场辩论会中，我提出，当年我的道德责任感以及职业操守的覆盖范围，从未超出在我手底下工作的那个小团队。我不担忧持股人的利益，也不管事件对其他人造成的影响。这种思想也对我当时的决策起到了很大作用。我只是非常专注于帮助为我工作的 6～7 个人争取更多奖金。为此，我不断使用 88888 这个账户，通过它来做交易，但是该行为对其他人造成的影响被我忽略了。

MCF：*会不会有人从犯罪的角度来观察金融市场，以便利用其弱点获利呢？*

NL：那他们得是特别牛的人。想从外部发现金融系统的弱点，我认为这是非常难的。正如我之前提到的，市场已经具备了某些控制措施，并且市场本身十分复杂，所以要真的有这样的人，他一定拥有高超的技能，或许还包括能够在组织中安插内奸的能力。银行或许能够感知到内奸的真切威胁，但银行的任务仍旧是关注犯罪过程中的行为变化，我要再次强调这是行为学意义上的。这些都是可以进行分析的，而行为的变化可以为分析提供证据。如果内奸进入到一个组织中的行为是一个样子，那么当他实施犯罪时，行为会发生变化，表现为另一个样子，这种行为产生的数据被用来分析，应该产生一种可以看得见和可证实的结果。我坚持认为，如果某个人可以渗透到一个组织中，那么任何人都可以渗透到所有组织中。

如果我们面对的是成熟市场，是很难钻空子的。但是，如果我们面对的是新兴市场，或者在某个监管比较薄弱的国家，找到金融市场漏洞的概率会提高。从银行业这种成熟市场的角度来看，犯罪分子往往会去东欧国家——首先考虑的是这个地区的国家正处于经济快速增长阶段，因为这意味着可能哪个地方还存在问题，但是大家都盯着增长而忽视了问题的存在。例如，拿冰岛来说，当时该国正处在快速发展阶段，市场也处于发展繁荣的过程中，你会发现这里没有具备专业风控技能的专家，所以只能寻求外部帮助。我们可以看到，俄罗斯有优秀的风控管理人员、合规人员，但他们也不是国家本来就有的，是从外部引入的。冰岛是个完美的例子：它根本就没有合格的风控经理与合规人员，经济正在蓬勃发展，股票市场疯狂，信贷无处不在，直到那一天终于到来，经济、市场、信贷都垮掉，开始动用刑事处罚。迪拜是另一个类似的例子，目前经济也正在缓慢恢复当中。经济过热或者开始过热，人们开始享受耀眼的经济增长，这些对我来说都是值得关切的，因为这些意味着市场太单边了。

MCF：*银行家多姿多彩的生活方式以及与阴暗面人物的频繁接触，会不会被一些别有企图的势力利用，以谋求利益？*

NL：我从来没碰到过这种情况，也没听谁说过，所以不知道是不是真的存在这种情况。我听说过政府官员被色诱后泄密的案例，也听说过双料间谍。很难说，没人能保证你说的情况从未发生过。虽然我能理解这种情况的动机，尤其是在有利可图的情况下，但是我还是只能说这种情况很难发生。

比如当年我在新加坡交易日经指数的时候。标的指数是在大阪市场形成的日经指数，我买卖的则是芝加哥交易所挂牌的日经指数期货。这种期货的买卖并不频繁，或许只有几个人在买卖①。但是极少有人对冲隔夜头寸，它只是芝加哥交易所的小品种。如果当时我有预谋想窃取资金的话，这其实非常简单，只需要在大阪和新加坡之间做对冲交易就好了，然后把损失计入芝加哥。而如果某人在芝加哥有个账户的话，我们之间做一个隔夜的内幕交易，我将会在新加坡亏损，而他会在芝加哥赢利。如果当时有预谋的话，我肯定已经那么做了。但是我没有，直到最后都没做过。

当我第一次飞回新加坡的时候，有个叫丹尼尔（Daniel）的小伙子，他是另一家公司的中间商。当时，我做了一笔在当时算是日经指数交易最大的单子，每个人都在看我在做什么，他们还以为我是成功的头面人物（可惜他们错了）。我同时还买了一些日本政府债。当时，我的做法是让丹尼（Danny，丹尼尔的昵称）把这些债券转到东京，然后卖给我新加坡的账户。他会通过电话跟我交易，我会问他市场价格在什么位置。

① 这意味着定价不准确，很小的交易量可以把价格推到想要的位置。——译者注

他在 6 点给出报价，我就按 6 点的报价买下来，因为实际上他已经在 5 点从东京买进。事实上，在这些交易中，丹尼只充当了过桥的作用，类似这种交易我们做了很多次。后来，1995 年年底我回到新加坡的时候，新加坡政府扣留了两个人的护照：一个是丹尼尔，另一个是詹姆斯·贝克塞斯（James Backses)，后者是巴林银行的 CEO。新加坡政府希望逮捕他们，并希望我能提供指证他们的证据。他们在审查丹尼的交易记录时，发现他在新加坡持有非常大的空头头寸。在新加坡人看来，丹尼赚了 2.8 亿英镑，但他们根本没有考虑到他在日本那边是做多的。两个头寸已经完美对冲了。对此，我做了专业解释，但他们还是把丹尼的护照扣留了 9 个月之久。不过，最后他们还是放了他。

1999 年，我从监狱被释放之后，清算银行找到我并调取了之前所有的交易数据。我有一个填单员叫乔治（George)，他的主要工作就是填写各种交易单据。他不在任何一家银行工作，而是为很多银行服务。他们检查了所有交易模式，还查到乔治与一位名字缩写是 TKE 的人的交易。乔治跟 TKE 做了多次异常交易。清算行的疑问是：基于这样的信息，能不能证明两个填单员之间存在贪腐行为？基于他们给出的信息，我无法确认是否存在腐败。如果问我的看法的话，我觉得答案是否定的。

只不过是两个最大的填单员在彼此之间做交易罢了。当时，我做梦都不会联想到腐败。但是，基于提供给我的证据来看，你可能不能不说这是个机会。

像那样的事情是有可能发生的，发源于市场之中，然后慢慢渗透。从文化的角度来看，我认为最重要的是威慑力，如果人们认为不会有什么后果，那么威慑就毫无作用。比如，如果有规定说你这么干将面临 100 万英镑的罚款，但是这个规定不会被执行，这也没用——这跟没规定一样。很多规定都是废纸一张。如果我们需要有个案例作为警示，那么 LIBOR 操纵案就是最好的例子，能够让我们知道需要做什么，因为这个案例向市场和新进入者传递了一个巨大的信号。文化和风向是顶层设计的，但文化经常是在人们看到组织内部发生了什么之后形成的。对于我来说，一个年轻小伙子过着交易员的生活，见证着周围正在发生的事。我经常见证交易信息被转入一个专门记录错漏的账户，然后几分钟、几小时或者几天后又转了出来这样的事情。当我发现我可以把一些东西存进一个记录错漏的账户时，我觉得这么做并没有什么大不了——每个人都在这样做。但是，如果这种做法是错的，也就是说每个人都错了。而如果你发现这样的事情正在发生，你会发现自己也很容易这样做。有无数个这样的例子。其中一个例子是，巴林银行香港分部的一个交易员经常超敞口做交易，并且他还经常进行“逐日盯市”操作，以粉饰他的交易表现。他还做了其他一些小动作，比如伪造对冲。这个交易员年龄跟我差不多。在我的事情败露前，他在香港被抓获。他确实丢掉了工作，但是他理应被起诉的。后来，他在新加坡又找到一份工作，最终他的所作所为没有给他带来任何惩罚。这个案例让人们相信，如果你能挽回一部分损失，其实没什么大不了。这个交易员还在新加坡，并且是世界上交易量最大的交易员之一。他得到的教训帮助他改进了交易模式。经过那次之后，他变得更加遵守交易纪律，比之前更加合规，也正因此他才能脱颖而出。

最近，摩根士丹利由于抵押证券案被处罚，这给摩根士丹利的所作所为定了性。去年，摩根大通银行被罚款 130 亿美元，一部分源于“伦敦鲸”，一部分是因为抵押证券业务。这 130 亿美元可以用来抵税。不过，不管抵不抵税，最终钱都会进入监管部门。这些惩罚措施并不如大家所想象的那样会对其业务造成什么影响，罚款其实根本起不到什么作用。银行都是大而不能倒的——它们本不该被允许扩张至如此大的规模。我们不能允许银行变得太大而不能倒，但许多银行已经接近了这个程度。当它们放弃拯救雷曼兄弟公司时，我们并没有意识到，雷曼兄弟公司几乎与分散世界各地的所有交易都有牵连，因此，雷曼的倒闭影响到几乎所有的市场，尤其是信用违约互换市场。

第一篇

金融简史

第一章
重温金融史

1. 背　景

人们普遍认为，金融市场只是在过去几十年里才成为实体经济的重要组成部分。但是，仔细观察一下就会发现，我们应该追溯到古罗马时代或丝绸之路时代，来研究金融市场的起源。要理解市场的起源和运作方式，有三个主要概念或特征至关重要，即价值、可转让性和时间的动态变化。毫无疑问，价值是一个基本特征。对于一个从事物内在中抽象出来的概念的价值，从合理的可衡量的角度来看待它，自然就找出了市场存在的理由。旧约中，在上帝看来，该隐[1]种植的作物看起来不如亚伯[2]的牲畜那么珍贵、那么“有价值”。通过神与人的观点的对立而形成了抽象的人格化的价值维度。在马克斯·韦伯（Max Weber）的新教伦理中，积累价值被认为与共产主义和最后的救赎有着密切关系。隐喻地说，那些旨在歪曲资产价值的金融犯罪活动，有点类似于该隐杀亚伯的同室操戈行为。

可转让性是市场之所以存在的另一个必不可少的概念。一旦价值作为一种合理的普遍属性存在，那么只要双方能够合理地议定价值，就可以实现财产的转让。

时间是市场存在所必需的第三个维度。如果资产的价值不稳定，那么时间价值解释了市场波动所带来的成本。本杰明·富兰克林清晰地描述了他对时间价值的看法，指出了时间与个人能力之间的关系：

> 记住，时间就是金钱。他可以每天通过劳动赚取十个先令。假如他花掉半天时间用于出国消遣，虽然他在消遣娱乐时只不过花费了六便士，但这六便士不应该被视为唯一的消费；他其实花费了五先令，或者更确切地说是扔掉了五先令。
>
> ——本杰明·富兰克林（Benjamin Franklin）

① 该隐为亚当和夏娃之长子。——译者注
② 亚伯为亚当和夏娃之次子。——译者注

想要追溯金融交易的最早起源，并尝试重现价值、可转让性和时间这三个概念的起源，将是一种非常困难、抽象而且主观的做法。历史学家认为，现在我们普遍认可的市场起源于16世纪初的阿姆斯特丹。不过，最近的一系列专著表明可能存在更早的金融市场。今天我们所认知的金融，在古代和中世纪极有可能根本就不存在。不过，我们还是可以根据历史学家的研究结果来推断，古代金融的功能与今天所观察到的在许多方面都非常相似。查阅古巴比伦、古希腊和罗马帝国的文献，我们不仅发现了当时的金融市场与当今的金融市场相同的功能，还发现了同样的缺陷。似乎投机取巧和欺诈一直都是如影相伴的，唯一的区别是现代的电子平台已经取代了古罗马时的辩论所而已。

2. 不同观点

上溯到古代人类文明的银行活动，历史学家发现个人或机构会以现货（即谷物）实物的形式向农民和贸易商发放贷款。考古学家研究证实，早在公元前2000年，亚述和巴比伦、古希腊、中国、印度和罗马帝国等地区就已经出现了信贷机构。

由于历史学家们给出了许多不同的观点，金融市场在空间和时间上的起源并不能得到明确定论。如果假设市场的概念与银行的概念一样，都与某种能够代表、限制和记录交易的方法及体系的存在密切相关，那么我们可以将市场的起源时点指向文字发明时期。文字是一个城市实现系统化、组织化和控制社会所必需的。税收和人口普查是关于文字的至关重要的例子。在古代，城市的发展与商品、商品贸易直接相关。最古老的商品交易记录出现在公元前 4500 年左右的古代苏美尔，交易是用粘土泥板标记来做记录的，三维几何符号被认为是楔形文字的前身。密封在陶制器皿中的粘土泥板标记记录了人们承诺交付的商品数量的信息。此后，楔形文字合约取代了泥板，从而使得人类社会出现了更为复杂的货币体系。

乌鲁克（Uruk）是苏美尔时代最著名的城市之一，公元前 27 世纪由神话人物般的吉尔伽美什（Gilgamesh）所统治。公元前 3000 年，该城处在发展的鼎盛时期。到了公元前 2000 年后，该城的地位开始下降。这个城市的考古发现为金融历史学家提供了丰富的信息来源。他们发现泥板和楔形文字合约是第一批金融交易的代表，也是第一个金融市场的起源。

凡·德·米鲁普（Van de Mieroop）转载了由楔形文字记录的木材供应商（名字叫 Akshak-Shemi）与客户（名字叫 Damqanum）之间的贸易合同内容。这个合同是在公元前 19 世纪被人们写下来的。

> 30 根木头，10 根为每根 3.5 米，20 根为每根 4 米，在这一个月里，Akshak-Shemi 将交货给 Damqanum。在 6 名证人（一一列出名字）的见证下，这个合同得以签订。那一年，罪恶战争的黄金王座被制作出来了。
>
> ——凡·德·米鲁普

韦伯深入分析了这一文字记录，认为这不仅仅是一个简单的交易，实际上是远期贸易合约的第一个案例。该交易约定将在未来的某个时间结算，因此这是一种古老的远期合约。如果我们将这些摘录的内容与煤炭交易的标准 ISDA① 主协议的一部分进行比较的话，就可以观察到，合约主要要素（买入方、卖出方、交货地点、货物数量等）都与 4 000 年前的记录是何其相似。

> 卖方和买方的义务：关于每笔煤炭买卖交易，要遵守本协议的条款和约定。
>
> (A) 卖方应在交货期内（适用于美国煤炭的情形）或每个交货期（适用于国际煤炭的情形）将合同约定数量的货物出售、提供并支付，或促成交付。
>
> (B) 买方应在收货期内（适用于美国煤炭的情形）或每个收货期（适用于国际煤炭的情形），在收货地点购买并接收，或促成合同约定数量的煤炭交收，并应向卖方支付合同约定价款。
>
> 对于实际结算期权的煤炭交易，只有在期权按照其条款行使的情况下，上一条款规定的义务才会产生。
>
> ——ISDA 主协议

商品，比如粮食，等同于当时的主要债权债务工具和贸易

① 国际互换和衍生品协会，旨在确保建立安全高效的衍生品市场，促进所有使用者对衍生产品的实现有效风险管理。——译者注

支付用的货币。在有约 1 700 年历史的一块美索不达米亚石碑的抄本上，斯旺（Swan）记载了这样一个交易：两个农民从国王的女儿那里借到一批大麦，用作种子来播种，在收获时必须归还给国王的女儿。

> Siniddianam 的两个儿子 Anum-pisha 和 Namran-sharur 从国王的女儿（伊拉图尼女祭司）那里收到了（沙马什的沙氏测量仪中）三库鲁大麦，并把它们贮存起来。等到收获时，他们将归还盛在沙马什的沙氏测量仪中的三库鲁大麦，并放至他们当初从里面取走大麦的贮存器中。在（两名列名见证人）的见证下。阿比雪王完成了 Entemena 的神像那一年的乌鲁尔月的第十九天。
>
> ——斯旺

在当时，这种模式可以被看作贷款或回购协议的交易，它们很普遍，所以我们可以很容易地认为它是一种可能具备一定程度复杂性的原始类型市场，涉及拍卖或二级市场。

这些远期交易同时配套开展有信贷业务，从而成为第一种结构化产品的前身。

如果涉及的谷物和其他农产品的交易与城市人口的基本需求挂钩，则以金属（主要是贵金属）作为交换货币的复杂程度会更进一步加剧。如扎伦加（Zarlenga）所指出的那样，农产品和金属商品（主要是大麦和白银）是这些社会的原始货币体系。之所以会出现粮食货币或牲畜货币的利息滋生，个中原因在某种程度上也是显而易见的。这是因为，随着时间推移，动植物储备可以通过植物的再次种植，或者由于动物的多样化繁殖而获取收益。美索不达米亚的考古发现向我们揭示了经济体系中的一个重大创新，即在以贵金属为资产的交易或者贷款过程中考虑利率问题，同时需要用金属来支付利息。这一概念后来扩展到所有有一定规模的货币和金融交易中。由于粮食可以产生自然盈余，而金属至多只能保持原有数量不变，因此，显然粮食交易与金融贷款的利息之间存在不同。后来，这一观点在商品市场中被发展为“便利收益率”，它代表着拥有金融资产（金属）而放弃持有有形资产（谷物）的一种机会成本。

> Ibqu-Erra 的儿子 Abuwaqar 从 Balnumamhe 处收到了六谢克尔[1]的白银作为一笔贷款。在七名证人的见证下约定，他将在之后的第六个月，按照到期的现行市价以芝麻实物的形式归还贷款。国王里姆幸击败了乌鲁克、伊辛、巴比伦、苏提乌姆的军队，并且打败了乌鲁克的国王伊尔达尼那年的十一月份。
>
> ——凡·德·米鲁普

这个例子是节选自公元前 1809 年左右美索不达米亚商人借银子故事的片段。借银子之后的第六个月，会根据浮动利率

---

① 古希伯来或巴比伦的衡量单位。——译者注

计算，用芝麻实物来偿还——基本上这个交易可以被视为一个以货易货的协议；但是如果考虑时间因素，那就更像贷款和远期谷物销售的组合，或者说是白银回购和商品（白银与谷物）互换的组合。

看起来，我们可以把这些苏美尔时期的交易视作存在重要交易对手风险的场外市场交易（OTC）。为了减少风险纠纷，这笔交易专门记录在便笺簿上，并在见证人面前达成一致。其实这并不能降低交货到期日时交易对手的违约风险，因此出现了对某种形式的贸易法规或金融监管的需要。交易及其配套活动基本上是在城市、港口、商业道路的交叉路口和类似神庙这样的宗教场所里面完成的。库默（Kummer）和保莱托（Pauletto）强调指出，古代美索不达米亚时期的神庙在作为达成和记录金融交易地点方面具有重要地位。当时的神职人员具有经济学素养和数学知识方面的优势，从而使得翻译沟通和使用楔形文字交易更加便利。依靠商人的诚信来履行远期合约或贷款，这一点使宗教场所的精神伦理作用得以发挥出来。涉及长期或长途交易的各种行业的簿记，使得这些早期神庙的交易场所和公共讲坛的形象成为现代交易所大厅的原始雏形。

公元前1772年，美索不达米亚颁布的《汉谟拉比法典》，不仅是最古老的文字形式的法典，也是非常丰富的金融史资料来源。它提供了买卖的合同范例，同样也涵盖当时商业法律的几乎所有方面，告诉我们交易是如何进行的。鉴于上文所提到的交易，它也可以视为“金融”监管的第一个例子。接下来的文本是《汉谟拉比法典》所记载的282条中的第48条，这是今日所谓的结构化票据的前身。在粮食收获后，用粮食来偿还债务；但如果气候条件不利，就不会产生任何债务。人们可以将这些产品作为买了气候/自然灾害保险，或者作为一种结构化票据，根据天气状况的不同场景来设置一个利率上限指数。

> 如果任何一个人欠下了债务，而暴风雨摧毁了粮食，或收获失利，或粮食由于干旱而不生长，那么在那一年，他不需要给债权人任何粮食，他可以用水冲刷泥板抹掉这笔欠债记录，并且在这一年也无须支付租金。

正如韦伯所指出的，这款粘土泥板最有趣的特点就是它的便携性、可转移性。楔形文字泥板赋予了交易参与人一项选择权，即见到泥板就可以付款给泥板的持有人。这表明泥板的持有人可以将合同方便地转让给第三方。

华盛道夫（Wasendorf）和斯塔尔（Stahl）回顾道，在公元前2000年的同一时期，中国古代的种稻人与商人讨价还价，在未来特定日期以议定的价格交付规定数量的水稻。通常在水稻种植之前就已经签署完毕这些合同，以保证商家以预定的价格获得特定数量的稻米，并保证种稻人的销路。

在腓尼基字母出现之前，古代的楔形文字就已经被人们广泛传播使用。东方的考古学家，已经发现了通过楔形文字所签订的远期交易记录。从苏美尔到埃及的古代历史中，都经常发现基于金属等非农产品的收益回报。东方地区的金融体系，都围绕在皇室的中央权力机构周围形成，皇室也是最大的商品交易商、最大的放贷人和监管部门。因此，经济、财政和金融政策往往是由一个人或一小群人的意愿所决定的。

关于商品价格的最古老的历史来自古巴比伦，被斯洛茨基（Slotsky）组合在一起，如图1-1所示。泰明（Temin）给出了巴比伦商品价格的演变情况，表明农产品的价格是随机分布的。在公元前323年，亚历山大大帝逝世后，它们急剧上涨，之后逐渐趋于缓和直至那个时代的最末期。

希腊文明对东方知识的传入有着不可忽视的影响，而且这些涌入的知识来源于希腊与小亚细亚领土的经济关系。

如前所述，在古代美索不达米亚，诞生了基本的银行服务（即吸收存款和提供贷款），教会和牧师担任簿记员和银行家。独裁式的国家组织与国家权力、宗教、贸易和财富密切相关，形成了从君主制到宗教机构的独特轴线。希腊则是提供民主世俗化、开放化、现代化的金融服务，金融交易由私人和公共组织进行（后来被罗马人纳入社会组织）。尽管如此，宗教机构的作用依然占据主导地位，因此，特尔斐（Delphi）既是一个重要的占卜中心，也可以作为希腊金融市场的一个参考点。随着移民进入亚细亚，希腊人也开发了教会的银行系统。随着地中海和黑海雅典舰队的兴起，金融服务跟随这一趋势，雅典成为金融中心的一个典范。雅典制度强化了金融业对商业的影响。因此，人们通过贷款提供资金用于运输货物，船舶的货物

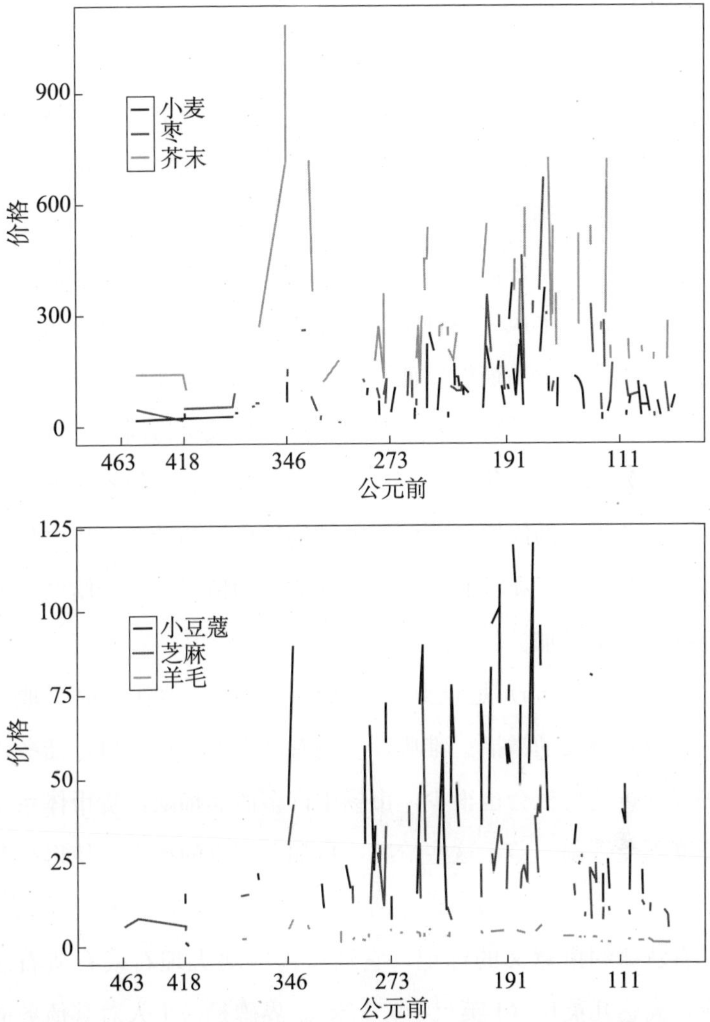

图 1-1　公元前 460 年至公元前 100 年巴比伦商品价格的演变

说明：农产品的价格是随机分布的。在公元前 323 年，亚历山大大帝逝世后，它们急剧上涨，之后逐渐趋于缓和直至那个时代的末期。

被用作贷款抵押品。保险也为可能在恶劣天气条件下沉没的船只承保。要求支付利息的贷款和债务可以从一个金融家手中转移到另一个人手里。通过引入贷款利息，雅典的私人金融家们对传统的宗教机构为基础的金融服务做出创新，并且能够为吸收的存款支付利息，进而开创了沿用至今的商业模式。最重要的是，在雅典，价值的概念，或者更准确地说是公允价值的概念，开始占据上风。各种交易、金融服务和工具都具有黄金或白银的价值，贸易商能够使用贵重金属价值来评估不同项目或服务的标价。货币市场基本是由各种银行或交易商之间的贷款组成。公元前600年左右，尽管经济蓬勃发展，但希腊城市遇到了一个更大的问题：在深刻的结构性危机和社会危机之后出现了债务危机。在没有中央银行和监管的情况下，希腊城市的高利贷急剧增加。

梭伦（Solon）是雅典首批政治家之一，他在当时采取了一些极具争议的举措。雅典社会拥有庞大的农村人口，债务水平很低，贸易机会也很少，市场中许多商品稀缺，货币体系也高度不受管制。鉴于这些情况，再加上利率的抬高，使得高利贷和该产业发展成为可能。界碑（horoi）上的个人债务成为具有法律约束意义的标记，它通常由一块大理石或石灰石制成，高达几英尺（1英尺≈0.3米）。界碑是一个人对其债务的象征性和合法性的束缚，并表示其具有还款义务。由于在Polisa地区奴隶制非常盛行，也没有破产法律，所以无法偿还债务的人只能把自己作为抵押品，进而因为负债而沦为奴隶。

公元前594年，梭伦废除了这种做法，摧毁了界碑，解放了奴隶，取消了奴隶关系，并试图管制货币和财政制度。这些措施增加了该地区与世界其他地区的贸易往来。许多人认为，梭伦的改革和债务减免举措奠定了希腊在接下来几个世纪的繁荣。

追溯到亚历山大大帝统治下的马其顿帝国扩张时期，另一个关于远期交易的参考文献出现在古代印度关于治国方略、经济政策和军事战略的梵文书籍《经济学》（*Arthashasthra*）一书中。作者是Kautilya和Vishnugupta，传统上认为这两个名字都指的是考底利耶（Chanakya，公元前350—前283年）。纳扬·卡布拉（Nayan Kabra）等声明，考底利耶在该书中坚称，商定定价时需要考虑到投资、要交付的数量、义务、利息、租金和其他费用。在《经济学》一书中，短语“desakalantaritanam”被认为是期货交易。

公元前168年，马其顿军队被彼得那（Pydna）的罗马军团击败之后，希腊文明开始由罗马共和国接管。罗马人合并了银行体系。尽管希腊成为了罗马的一个省，希腊银行仍然继续在罗马领土提洛岛上营业——那里有教会和私人银行。有意思的是，尽管时局动荡，希腊银行仍维持了稳定持续的经营，接受存款和贷款以及抵押贷款。因此，希腊银行可以被认为是商业和零售银行的前身。

毫无疑问，古代世界最发达的金融体系出现在古罗马时期。作为军事和经济强国的罗马，在共和国最后几个世纪开始发展壮大。与其他古代文明相比，其主要的优势可能不在于军事力量，而在于其自身文化的发展。直到今天，罗马法仍然是现代法制的基础；在二进制计算机出现前，其十进制计数法长期占主导地位。强大而便利的计数法以及良好的法律框架是罗马繁荣发展的主要动力。这两大特征结合在一起，使得商家能够在交易结束时准确地加密合同信息。除此之外，罗马人明白，信息加密非常必要，但对经济发展来说还是不够的。在整个共和国时期和随后的帝国时代，信息传递依赖一种全面的道路网络实现，其中许多道路在帝国垮台之后很久才投入使用。进一步分析，另一个有用点是古罗马见证了第一批有合法股东的公司的诞生。在共和国时期，罗马政府常常将一些职能外包给一些组织群体，这些群体将个人（即各行业的老板）以包税人公司（societates publicanorum）的形式组织在一起。从教堂维修到置办军队用品、征税、道路建设和采矿活动，罗马政府使用了承包商提供的广泛多样的服务。投标人以合伙（societas）的形式组织在一起，并拥有结构化的治理机制和相应的财务记录。这种包税人公司在共和国时期发挥了非常重要的作用，但是到了帝国时代则失去了效力。“societas”也拥有类似于现代公司股东的所有权类型。它被认为具有现代公司的主要特征，因此似乎已被授予社会公共权力。包税人公司也可以算作现代公司，它的存在不取决于其中的个人；代表人可以代表公司行事，所有权是可替代的，以股份的形式进行交易，并与公司的控制权完全分离。

3. 中世纪时代

罗马帝国衰落后，拜占庭帝国兴起，欧洲社会遭受了许多剧变，这些变化不仅仅来自政治社会领域，基督教的信条和后来的天主教教条也重塑了后罗马时代的世界经济。作为一般趋势，“上帝之城”（De Civitate Dei）的财务收益不受百姓欢迎，它没有带来任何实际的恩惠。学院派（公元 1100—1500 年）观点认为，金钱是度量价值的手段，仅仅充当商品买卖的一种媒介。在 13 世纪，罗马教廷谴责高利贷行为，并禁止对货币支付或收取利息，严禁对罗马继承的公司股份或房地产租金发放分红。

在 14 世纪初，第三次远征后，威尼斯地区成为地中海和威尼斯银行的主要经济力量，而威尼斯银行积极充当了各国政府的贷款者，也以现代经纪商形式开展了多种形式的证券交易。1351 年，威尼斯政府以散布政府资金价格为由禁止对政府证券的人为操纵。银行业务在意大利的其他城市，包括比萨、维罗纳、热那亚和佛罗伦萨也开始蓬勃发展，并在这些城市里开始买卖政府证券。

那些从银行借入资金的意大利公司成为第一批发行股票的公司，这些股票后来被低地国家的第一个证券交易所利用。

后加洛林王朝的法国，在新十字军东征的影响下，东方贸易的传入赋予了商业银行一些权利，并在该国建立了一个密集的“外汇经纪人”网络，用以调解与银行的关系。

在13世纪晚期，布鲁日的大宗商品买卖人聚集在范德贝兹的同一座建筑中，这也是日后交易大厅的前身。在1409年，非正式会议变得制度化，这里也成为佛兰德斯的“布鲁日交易所”。1351年，威尼斯政府宣布禁止散布旨在降低政府资金价格的传闻。14世纪时，比萨、维罗纳、热那亚和佛罗伦萨的银行家也开始买卖政府证券。这些地方之所以能这么做，唯一的原因是它们都是独立的城市，并不是由公爵统治的，而是由有影响力的公民委员会在治理的。意大利也出现了首家公开发行股票的公司。在16世纪，英国和低地国家的一些公司也开始发行股票。

同时期，中国正处于宋朝（公元960—1279年）。Hou提到，当时的改革派丞相王安石（公元1021—1086年）推出一个系统的允许国家收购和转售货物（粮食或进贡）的“期货”市场，并使用其所掌握的资金在最方便的时间和地点采购货物。

早在1531年，弗兰德斯（Flanders）[①] 地区出现了第一个股票交易所，诞生在安特卫普。经纪商和放贷人将在那里会面，主要处理政府债券的交易事项。

17世纪是荷兰、英国和法国大举扩张的时期。荷兰东印度公司成立于1602年，这是第一家获得固定资本金的股份公司，因此，该公司股票可在阿姆斯特丹交易所挂牌交易。而南

① 荷兰语意为“泛水之地”，包括今法国北部和荷兰南部。

海泡沫则是殖民地扩张后出现的股票市场的第一次大的投机泡沫。

荷兰也是欧洲最早出现衍生品的国家之一，郁金香成为第一种远期合约交易资产。在历史上，郁金香泡沫被认为是历史上第一次期货市场崩盘，郁金香作为第一种具有投机属性的商品，价格在当时曾被严重高估。

与此同时，18 世纪早期的日本江户时代，在大阪地区出现了大米的期货市场，机制类似于现代交易保证金制度和结算机制。

4. 现代社会时期

相比其对于财政的影响，滑铁卢战役无疑具有更深远的社会政治影响。无论如何，拿破仑时代都凸显了欧洲历史上银行家和金融市场的作用与力量，银行在全球经济中的作用也随着资本市场的发展而开始不断增强。

图 1-2 显示了 19 世纪初至今的美国股票价格的时间序列数据，其中用到了施韦特和西格尔的研究成果中的数据。图 1-2 中的所有数据均已经考虑了通货膨胀的因素而进行了调整，同时也针对幸存者偏差而进行了专门修正。可以看出，如果 1802 年在美国股市投资 1 美元，那么在两个世纪后资产将达到 40 万美元，平均年化收益率为 6%，在 95%的置信水平上具备了统计学意义。实际年化波动率为 14.3%。

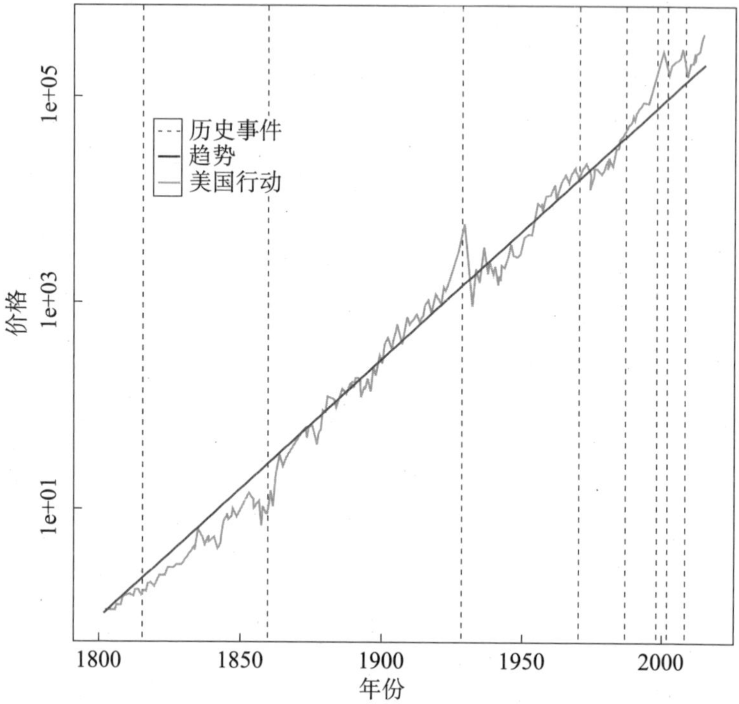

图 1-2　美股指数（1802—2015 年）

说明：美国股市从 19 世纪初到现在的历史时间序列是用施韦特、西格尔和道琼斯指数的数据编制的。主要的历史事件如下：滑铁卢战役、南北战争、第二次世界大战之后的大萧条、1970 年的石油危机、1987 年的股市崩盘、1998 年的俄罗斯债务违约、“9·11”事件和雷曼兄弟违约事件。

图 1-3 列出美国股票指数月度收益的分布情况，表 1-1 所示为主要的统计特征。

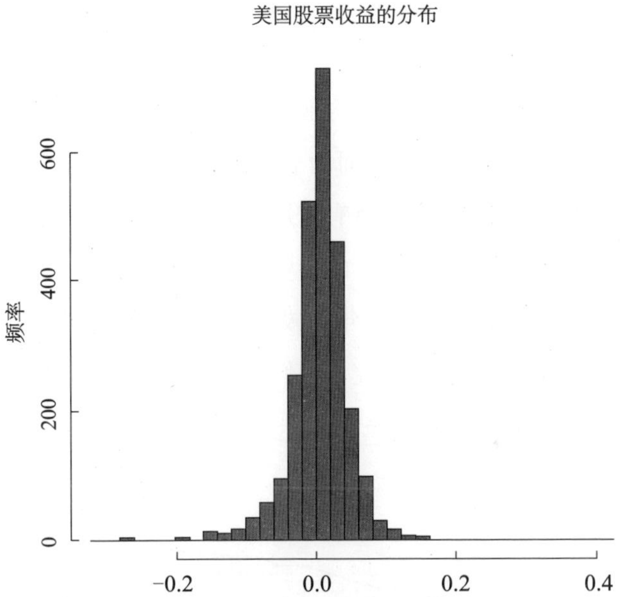

图 1-3　美国股票指数月度收益的直方图

表 1-1　美国股票指数的统计特征

指标	预测值
均值（年）	0.060
标准偏差值（年）	0.143
偏度	−0.489
峰度	8.910

从上述分析可以得出的第一个结论是：在过去两个世纪里，美国股市表现出长期稳定上涨的趋势。长期的萧条之后，紧跟着就是强劲的经济增长期。

为了评估股票市场长期趋势这一假设的稳健性，作者采用了无情景分析法。因此，基于初始月度收益的辅助程序（bootstrap)，对“买入并持有策略”进行场景分析，其时间跨度为5年至35年。对于大量样本（5 000个样本），分别计算90%、95%和99%置信水平的平均业绩表现和最差情况。结果如图1-4所示，所有投资层面的平均业绩表现近乎恒定为6%。然而，最糟糕的情况是，持有较短期间的投资，其存在显著的负收益；对于一个为期5年的投资周期，可观察到－10%的回报；对于投资期限超过25年的投资，预期收益率为正。通过一些文献中的其他类似研究，我们也可以证实上述研究结论。

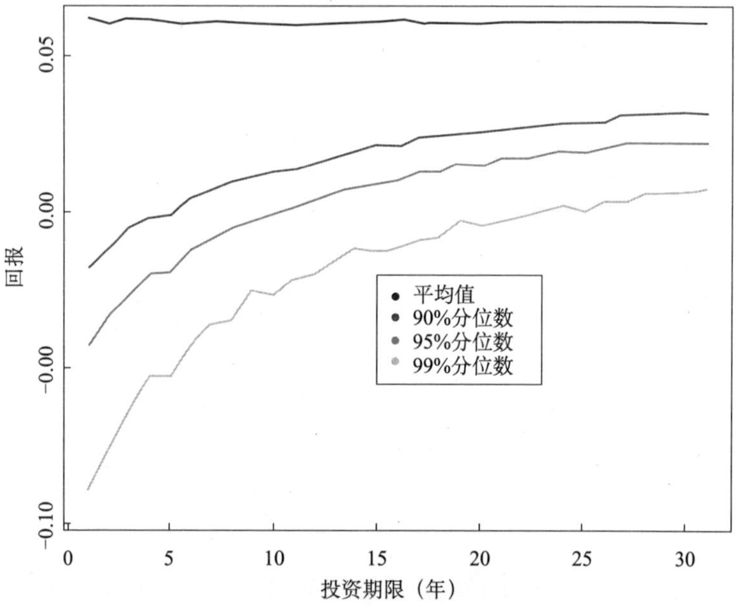

图1-4 美国股票投资的持有期限及其回报

第二个结论是：假设持有期限足够长，即使出现一个危机情景，股票市场长期上涨的假设仍然成立。市场分析有更为先进的工具，但投资时的基本假设还是金融市场长期来看是正向增长的。投资行业的许多参与机构都试图将股市长期上涨的结论应用于获得短期收益上，这对许多投资者来说，必然会造成巨大的亏损。

第二章
（非）暴力活动变迁史

1 背 景

“金融犯罪”一词所涉及的范围十分广泛，横跨了全球各个司法管辖区，目前已经被列为犯罪行为。随着法规和金融工具的日益复杂化，金融犯罪的概念和范围也发生了历史演变。关于金融犯罪，更为正式的定义是指：与金钱或金融服务或市场有关的任何形式的犯罪行为，包括涉及以下行为的任何犯罪行为——欺诈或不诚实行为、不当使用或者滥用金融市场信息、清洗犯罪收入或恐怖融资活动。如果从近代历史中去寻找对洗钱和恐怖主义的指控，那么有关金融交易的信息无疑是区分金融犯罪与合法行为的关键①。

从上一章的时间表中，我们可以迅速找到苏美尔时代这一时间点，从概念上解析古代城邦商人的核心形象是很有必要的。君主制为城市提供了以铸币或其他商品形式存在的货币资产，这些货币资产用于支持人们在神庙所开展的货币兑换业务。为了满足本市或海外贸易的消费需求，贸易商和牧师会买卖各种商品。这非常类似于现代社会，我们可以确定两种类型的交易参与者：原始生产者/消费者和出于投机目的进行交易的中间人。在提及金融工具的交易参与者时，前一类在现代社会被称为“套期保值商”。从历史学家所引用的古代文献中，我们可以很容易推断出投机者的重要性。此外，信贷市场的发展也带来了高利贷业务的发展。从古代到近代的各种法规来看，从《汉谟拉比法典》和《索伦法律》，再到《格拉斯-斯蒂格尔法案》，都规定证券交易业务与商业银行业务要相互分离，投机活动和高利贷都是被上述法案重点关注的两个领域。

金融学理论认为，在金融工具和实物交易中，投机者的作用是提供流动性。自古以来，投机者就一直在充当中间商，从较小的供应商处收购实物商品，并将这些产品运送到更大的市场，从而提供流动性。不管是在过去还是现在，通过向市场提

① 《2013 年 FCA 手册词汇表》，参见：https：//fshandbook. info/FS/glossary－html/handbook/Glossary/F? definition＝G416。

供流动性和节约时间成本，投机者在市场中都发挥着非常重要的作用。现实中那种只有生产商和终端消费者的市场很难维持，它的供需匹配效率非常低下。

2. 古代社会

作为人为地提高贷款利润的手段，高利贷无疑是金融交易中第一类不正当行为之一。随着商业的发展，特别是在希腊城市和罗马时期，融资在其中发挥了关键作用，同时也产生了贷款方面的问题。梭伦统治时期的雅典债务危机表明，全社会系统性地滥用高利贷，几乎导致了希腊经济的崩溃。

亚里士多德曾介绍过一个关于希腊哲学家——公元前 6 世纪的米利都人泰勒斯的类似市场操纵的计划。泰勒斯预测下一季橄榄的收获情况将会比预期的还要好，于是他拿出存款购买了橄榄油压榨机为收获做准备。橄榄产量果然如泰勒斯所预言的大增，因此，对压榨机的需求也上升，这位哲学家从而以更高的价格出售他囤积的压榨机。事实上，泰勒斯所做的就是垄断市场①，并控制市场上压榨机的大部分供应。

另一种类型的金融交易犯罪发生在公元前 360 年，当时两名希腊军械士色诺赛米斯（Xenothemis）和海格斯崔特斯（Hegestratos）意图把他们的一艘空船弄沉没以索赔“保险

① 垄断市场是指购买足够多的股票（或证券），或持有大量大宗商品的多头头寸，从而可以操纵价格。

费”（在这一时期，航运风险非常大，无论货物是否抵达目的地，买方都将承担全部风险，并且需要提前支付资金）。色诺赛米斯和海格斯崔特斯本应该从叙拉古把一批玉米运送到雅典，但是他们计划在海里把空船弄沉没。然而，他们的骗局暴露了，最终他们被绳之以法。

3. 荷兰时期泡沫事件

中世纪初期，在金融市场或金融犯罪方面并没有发生太多重大变化。随着 17 世纪初阿姆斯特丹股票市场的崛起，金融行业的不正当行为出现新的变化。1668 年，约瑟夫·德拉韦加（Joseph de la Vega）写了一本书《乱中之乱》（*Confusion of Confusions*），这是最早描述现代股票市场运作的书籍，它详细记录了泡沫、崩溃和不当行为的运作情形，涉及的各种机制包括保证金交易、卖空和操纵，全书都是通过与商人、股东和哲学家的访谈对话的形式呈现出来的。约瑟夫·德拉韦加的这本书是在郁金香泡沫和南海公司泡沫这两个事件发生时点之间完成的，而这两个事件恰好也是早期金融市场犯罪的标志性事件。

荷兰的郁金香市场以及大阪的稻米市场是第一批期货市场。郁金香于 16 世纪末被引进荷兰，在荷兰的主要城市都有郁金香球茎买卖活动。受到疾病的影响，郁金香的供应出现短缺，价格开始上涨。而在 1636—1637 年冬季，郁金香泡沫迎来了最高峰，当时有些球茎的价格已经高于贵金属的价格。

1637年2月，郁金香球茎合同的价格崩盘，买卖活动停止，给许多投机者造成巨额亏损。

自18世纪初以来，南海公司与西班牙殖民地的贸易业务还比较少。1718年西班牙和荷兰爆发战争后，该公司制定了一项将政府债务转为南海股份的计划，从而减轻了荷兰政府的债务负担。也正是从那一刻起，泡沫就开始了，南海公司创设了许多投资工具，同时，许多公司为了从泡沫中获利而纷纷选择上市。因此，在不到一年的时间里，超过50家公司的股票上涨了100%至800%，然后在两个月内几乎亏完了全部的收益。南海公司的董事利用行贿和造假等非法手段哄抬股价。泡沫同样也是滋生其他股票欺诈的沃土。1720年9月，泡沫破灭，在短短几天内价格大幅下跌，南海公司背后的诈骗行为也因此暴露无遗。图2-1给出了南海公司及其他相关公司的股价走势情况，以及其对其他股票价格的影响，如旧东印度公司和英国银行。

表2-1列出了一些典型的不当行为，或在现代社会中被认定为不当行为的情况。除了南海公司之外，许多事件都涉及以银行家或金融家为中心的有影响力的人物。19世纪初，随着许多欧洲国家股票市场的兴起，证券欺诈行为也日渐频繁，背后的原因归结于缺乏值得信赖的信息和效率。1844年出版的历史上最畅销的书《基督山伯爵》，其中就涉及了一些在证券交易所发生的早期证券欺诈案例。

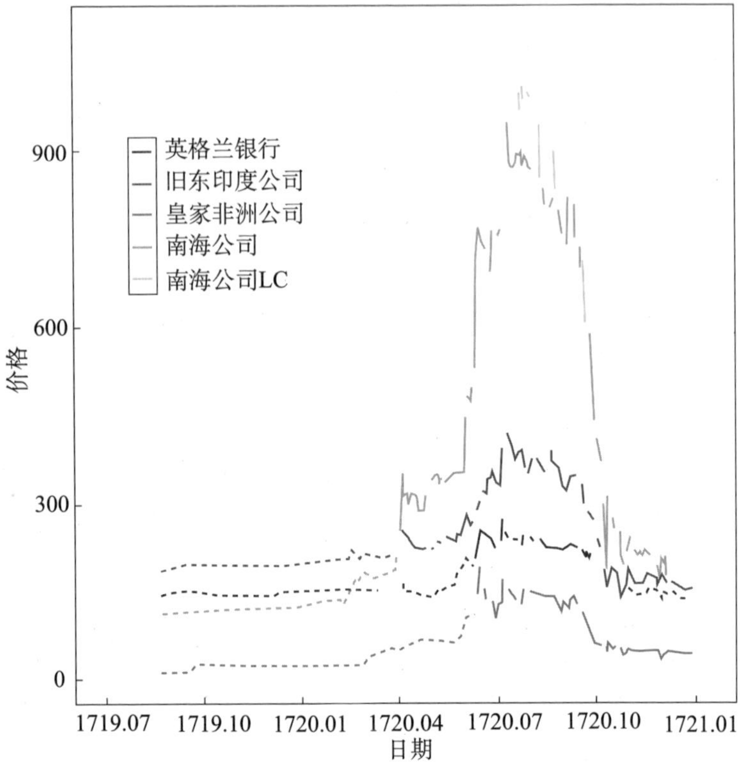

图 2－1　南海泡沫：南海公司和其他相关公司的股价演变，以及它对旧东印度公司和英格兰银行等其他股票价格的影响

资料来源：Frehen 等。

表 2－1　近代早期金融市场欺诈和不当行为主要情况一览表

年份	名称/公司	概要
1637 年	郁金香泡沫	郁金香狂热是史上第一例投资者非理性事件。
1700 年初	亨利・费内斯爵士	亨利・费内斯爵士在担任英格兰银行董事期间，曾参与操纵股价。

续前表

年份	名称/公司	概要
1720 年	南海公司	阿姆斯特丹股市的第一起泡沫案例与南海公司有关，其利用贿赂和欺诈行为拉升了股票价格。
1720 年	密西西比计划	密西西比公司在法国殖民地贸易方面享有特权，并借助奥尔良家族支持的法国银行 Compagnie d'Occident 实现挂牌上市。1719 年，泡沫开始出现，后由于该公司在殖民地没有实际资产而破灭。
1814 年	托马斯·科克伦 & 查尔斯·德贝朗热	拿破仑被保皇党打败的假消息，导致了交易所出现欺诈活动。
1815 年	罗斯柴尔德家族	传说称这位英国银行家因为提前知道了滑铁卢战役的结果而发了横财。
1822 年	格雷格尔·麦格雷格尔	兜售的债券由一个近似虚构的领土来支持：位于洪都拉斯的波亚斯(Poyais)。

4. 早期证券欺诈案

与工业革命相伴的现代金融市场时代见证了股市的发展。工业产值的增长、维多利亚时期的技术进步以及向美国西部的扩张都促进了大西洋两岸股市的发展。许多现代印度大亨们收购公司的愿望点燃了现代证券欺诈的火花。因此，出现了大量的短期人为垄断不同的公司股份的活动（即哈德逊铁路线与哈林铁路线垄断）。

20 世纪初，特别是大萧条前这段时间里，证券投资者收获颇丰，而股市的狂热也催生了大量的违法和欺诈行为。1929 年股市崩溃之后，美国通过了规范证券销售的第一部联邦法律，即 1933 年的《证券法》。该法案旨在使公司的财务报表更加透明，为投资者提供保障，并处罚证券市场中的虚假陈述和欺诈行为。

表 2-2 列出了现代时期的一些相关事件。在许多与股市有关的案例中，1920 年由查尔斯·庞兹本人编造并实施了最早的庞氏骗局。

表 2-2　现代金融市场欺诈与不法行为主要事件一览表

年份	名称/公司	概要
1863 年	范德比尔特家族	范德比尔特垄断了市场，控制了哈德逊河铁路。
1868 年	科尼利厄斯·范德比尔特	范德比尔特试图垄断伊利铁路股票，与杰伊·古尔德开展了一场金融战。最后，他的策略失败了，因为他没办法拉高价格。
1920 年	艾伦·瑞安	瑞安是著名汽车公司 Stutz Motor 的投资人。他成功地做空了市场，但由于纽约证券交易所的介入使股票暂停交易，最终导致公司破产。
1920 年	查尔斯·庞兹	查尔斯·庞兹编造了一个时至今日仍会被人使用的骗局，他向投资者虚假承诺会给予高额回报。
1922 年	克拉伦斯·桑德斯	杂货连锁超市小猪扭扭（Piggly Wiggly）创始人桑德斯，他试图使用巨额借款来垄断自己公司的股票，结果垄断失败，导致公司破产。
1929 年	克拉伦斯·哈特立	在伦敦证券交易所崩溃之前，知名金融家哈特立因为发行股票所实施的欺诈活动而被起诉。

5. 犯罪的新花样

第二次世界大战后，金融市场犯罪活动的频率提高，危害程度和类型都有所增加。这场犯罪活动的革命发生在三个不同的层面，即组织、金融工具和技术。

首先，主要的金融机构和组织不仅成为犯罪的目标，而且成为滋生不当行为的温床。在早期，欺诈和不法行为通常发生在对市场具有很强影响力的非常富有和有权势的个人身上。与现代社会相似，证券市场上的金融犯罪一般是在像私人投资公司内部的迈克尔·米尔金（Michael Milkin）或伊万·博伊斯基（Ivan Boetsky）这样的个人身上发生的。随后，在大银行内部也出现了个人不法行为。20 世纪 90 年代的魔鬼交易员，包括李森和滨中泰男，就是银行雇员在组织内实施非法计划，导致雇主遭受巨额亏损甚至破产的典型例子。在最近的事件中，组织本身也参与了像 LIBOR 操纵和外汇操纵等结构性的不端行为。这些欺诈案涉及一些知名的金融机构，它们试图组成类似卡特尔的集团，以操纵市场。

其次，金融工具不仅为投资业务创造了新的机会，而且创造了新的犯罪途径。用大量贷款来垄断股市是 20 世纪初的一个复杂计划。一个世纪后，定价更复杂的结构化金融产品成为不当行为的工具。尽管华尔街巨头没有受到刑事指控，但高盛公司的案件本身就不言而喻。在这方面的另外一个例子就是，将人们无法理解其风险的产品和评估其风险的结构性不良贷款销售给市政当局。这些金融工具不仅从纯粹金融意义上来看过于复杂，而且从法律视角上来看也是如此。那些结构化产品由所谓的特殊目的公司（SPV）持有，而这些公司常常注册在避税天堂（即百慕大、开曼群岛）。

最后，将科技引入金融市场，给金融业打开了更广泛的金融犯罪格局。股票经纪人和市场调研人员的网上活动加剧了市场操纵和误导信息的传播。因此，与通过电话完成一切的操作相比，如今“热闹的交易室”和小盘股票欺诈要容易得多，并且成本更低。

如果说在20世纪80年代早期，像安布罗西亚诺银行这样的洗钱案例是通过传统的手段，如贷款和转移现金，那么最近发生的自由储备公司案例，则告诉我们互联网是如何让洗钱行业更强大的。比特币和加密货币把犯罪世界中的技术带上了一个新的高度（见表2-3）。

表2-3 过去三十年发生的各种金融犯罪事件

年份	事件	概要
1982	意大利安布罗西亚诺银行	该银行与梵蒂冈和有争议的银行家米歇尔有联系，开展了涉及有组织犯罪的可疑交易。
1986	伊万·博伊斯基	美国证券交易委员会查出其以1亿美元广泛参与了股票市场的内幕交易。
1989	迈克尔·米尔肯	米尔肯是最大的垃圾债券交易员之一，被起诉勒索和欺诈，并被禁止进入市场交易。
1980—1990	日本股市里的黑道	日本股市被有组织的犯罪分子控制的企业所渗透。

续前表

年份	事件	概要
1995	尼克·李森	最早造成巴林银行破产的头号魔鬼交易员。
1995	住友滨中泰男铜事件	住友公司的一位金属交易员，他操纵（垄断）铜市场近十年。
1995—2000	华尔街暴徒	纽约华尔街的五个家庭涉嫌证券欺诈。
2000	股票欺诈	互联网和后来的社交媒体，开始被用作操纵股价的工具。
2002	安然事件	由于一系列的不当行为，包括粉饰财务记录、操纵股价、与审计师合谋，安然公司破产了。
2006	布莱恩·亨特	不凋之花公司是一家享有声誉的对冲基金公司，在天然气市场上几个星期就损失了60亿美元。原因是亨特试图操纵天然气价格。
2008	麦道夫	最大的庞氏骗局，导致了近600亿美元的损失。
2008	高盛投资公司的ABACUS交易	把次贷产品卖给客户（银行），同时让自己的另一方客户（即对冲基金）来拉抬市场。
2009	德克夏银行的不良信贷业务	比利时银行向欧洲市政当局出售了大量结构性债务产品。
2009	碳排放许可证诈骗	在全球有组织的罪犯参与下，碳排放市场出现巨大欺诈行为。
2010	自由储备公司	最大的在线洗钱平台之一，后被关闭。
2012	伦敦银行间拆借利率操纵	利率的基准价格被银行联盟操纵。
2014	外汇汇率操纵	主要的外汇市场被几家大银行操纵。
2014	博彩市场	传闻称体育博彩市场与假球有关。

续前表

年份	事件	概要
2014	高频交易	媒体披露了第一例与高频交易有关的市场操纵的指控。
2014	比特币	主要的比特币交易所 MgTox 在受到网络攻击后关闭，遭受巨大损失。

高盛与保尔森公司：ABACUS 产品的交易

摘要

保尔森公司（Paulson&Co.）是一家位于纽约的对冲基金公司。2006 年初，由于预感到次贷市场的脆弱，保尔森公司便要求高盛公司根据住房抵押担保证券（RMBS）创设一种产品。因此，高盛创设了一种名为 ABACUS 的产品，该产品是担保债务凭证（CDO），其价值和付款来源于 RMBS 投资组合。CDO 有从高级（低收益率）到初级（高收益率）的不同等级。资产管理者 ACA 资本管理公司负责选择资产池进入 ABACUS 交易。高盛公司出售的也是一种信用违约掉期（CDS，即信用违约互换），可以抵御抵押贷款支持证券的违约。保尔森公司购买了 CDS，并与 ABACUS 的跌幅相对赌。IKB 德国工业银行、德国银行以及 ACA 资本管理公司是 ABACUS 产品的主要投资者。当次贷危机达到顶峰时，IKB 德国工业银行亏损了 1.5 亿美元，ACA 资本管理公司亏损 9 亿美元，保尔森公司则盈利了近 10 亿美元。

后续处理

2010 年美国证券交易委员会（SEC）开始调查时，法布

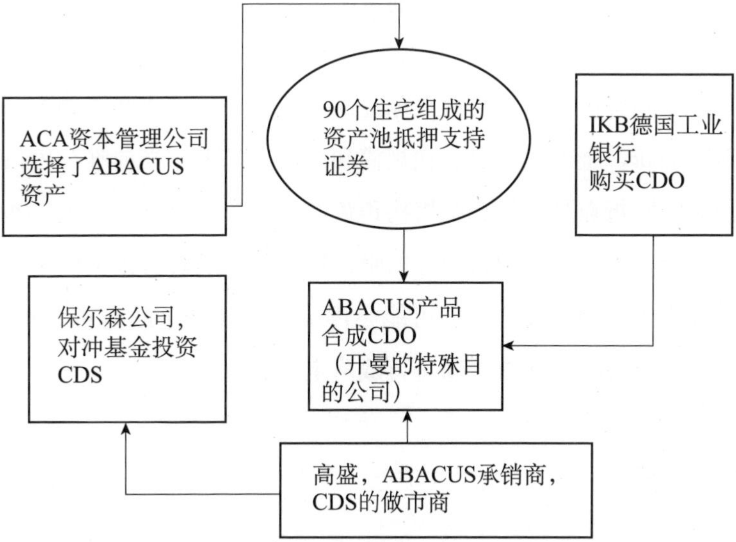

里斯·杜尔（Fabrice Toure）被认定为应该承担责任的人之一，他是高盛公司负责该产品的交易员。他被银行解雇，高盛也为此支付了总额5亿美元的罚金[①]。

6. 展　望

> 真正重要的是，要弄清楚贪婪和恐惧是如何让理性的人在市场上的行为举止变得怪异。
>
> ——约瑟夫·德拉韦加：《乱中之乱》

① SEC与高盛公司的网址，参见：http：//sevenpillarsinstitute.org/casestudies/goldman-sachs-and-the-abacus-deal。

据说历史会重演。在当前金融市场的环境下，犯罪活动牵扯到犯罪组织以及传统的知名金融机构。这些世界的共同因素是贪婪和恐惧。由于目前全球经济可持续增长乏力和金融市场不断创新，金融犯罪只会在规模和范围上扩大。当前唯一可以预见的转折点是依赖金融机构角色的转变。目前，商业银行垄断了金融交易，是银行业务的唯一提供者。随着可预见的金融市场不当行为增加，人们可能会再次审视这种垄断是否合理，从而对金融机构职能重新进行战略定位。

第三章
金融科技时代

1. 第二次工业革命

随着技术革命和能够进行储存、分析和转换信息的技术系统的发展，新时代的金融开始兴起了。对于在算法交易领域工作的许多年轻银行家来说，对金融市场而言，技术的概念同样是必不可少的。没人能够想象一个不使用科学技术的市场是什么样子的。然而，如果我们从金融市场发展史的时间维度来看，计算机只是最近才出现的新鲜事物。20 世纪 70 年代初，在芝加哥商品交易所买卖谷物的讨价还价方式，可能与哈德良皇帝统治期间希腊人在辩论所的交易方式类似，并没有多少差异。然而，今天人们已经能够设计和编写一行又一行的交易指令，毫无疑问，这些交易指令在机器层面上为人们所使用，他们可以一次性在芝加哥商品交易所下达数千份买卖订单，并将这一信息与另一个交易所的股票市场联系起来。

尽管大型数据存储和挖掘领域的革命已经出现，但 Excel 电子表格仍然是当前金融机构最常用的工具之一。Excel 电子表格的雏形是一些应用程序，如 Lotus 1-2-3、VisCal 和 Multiplan。20 世纪 80 年代初，它的应用前景才初步显现出来，人们使用它对数据进行基本的计算和并不复杂的分析。Excel 开始被应用于金融服务行业，这是金融行业的重要里程碑。显然，计算机和电子表格应用程序的应用提高了人们的数据分析能力，同时也从人类学的角度重新构建了投资银行和金融行业。

在 20 世纪 80 年代之前，金融界的专业知识只是内部核心人员的专利，他们并不会把这些秘密泄露给新手或未经授权的人员。从最简单的诸如抵押品定价，到更复杂的兼并估值或交易策略等，业务细节只被一个小圈子的精英人群掌握。例如，大型投资公司的合伙人只要根据报纸的某个版面，信手拿起铅笔，就可以对公司进行估值，或者计算对冲基金的净值。而对于新员工来说，则需要花费较长时间才能明白这种计算是怎么做到的。

新技术的引入，以及计算机和电子表格的使用，使得人们可以进行实时计算，也使得金融技术更为普及。随着电脑和电子表格的使用，越来越多的人可以使用这些技术。随着时间推移，这成为今天在许多大学开设的新学科：计量金融学。1994年，卡内基梅隆大学是首批推出计算金融学教学计划的学校之一[①]。

技术是当今投资世界的核心，也是各级银行家日常生活的一部分。从客户端数据的存储到估值，从报单传输到后台确认，所有的操作均涉及信息技术。在过去几十年间，商业银行一直试图尽量减少人工操作的作用，并尽可能地实现流程自动化。这种趋势重塑了商业银行的交易活动，形成了新的工具和产品。在金融市场中，技术也日渐成为竞争的焦点，投资公司彼此之间不再只是争夺客户资源，还要竞争谁能更快速地达成交易、是否具有更强的计算能力和更好的数据存储资源。

如表 3 - 1 所示，互联网代表了投资行业发展的第二个里程碑。如果说 Excel 和其他应用程序能够将财务知识传播给更多的人，那么，互联网提供的财务信息则是向所有人都开放的。因此，直到 20 世纪 90 年代末，如果一个人想了解价格信息，他可以通过媒体（报纸、广播、电视）获取价格，或按需要让经纪人提供市场价格。今天，网络上可以允许任何人随时访问到许多金融信息的供应商。不仅如此，很多信息都可以免

---

① 有关计算金融教学中心，参见：http：//www.math.cmu.edu/CCF/index.html。

费获得，例如在主要交易所上市的仪器公司的最终收盘价。基于互联网的技术，不仅将信息传播到了更为广泛的公众社会，而且为更多的潜在投资人提供了投资市场。随着2000年互联网泡沫的破灭，经纪业务推出移动服务，个人能够开设账户获取实时行情信息并进行投资。零售客户和中小企业开始成为主要投资银行的重要目标客户，各大投行开始提供定制产品。人们不仅可以通过在线平台进行股票、债券和行情跟踪，还可以获得商品、外汇交易等的衍生工具。个人交易者（日间交易者）是经纪行业中增长最快的领域之一。

表3-1　技术演变的里程碑事件及其对金融业的影响

年份	技术创新	对金融行业的影响
1957	Fortran	Fortran是许多财务软件中使用的第一种编程语言之一。即使是现在，一些应用程序仍在Fortran上运行。
大约1960	商业计算机	第一代计算机进入银行业领域。
大约1960	计算机被投资者使用	基金经理开始使用计算机来验证交易策略。
1970	计算机被引入交易所	主要交易所使用计算机进行交易报单流量管理（纽约证券交易所和纳斯达克）。
1971	SAS（统计分析系统）	SAS是金融业分析工具的主要提供者之一。
1973	SWIFT	银行间的通信协议，支持跨国的资金转移支付。
1975	第一台个人电脑	银行开始向员工提供电脑。
1978	Matlab	推出的汽车和航空航天工业建模上应用的领先软件，可以在银行分析部门应用。

续前表

年份	技术创新	对金融行业的影响
1979	dBASE	金融领域里取得商业成功的第一批数据库之一。
1984	C语言编程	编程语言中最大的革命之一，投资银行用它来构建内部模型。
1982	Internet网络协议	互联网革命重塑了金融市场，交易员从交易大厅转到桌子的电脑前。
1983	C++语言编程	C语言实现面向对象编程，非常受投资银行量化分析师的青睐。
1983	第一部移动手机	经纪商和客户之间能以更快的速度联络。
1983	Lotus 1-2-3	第一个电子表格应用程序之一。
1987	Microsoft Excel for Windows	目前最受欢迎的基于电子表格的应用程序。
1992	光纤扩容	互联网通信速度大大提升。
1992	电子交易平台自动化	使得自动化算法交易具备了可能性。
1994	首批在线经纪商	投资者可以在线买入和卖出证券。
1995	网络银行服务	银行开始通过互联网为客户提供服务。
1997	R软件	开源统计工具，拥有最大受众群体。
2002	Blackberry	Mobile设备开始在金融行业流行，允许用户访问金融信息终端（路透社、彭博社）。
2004	Facebook	社交网络，重新定义人际交往和人们建立关系的方式。
2007	iPhone	智能手机，允许用户只需要点击几下就可以完成市场买卖交易。
2008	云计算	使用技术共享资源存储数据的范式变化。
2009	比特币	新出现的革命性的支付方式和市场加密货币。

电脑和互联网为更多的投资人提供了技术、信息和参与市场的渠道。如上所述，技术不再只是一种工具，它演变成一种更好、更快地获得信息、分析大量数据的富有竞争力的武器。技术在结构上改变了整个投资世界。直到最近，投资圈和多数银行业仍被视为社会人文修养较深的行业。许多银行家具备文科背景；银行和银行家应该是社会上无可挑剔的具有名望的人士，由客户和同行通过具有专业内涵的框架来判断，这符合精英们的保守形象。技术之于金融业，就像维多利亚时期蒸汽机之于生产制造业。类似工业革命时代的体力劳动者最终被蒸汽机取代，当下的技术进步取代了投资圈里金融工程中的种种"晦涩艰深"。随着技术的广泛应用，工程和工业世界的大量实操经验开始融入投资银行业务。因此，现在华尔街开始要求雇员具备多学科特别是理工学科的背景。

银行的治理结构也开始变得类似工业化产物，包括横向职能部门、矩阵型组织、支撑职能部门和应急小组。趋势不仅在于组织结构的变化，还在于用于做出投资决策的方法和技术方面也出现了新变化。许多银行破产的一个原因就在于其对于少数人的过度依赖。因此，诸如航空航天等工业的工程思想开始应用于投资领域。最优化控制就是其中一个例子，它在航空航天工业中被用于飞机设计的各种任务，如最优化飞行轨迹的计算或自动飞行模式的编程。当投资行业中开始聘用工程师时，许多来自航空航天工业的最优化技术开始应用于实时行情数据处理。利用信号和图像分析可以做市场数据的分析，并进一步演化为算法交易。此外，与信号传输相关的技术，开始被用于开发高频交易。机器学习技术，如支持向量机、神经网络、图像处理中率先使用的遗传算法，都开始被对冲基金拿来用在开发复杂的交易策略上。

2. 展 望

> 随着越来越多的物理学毕业生进入银行工作，我开始担心核电厂的安全。
>
> ——某行业领先机构的操作风险部门负责人，2006 年

尽管大量物理学毕业生涌入华尔街，那些没有走过这条道路、继续留在学术界的人，却成功地推进基础科学研究的进步。从科学技术的影响力来看，以下两个领域似乎发展势头强劲。

首先，量子物理学领域中两个可能产生巨大影响力的方面是量子传送和量子加密。20 世纪 90 年代初，本内特等人推出量子通信，它可以通过量子计算机来革新计算机行业，而量子计算机的性能要远远超过现在的计算机。类似地，量子互联网将允许以新的速度级别来传输数据，而不依赖于发射器和接收器之间的距离，而且它在安全性方面的缺陷会更少。市场上金融交易的执行将比现在要高效得多。

量子传输研究的副产品是量子加密技术。如果使用得当，它也可以解决金融资产转移和交易的电子安全问题。然而，量

子加密技术也可能是额外风险的来源，因为黑客破坏网络和服务器可能会比今天要容易得多。加密货币也将带来一个加密技术的新时代，而不是使用当前的离散算法。

第二个新兴领域是由艾德曼（Adleman）引入的 DNA 计算，其目的是将 DNA 分子作为用于计算的介质。这种技术最有可能通过模仿人类大脑同时处理数百万次操作的能力来增加计算内存。

第二篇

华尔街犯罪的起源

第四章
从过失走向欺诈、不当处置直至犯罪

过去几十年来，资产管理行业发生了巨大变化，但是有一些事情依然保持不变，主要是资产管理行业能为其委托人和投资者带来利润，这一点是这么多年来一直保持不变的。比如，20 世纪 70 年代，在英国或美国这样的发达国家中，金融服务业所占比重还不到 6%。近几年，这个比重已经上升到 10%左右，甚至在个别细分领域中接近 25%。金融行业占比的不断提升，已经达到了临界规模，进而造成了发达经济体的内在不平衡。雷曼兄弟违约事件的爆发，导致美国经济陷入结构性危机，需要采取激进措施以提振经济增长。欧洲地区部分国家发生主权债务危机和金融危机，同样使得欧盟陷入经济长期萧条的局面。图 4－1 比较了金融危机对美国和欧盟经济的影响。在金融危机期间，美国比欧盟陷入金融危机的程度更深。但在 2012 年之后，美国经济恢复得相对更快，因为从债务占国内生产总值的比重来看，美国的比重增速更快，美国借助这一策略成功走出金融危机。

而上述结论与金融行业又存在何种联系呢？当金融行业的影响面还比较有限时，如果金融行业能够满足投资者对于高收益率的期望，那么从经济的角度看，收益率并不会明显因为行业扩展而得到提振。以金融危机为风险启示性事件，穆西（Moussu）指出：在金融危机前，商业银行的净资产收益率对股东收益造成了极大伤害。结果表明，净资产收益率是显著加剧金融危机的因素，因为它是管理层制定过度冒险策略的诱因。对银行样本的测试表明，给管理层的激励性报酬与净资产收益率的水平相关度极高，这证明货币激励与最大化净资产收益率指标直接相关，人们追求最大化净资产收益率的动机也可能是因为这项指标使用得过于普遍，无论是在银行业内部还是在相关行业，可以说是无处不在。

2008 年后，获取 15％的净资产收益率的神话已经成为遥远的回忆，银行业进入低水平净资产收益率的新时代。监管层强化商业银行的资本金约束，使得银行业进入一个新阶段，它们更倾向于获取可持续的回报，而不是一味地提高短期收益率。就美国金融业而言，金融危机爆发之前，金融业

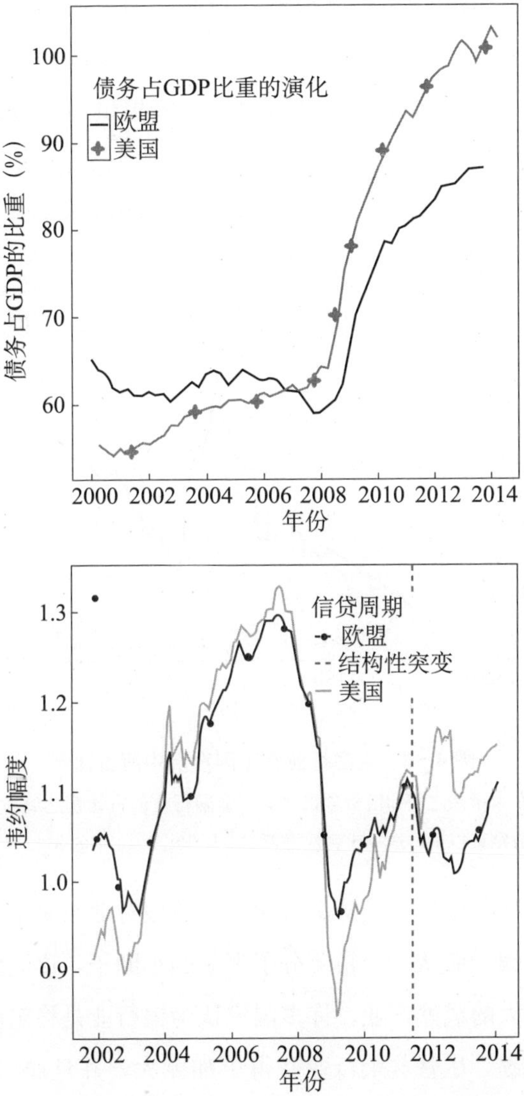

图 4-1　金融危机前后债务占 GDP 比重对美国和欧盟经济发展的影响

在国民生产总值中所占比重达到顶峰，当时股市以高收益率的假象吸引了大批投资者（见图 4－2）。问题的焦点在于，体量巨大的金融业是否还能够为投资者提供与其规模相匹配的盈利能力。

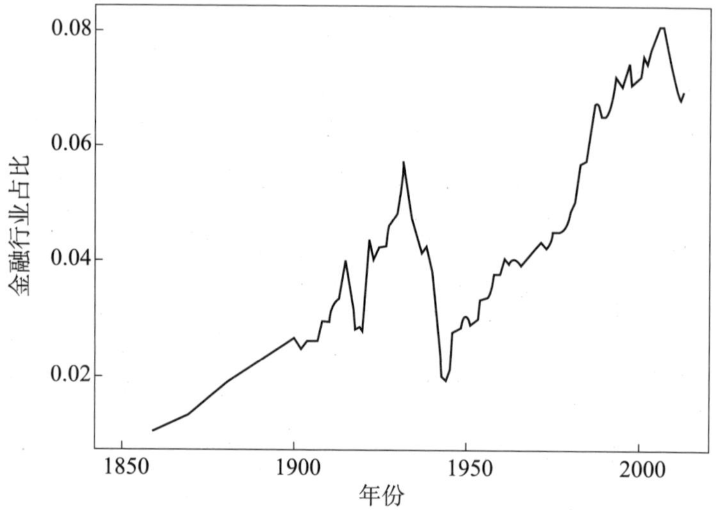

图 4－2　金融行业在美国经济中所占比例

说明：在大萧条之前和信贷危机之后，金融行业的占比都达到了顶峰。自第二次世界大战结束以来，这一比例从将近 2%上升到 2013 年的 8%。

这一现象被称为经济金融化，它给银行业带来了不可逆转的变化。银行业从一个精英分子聚集的小圈子，逐渐发展成一个规模庞大的成熟产业。许多国家认为银行业是稳定国家宏观经济的关键。尽管这个行业变得更加庞大，并且雇员也更多，但是如果从个体行为角度来观察的话，就会发现：对于金融机构的内部决策层和管理层人员来说，他们仍然希望能保持自己原来的高额薪酬。

正如第一章中所提到的，随着金融科技的发展，金融行业的工作文化和道德观也发生了巨大变化。为高工资收入和社会地位所吸引，许多来自蓝领阶层的人开始进入这个行业。新手的加入带来了更为激进的做法，这主要表现在与客户和公司间达成的更为贪婪和激进的交易上。饥饿的新手让“年长的绅士”们变得黯然失色。这些社会性质的变化与金融产品复杂化的趋势叠加在一起，最终导致了许多连锁效应，这些都对金融行业的声誉造成了负面影响。很自然，伴随商业银行向工业文化的转变和交易速度的加快，金融交易活动中不断出现人为失误的现象。这里，我并不是说过去的金融业务都是完美无瑕的，而是说由于它在经济社会生活中占比的提升，这些漏洞开始变得更加显眼。银行业最常见的错误之一就是人工操作造成的失误。例如，在进行简单的交易操作时，交易员可能会输入错误的数字、错误的指令或错误的币种。显然，近年来随着人工操作的减少，失误的频率在下降，但是在交易大厅或交易室等地方，我们仍然需要使用人工操作。

“胖手指”错误是指交易员在敲键盘时可能出现的一类失误。例如，2014 年 10 月左右，一家日本银行成功躲过了史上最严重的一次“胖手指”崩盘[①]。这归功于一名身份不详的大

① 《日本券商做了 380 亿英镑的“胖手指”交易》，参见：http：//www.theguardian.com/business/2014/oct/01/japanese-trader-380bn-pounds-fat-finger。

型股票经纪商设法取消了其错误报单。最终，有 42 家东京股市的上市公司股票（交易报单）交易被宣布取消，累计金额高达 67.78 万亿日元（折合 5 000 亿美元）。假如这些交易订单全部有效的话，那么这个倒霉的交易员就会把全球最大的汽车制造商——丰田汽车的股份换手一半以上，交易金额将高达 12.7 万亿日元！此外，索尼、本田和野村等其他日本大公司股票的交易指令也被取消了。在这种情况下，某个数目庞大的订单的取消很可能只是由于经纪公司的内部控制出了问题。然而，许多最终导致重大损失或公司破产的欺诈性交易案例，往往都是从一些很简单的低级失误开始的，这些错误往往是交易员利用不同手法来隐藏或处理的，比如虚构交易，或者是操纵账户，或者是伪造了交易确认单给后台人员。

从理论上来说，发生的重大失误都应该计入交易成本。然而目前人们普遍认为，交易员会试图利用各种花招来掩饰自己操作造成的亏损。如果这些行为仍未败露，那么交易员可能会使用这些侥幸成功的手段，继续来掩盖其他未获得授权的交易，这就是李森与著名的“88888”账户事件产生的根本原因。在这里强调“犯罪”本体论的重要意义至关重要。操作失误会暴露出管理体系中的漏洞，而这些漏洞刚好可以用来掩盖其他活动。

因此，一个无意中的失误很容易会诱使操作人员故意去犯更大的错误。在这种情形下，人们往往假定交易员在主观上并非故意损害机构或客户利益。而这种观点的缺陷就是没有考虑到个人会在机构内追求自身利益最大化。下一步要想全面分析金融犯罪，就要研究犯罪企业的动机，即为了某个人或某个群体的利益，而从组织或客户那里窃取利润。如果那种利用系统弱点的特殊情况持续存在，那么我们所要对付的就是一个常常作案的金融犯罪组织。在这一点上，LIBOR 操纵案就是一个很好的例子。在此次危机之前，舞弊现象其实就已经显现了。在与交易对手的交易中，稍微歪曲一点利率报价就会为其中一方提供一定的利益，经过逐渐演化之后，最终就发展成为打压利率走势的系统性攻击，最终使得利率远远低于真实水平。在这种情况下，市场会出现恐慌情绪，这表明这种行为的目的正是要人为制造和放大恐慌情绪。

从某种程度上讲，恶意操纵之所以能够成为一个行业，这是拜日本黑道组织“山口组”（Sokuoka）所赐。当时，董事会由于害怕失去对股东大会的控制力，因而让黑道人士出现在股东投票会议上。从错误到罪恶，从恐惧到犯罪，两者之间的距离有时候只是一念转变瞬间的事情。

少数案例中会介绍一些由失误演变为犯罪活动的情形，这清晰体现了金融学文献中长期讨论的另一个话题，即委托—代理问题。这个问题建立在委托人和代理人之间的信息不对称的基础上，这种不对称现象会演变为非正常的企业运营模式。回到前文“胖手指”失误的话题上，在理想的管理模式中，交易员应该把出现的失误操作上报给管理层，以便主管领导能够更好地了解业务管理中面临的挑战。因此，如果公司治理结构足够稳固合理，那么，公司负责人理应对失误操作有所察觉，就算再大一点的失误，也完全可以动用一定的公司资本金及时补上窟窿。而如果交易员试图独自行动去处理失误的话，毫无疑问，这时候我们就会陷入信息不对称的状态。信息不对称不仅存在于认知误区这种简单情形中，还会存在于一些难以归类的问题上。由于显而易见的原因，在测试系统的极限上，风控经理、政府和监管机构总是要落后于交易员一步。交易员会不断主动测试这些管理措施。管理层人员往往只有在事后才能评估这些管理手段，并尝试找出系统中的固有缺陷。在应对这些管理措施的能力方面，交易员处于“当下”的位置，管理层则处于“未来”状态。

实际上，对于由内部流程、人员和系统的不足或失败，以及外部事件造成的可能损失，商业银行相应计提了风险准备金，与自身的经营风险相匹配，平均占银行资产管理总规模的15%。当我们对这些亏损建模时，会假定失误犯错的情形与欺诈场景相关。这种假设适用于出现频率高、亏损不严重的情形，比如在支付或信用卡业务中遇到的情形。但是，当分析那些与欺诈交易或市场操纵相关的极端事件时，发生失误和欺诈的情况往往就会被人为低估。因此，当要真正面对此类事件时，许多商业银行都会措手不及（比如巴林银行）。

人为过失往往是导致白领犯罪的因素之一，它是行为、经济和心理环境综合作用的结果。金融犯罪的另一个动机则是政策套利。这里所说的政策，既可能是公司的内部管理制度，也可能是外部的监管规章。（关于金融监管发挥的作用，也可以在这个主题背景下进行讨论，我们会在后文再做阐述。）公司内部和外部的一系列政策决定了交易员会尝试在红线之间找出许多种方式，来规避这些监督管理要求。

政策套利具有多种形式、盲区和特点。它包括可以搬迁到监管限制更少的地方经营，就像投资银行向亚洲转移总部那样；另一种政策套利是创建特殊实体，这些实体并不属于某一个特定的监管范围，在上一轮金融危机前一年出售次级抵押贷款就属于此类方法。从业人员最常见的犯罪手法是找到监管漏洞，所以金融行业的法律部门都拥有庞大团队。政策套利非常容易造成不当行为。一个很好的例子是大型投资银行向欧洲各大城市兜售的垃圾债券引发了许多诉讼案件。企业卷入多个机构的不当行为时，很容易演变成金融犯罪。目前，不当行为所造成的风险已成为金融机构所面临的严重问题。从概念的角度来看，不当行为是一个一般性术语，涉及违反法律、内部的监管政策和商业道德的范畴。如果我们使用道德的基本理念，是很难对它们做评价的，即使按照马克斯·韦伯和本杰明·富兰克林的观点也很难说得清它们的是非曲直。每一种新产品或新业务都会带来道德伦理上的新挑战，这些挑战正变得日益复杂，而且可能只取决于人们不同的视角、文化背景等。

2014 年 3 月，英国央行[①]提出了一项建议，要求所有接受英国金融监管部门管理的公司修改其员工的劳动雇佣合同，以确保在必要的情况下可以从员工那里收回已经发放的奖金。英国金融管理局已经有权力要求公司停止支付或延期支付奖金，即所谓的“扣回条款”（Malus）。当出现下列条件时，员工获得的报酬将会被公司索回：

• 有合理的证据能够证明员工存在不当行为或经济问题；

• 公司或相关业务部门在其财务表现上出现重大的业绩下滑；

• 公司或相关业务部门遭受重大的风险管理失败。

这种管理方式仍然处于试行阶段，并且是首批此类措施之一。将经济威慑手段应用于那些在不当行为保护伞下的机构及其雇员，肯定会减少由于失误导致走向欺诈的可能性，也会降低从不当行为走向犯罪的投机套利活动的发生概率。代理人所采取的任何损害委托人利益的行为都应受到惩罚，制定相关法律都是至关重要的，不仅仅是表面上制定这样的政策，还要切实执行这些政策，强化机构对此问题的清醒认识。

---

① 《奖金扣回相关政策》，参见：http：//www. bankofengland. co. uk/pra/Documents/publications/policy/2014/clawbackcp6 - 14. pdf。

第五章
道德风险与金融犯罪

1. 背　景

最近一次爆发的金融危机造成了前所未有的破坏，在金融业特别是投资银行业务领域中，道德风险这个词开始更加频繁地出现。两百多年前，亚当·斯密在其所著的《国富论》一书第二部分“关于经济政策”中，曾经解释说：代理人的利益永远不会与他们的委托人完全一致，这给道德标准带来了长期挑战。基于这一假设，亚当·斯密对公司这一形式的经济组织持高度怀疑态度，他认为合伙制形式将是主要的合作形式，这是因为合伙制中的委托人会对代理人承担更多责任。

> 人们早就认识到，在某个个体参与风险分担时，他的个人行为会影响到结果的概率分布，从而带来道德风险问题。
>
> ——亚当·斯密

在克鲁格曼最新给出的定义中，道德风险被描述为由代理人来决定承担多大风险，同时让其他人来背负这个风险的成本。例如，某个交易员可能会把银行暴露在巨大的风险敞口中，以最大限度地提高他个人潜在的业绩奖金提成，而他自己却无须承担交易带来的最终亏损。道德风险及其影响正在改变它发挥作用的环境，因此，我们无法给出一个技术性的定义，或划出明确范围。然而，也可以把道德风险描述为一种提供给代理人的承担风险的选择权。根据这个比方，道德风险的例子包括：

• 零售和商业银行的客户经理。在传统银行业中，为了获得更多的市场份额和更高的营业额，会增加客户的循环信用额度和常规贷款额度。道德风险表现为债务风险指数的形式。风险敞口越高，短期内所获得的报酬也就越高。

• 信用分析师。在分析商业信用的时候，信用分析师可以自由选择判定该公司的信用额度。利差越高，他们预期费用就会越高，而且这也隐含着他们工资中的可变部分会升高。

• 经纪人。经纪人处于对交易量和市场客户的永恒竞争中。业务竞争手段包括提供最优的报价、拥有的交易日内自由行权和给客户报出场外价格。他们的收入水平取决于交易量，因此，是否会给公司增加更多风险，这并不在他们的考虑范围内。

• 交易员。对于操作巨额成交量的自营交易的投行交易员，他们在波动率方面具有自由选择权。波动率越高，预期的正利润就会越多，这里面隐含着他们的奖金收入也会很高的意思。

• 架构师。设计结构复杂的产品时，可以自由选择那些产品需要却无法观测到的参数的比重。在评估中，如果较多使用了不可观察的变量，就更容易制造与客户之间的信息不对称。

• 基金经理。通常我们是依据盈利能力来判断资产管理人水平的高下。在此过程中，他们可以选择偏离既定的投资策略，并进行更多的战术操作，以赚取额外的业绩提成收入。

• 风控经理。在超过风险限额方面，风控经理具有一种间接的自由裁量权。如果他们把所有持仓都控制到正常水平以下，那么这种保守风格可能就会被人们视为古板过时，而且他们在单位内部的角色也会受到威胁。

• 审计人员。审计人员的工资是由被审计公司支付的，因此当他们发现审计对象的财务会计异常时，大多数情况下他们都不会用尽自己的全部能力。在安然公司财务造假案中，安达信会计师事务所的表现就是一个典型案例。

• 反洗钱。一家机构对潜在客户可能只是开展形式上的反洗钱尽职调查，以获得高额中介费收入，但这也可能会引起人们的怀疑。

• 监管机构。在大多数情况下，监管机构并不会对犯错的机构处以最大限度的惩罚，或对实体的不当行为给予适当的威慑措施。这是因为，这种严厉的监管行为可能会让实体陷入困境。如果连监管对象都没了，那么监管机构也就没有存在的必要了。

• 政府机构。金融行业在国内生产总值中占重要份额的国家中，政府机构具有承受风险大小的自由裁量权，可以保住金融行业中的那些能够参与社会政治生活的中上层人士的饭碗。

在导致雷曼兄弟破产的信贷危机之前，“大而不能倒”的说法定义了一种应对交易对手风险的“经验主义”做法。在交易达成的时候，如果对手方“声名显赫”，那么代理人就会无视其违约风险。在评估此类机构涉足的高风险交易或业务时，此类机构会被认为存在某种系统重要性，即使它出现了重大亏损，国家也不会让其倒闭破产。对重要金融机构（如美国国际集团、苏格兰皇家银行、德克夏银行和班基亚银行）的救助就是这一思维的最好例子。因此，委托代理问题就演变成中央政府的权威问题。一个“大而不能倒”的公司垮台会对所属国家在全球经济中的地位造成重大冲击，这会迫使中央政府主动承担损失。像美国国际集团这样的保险公司的潜在破产风险，不仅会在保险领域引发一场真正的地震，更会在整个社会经济活动范围内引发一系列连锁反应。

因此，对于一个过于重要而不被允许倒闭的机构，其委托人或代理人被赋予了一种自由的选择权，他们会为了高回报而敢于尝试参与高风险活动。如果情况不及预期，出现的亏损将由全部纳税人通过中央机关（政府或中央银行）出面的形式来为其买单，这几乎就是“合法盗窃”。道德风险的概念很容易被扩展到整个行业，比如金融行业。在西方国家，金融部门占经济总量的10%到25%，当局发现自己其实很难对其进行监管，也很难对带来系统性风险的机构征税。如果金融机构迁出，会引发人们对失业率上升的忧虑，这也就成了大家经常使用的论调，以此来强化人们的上述认知。总之，道德风险既可以适用于公司内部的某个人、某家公司，也可以适用于某个行业体系。

过去20年资本市场出现的巨大亏损，就是道德风险存在的最好例证。1995年，尼克·李森是第一个因造成13亿美元亏损而出名的魔鬼交易员，这导致了英格兰历史最悠久、信誉最高的银行的破产。巴林银行是英国皇室最信赖并拥有业务往来的银行之一，但当欧洲央行和英国央行未能达成救助该银行的一致意见时，这种逻辑关系就失效了，亚当·斯密的自动调节理论似乎同样适用于金融业。几年之后，随着著名的美国对冲基金长期资本管理公司（LTCM）的破产，公众舆论开始意识到一家大型机构的违约可能造成的系统性影响。2008年1月，科维尔的魔鬼交易被公诸于世。很明显，一个人不仅可以弄垮一个重要金融机构，还会对金融市场产生毁灭性的影响。由于科维尔在欧洲股指造成的影响如此之大，当银行削减头寸时，全球主要金融交易中心的交易指数在几个小时内下跌了几个百分点。阿多博利（瑞银前魔鬼交易员）和“伦敦鲸”分别对瑞银和摩根大通造成了类似的灾难。

2. 金融行业的薪资结构

尽管许多消息人士把风险的根源所在指向道德，但其实人们早已达成共识：这个行业的薪资结构才是最大的问题所在。银行家、足球或美式橄榄球运动员，均被公认为薪酬超过社会平均水平，这是与他们的边际经济效用相比而言的①。图 5-1 描述了华尔街奖金的演变。在不到 20 年的时间里，奖金总额增加了 15 倍以上。在同一时期，平均奖金增长了近 10 倍。1998 年的长期资本管理公司破产、互联网泡沫以及 2008 年的最后一次信贷紧缩导致了奖金总额的下降。2008 年，在许多投资银行得到救助，或通过公司兼并得以存活下来的时候，它们的当年奖金总额达到 175 亿美元，这个金额相当于近 35 万名制造业工人的全部年薪。

一般来说，奖金水平的高低取决于金融周期。但显然，在最近一次的金融危机中奖金水平并没有受到严重影响。几乎可以肯定的是，工资中的可变部分在某种程度上是得到了保障的，因为公司针对某些员工签署有某种合同（以此来保证他们

① 法国经济学家雅克·阿塔利曾说，有两个行业的人拿着过高薪酬，即“交易员和足球运动员”（2008 年 12 月 11 日）。

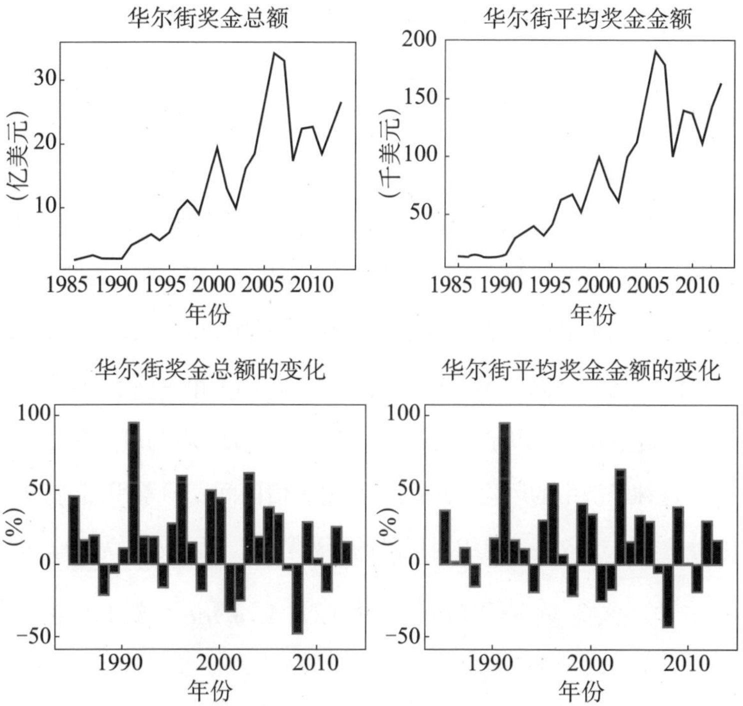

图 5-1　华尔街奖金的演变

的收入水平)。在金融危机和很多情况下，公司发放奖金所使用的资金直接来源于政府的救助基金，这已经超出了道德风险的范畴，可能应该被归类为不道德的风险。在给定时间变动损益函数 $\Im$P&L (t，A_t，σ_t) 的数学公式中，在 t 时间范围内，取决于资产敞口 A_t 和波动率 σ_t，奖金与严格为正的累积损益曲线的预期值成正比。

$$\text{奖金金额}_t = \boldsymbol{E}\left(k \cdot \max\left(\int_0^t \Im \mathrm{P\&L}(t, A_t, \sigma_t)\,\mathrm{d}t, 0\right) \middle| F_t\right)$$

$$= \boldsymbol{E}(k \cdot \int_0^t \Im P\&L(t, A_t, \sigma_t) dt \mid F_t)$$

$$- \boldsymbol{E}(k \cdot \min(\int_0^t \Im P\&L(t, A_t, \sigma_t) dt, 0) \mid F_t) \tag{1}$$

从长远来看，第一项趋于与风险敞口对应的无风险债券利率所形成的收益，第二项代表组织或系统为其代理人提供的自由选择。因为其收入高低取决于其业绩的好坏，代理人采取的交易的波动率越高，第二项就越有价值。因为第一项不能提供太多的利益空间，所以唯一可行的方法就是增加工资的可变部分。

这种经济中的风险量可以表示为置信区间 α 的累积损益分布的分位数，这取决于组织对风险的厌恶程度。通常 α 约为 99.9%。

$$\text{风险量}_t = \Re \left| \boldsymbol{P}(\int_0^t \Im P\&L(t, A_t, \sigma_t) dt < \Re \mid F_t) \right. < 1 - \alpha \tag{2}$$

图 5 - 2 给出了在相对规模上对比奖金和风险演化情况的实验结果。假设单纯持有一种资产，该资产和无风险利率相同的漂移值以及波动率均服从高斯分布，我们可以模拟出一年期限的盈亏图。通过蒙特卡洛方法对资产波动轨迹进行模拟，相应地计算出奖金和风险概况。与可变报酬相比，风险总体上增长得更快。交易员需要以波动率更高的头寸承担更多的风险，以创造更多的边际奖金。因此，对于金融机构中的新员工或新业务人员而言，他们必须承担更多风险才能获得与更有经验的同事同等金额的奖金。

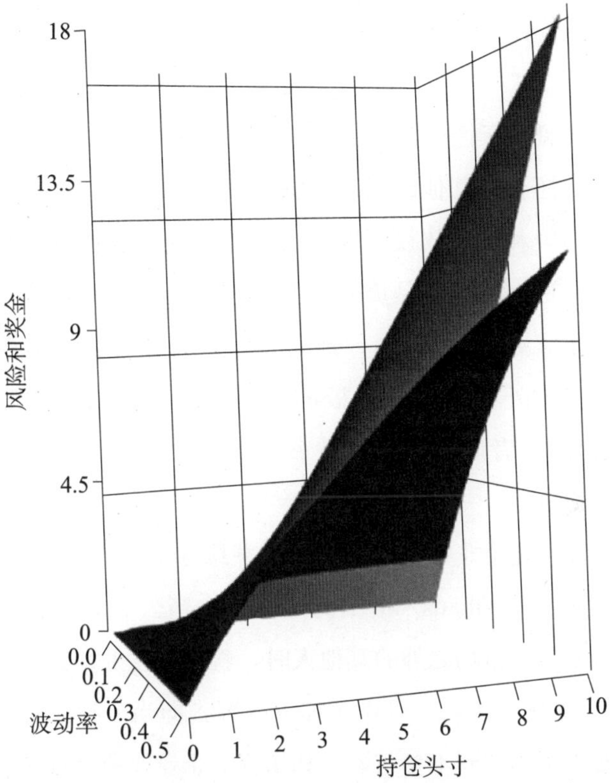

图 5－2　奖金与风险的比较

说明：奖金用黑色表示，其对应的风险用灰色表示。与可变薪酬相比，风险要上升得更快。为了拿到更多的边际奖金，交易员需要冒更多的风险，以更高波动率的形式或更多的头寸来承担风险。因此，新员工需要冒更多的风险，才能获得与经验更丰富的同事同等金额的奖金。

在这种不考虑任何形式的干预措施的绩效评估方法下，无论风险水平如何，平均水平的奖金都会继续支付，并迫使代理人为了同等的边际奖金金额而去冒更多风险。

3. 外部性的影响

道德风险所产生的行为后果不仅会对自己所在的组织造成影响，还会对其他组织和经济部门造成影响。这些在环境研究、污染和碳排放权领域中被广泛研究，这些效应被称为外部性，更准确地说是负外部性。在 20 世纪 20 年代，英国的经济学家亚瑟·庇古（Arthur Pigou）引入了外部性的概念，并指出外部因素是消极的，可以通过征收一种庇古税（这是由于学者庇古提出而被命名的一种环境税）来减少这种消极影响。

外部性是个非常抽象的概念，萨缪尔森（Samuelson）和诺德豪斯（Nordhaus）给出的定义是：当公司或个人将成本或收益强加于市场之外的其他人时，就会产生外部性或“溢出效应”。贝格（Begg）等做了如下解释，即当一种商品的生产或消费直接影响到不参与购买和销售的企业或消费者时，就存在外部性，即溢出效应，但溢出效应并没有完全反映在该商品的市场价格里。

污染与环境的相关问题正是外部性的典型案例。制造这些负外部性的某个产业自己从中获利，却让全社会承担了主要部分的成本。由于缺乏具体的法规条例或专门的市场（即污染排放权的买卖交易市场），缺少对污染量或对环境造成的不利影响规定的市场价格，工业产生的负外部性成为全社会的负担。类似地，商业银行也承担了大量的风险，并且这种风险会向整个经济领域蔓延，从而形成负外部性，类似于那些污染了环境的企业。减少这些外部性影响的一种方法就是征税，但很难确定其税率和范围。危机过后，人们经常提及托宾税，但由于在实际执行中难度大，它也备受人们批评，而且它会给那些不实施的国家带来优势。接下来，我们将列举一些负外部性的相关例子。

2012 年初，英国王室剥夺了苏格兰皇家银行前首席执行官弗雷德·古德温（Fred Goodwin）的爵士头衔[①]。而在这个事件之前，只有被判定有罪的罪犯或被行业组织除名的人才会被剥夺爵位。

2008 年，苏格兰皇家银行遭遇了极大的动荡，当时它需要英国政府出面干预，以获得大约 650 亿美元的救助（见图 5－3）。

在苏格兰皇家银行成为全英国排名第一的银行的时候，该行的首席执行官被授予爵士头衔，但因其在导致该行几近破产时的所作所为而受到严厉批评。在这之前的几年中，苏格兰皇家银行参与了许多风险投资，其中包括在 2007 年金融危机最严重的时期，该行花费数十亿英镑收购了对手荷兰银行。此外，苏格兰皇家银行还卷入一系列风险事件中，例如欧洲地方市政当局的外来产品交易和结构性票据。这些错误的决策，加

① 《苏格兰皇家银行前董事长弗雷德·古德温被剥夺了爵位》，参见：http：//www. bbc. co. uk/news/uk-politics-16821650。

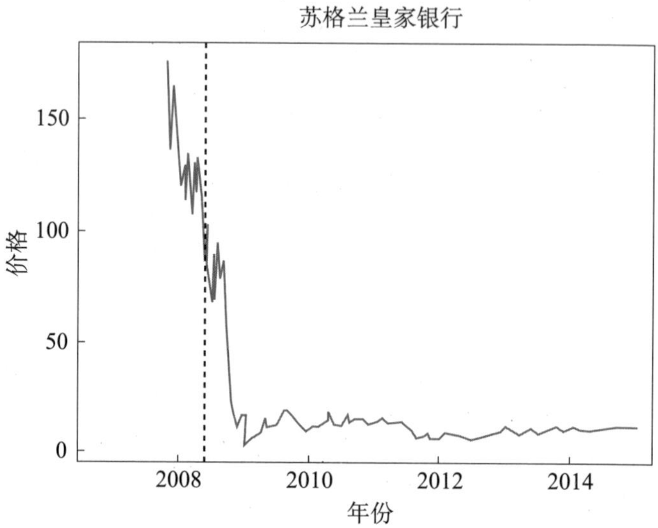

图 5-3　苏格兰皇家银行的股票价格

上古德温的野心，让这家银行面临前所未有的严峻考验。该事件不仅使英国经济受到严重影响，还使成千上万的人失去了工作，实际上也使得荷兰的金融行业丧失了它的第一大银行——荷兰银行。

2012 年，因涉嫌伪造账目、管理不力、操纵价格和不当挪用，班基亚银行的前总裁罗德里戈·拉托（Rodrigo Rato）① 和班基亚银行 32 名前董事会成员被调查。2011 年 5 月，班基亚银行被收归国有，在不到一年的时间里，其股价下跌了 75%，损失高达 230 亿欧元（折合为 300 亿美元）（见图 5-4）。

---

① 《班基亚银行董事会面临腐败指控的调查》，参见：http：//www. theguardian. com/business/2012/jul/04/bankia-board-investigation-corruption-claims。

图 5-4　班基亚银行的股票价格

这一调查是为了回应进步民主党的要求而作出的。该党派的领导人罗萨·多兹（Rosa Doez）指责班基亚银行对中小投资者实施了“人规模欺诈行为”，因为在她看来，其股价的爆炒是基于对数据的伪造。专门负责重大犯罪案件处理的法院决定立案调查，反腐检察官办公室认为有必要回应公众质疑。法官还传唤了西班牙银行前行长、证券市场国家委员会主席、为班基亚银行服务的德勤合伙人，以及西班牙银行重组基金（FROB）的法律代表。国民议会也向组建西班牙银行集团的储蓄银行提出要求，提供自 2008 年以来，用来给董事会、高级管理层及其家人、政党提供支持的所有信用、贷款和担保业务的详尽资料。1996 年至 2004 年期间，拉托曾担任西班牙内阁经济和财政大臣。在 2004 年大选中，他带领下的民众党选举失利，而他继续执掌国际货币基金组织。另一名被告——安吉尔·阿塞伯斯（Angel Acebes），也在同一届政府中任内政大臣。

值得注意的是，市场上早就有人预料到了“伦敦鲸”的存在，并且有一些机构在从中获利。苏格兰皇家银行、美国国际集团（AIG）、德克夏银行（Dexia）或富通银行的案例表明，不当管理和导致潜在经济灾难的可能性并没有被看作犯罪行为。班基亚银行是个例外，它是在西班牙银行遭遇变故之后，其刑事诉讼才随后而至的。

对比苏格兰皇家银行、班基亚银行和德克夏银行大幅下跌前后的股价，我们可以得出隐含的违约概率，计算结果如表 5－1 所示。

表 5－1　　银行的违约概率

银行名称	灾难之前的股价	灾难之后的股价	灾难之前的违约概率	灾难之后的违约概率
苏格兰皇家银行	150	11	0.002 5	0.46
班基亚银行	37	4.9	0.012	0.43
德克夏银行	15	3.32	0.003 4	0.36

想要算出违约概率，我们可以借助基于股票市场行为的莫顿公式确定。资产 S 和负债水平 K 的公司的一年违约概率为：

$$PD = \Phi\left(-\frac{\ln(S/K)+(r-\sigma_0^2/2)}{\sigma_0}\right) \tag{3}$$

其中：σ_0指的是股票的波动率，r 指的是风险中性假设下的无风险利率，并且其服从累积正态分布函数。

在市场出现震荡之前，银行的违约概率看起来似乎很低，苏格兰皇家银行和德克夏银行的违约概率低于 0.5%，班基亚银行的违约概率为 1.5%。在遭遇市场震荡之后，它们的隐含违约概率会跃升至近 50%，已经构成了实质性违约。只有政府干预才能使这些实体保持足够的偿付能力，但这种政府干预本身是存在争议的。

衍生品投资组合是造成负外部性的另一个重要原因，这主要是由于它们的估值需要人们基于不可观测变量来构造模型。这些投资组合被归类为Ⅲ级资产，在投资银行业中几乎占到其证券投资组合总量的 10%，达数百亿美元。在市场上，我们无法直接观测到用于设定模型的基本参数。一般来说，这些参数是基于管理层对波动率的基点变化或相关性假设的判断而确定的，相关性假设会显著改变投资组合的估值，变动幅度可能达到数千万美元，这个数目也是一家投行每季度奖金的平均水平。在这些情况下，模型设定往往就是以自我利益的实现为出发点的。

因此，衍生品投资组合的价值并没有发生实质性变化，而只是一种公允价值在账面上的变动。在金融危机期间，频频登上新闻头条的结构性信贷产品正是属于此类资产类别。

4. 从道德风险到金融犯罪

犯罪活动并不等同于道德风险，但它们却有相似之处。骗子和魔鬼交易员都会寻求实现个人利益，并伴有损害外部环境的风险。换句话说，如果我们使用第一章的概念，道德风险和犯罪都是负外部性，两种现象之间几乎看不出有什么明显的分界线。尽管如此，道德风险仍然具有犯罪行为所不具有的一些特征。一旦东窗事发，道德风险问题将被归类为犯罪；而如果没有败露，且没遭受损失，那么道德风险问题就很容易带来丰厚利润。例如，在资本市场上，道德风险问题的出现一开始多是由一系列的“隐蔽”行为表现出来的，这些行为可能正处于风险中，甚至超出风险警戒线。冒险操作者会选择一些有利的环境来隐瞒其行为的情况。在使用了杠杆的情形下，机构所面临的风险会更大。但如果顺风顺水，这样可能会带来更高的回报。而一旦外部条件的变化不如预期，那么将会造成巨大的损失，从而问题也就会暴露出来。在这种情况下，发生的亏损会被机构列为非经常性损失，不会影响其个人收入。但是，如果头寸带来收益，那么对交易员就是有利的，这部分利润会被作为业务持续收入的一部分。在市场动荡和不稳定期间，当远期持仓需要追缴资金，并由该机构的高级管理层审批或被监管部门跟踪时，道德风险问题就会激增。如果所在机构的损失金额太大，道德风险就会被视为欺诈或犯罪。实际涉案的交易员会因行为不当而被起诉。人们喜欢树立一个公敌的形象，这可以在短期内有助于解决问题，但道德风险的影响还在变大。所在机构往往倾向于让个人出面，对外承担所有罪责，而不是对他们的行为开展调查。此外，机构内部的委托代理关系导致的道德风险正进入一个新阶段。如果外部性问题变得火烧眉毛了，那么机构就有一个选择权，也就是说会让代理人出面承担责任。近年来，在金融行业中出现的一些案例就是最好的例证。如果道德风险超出了系统的风险承受能力，一旦突破限度，就很容易发展成金融犯罪行为。比如内幕信息的使用、股票首次公开上市前的财务欺诈行为，以及利率基准价的操纵行为，听起来更像在接下来的章节中专门描述的有组织犯罪案例。新近发生的案件证明，在顶级机构里面工作的、拥有正规教育背景的人员，在持续存在欺诈活动的企业中更可能表现出有组织犯罪行为的特征。

5. 结　论

道德风险是专业术语，是对两个名词的综合概括，并不是“道德”和“风险”的简单相加。这种现象可能发生在员工层面、部门层面或公司层面。如果遇到不利情形时，某个代理人能够承担尽可能多的风险而免于受到任何惩罚，他就拥有一种自由选择权，即可以通过冒更大风险来赚更多的钱。从心理上说，这种自由选择权足以蒙蔽他的所有危机意识。这种机制与鼓动个人从合法行为走向犯罪的机制是完全相同的。因此，任何存在道德风险、不当行为的地方，金融犯罪都会随之而来。

短期内，我们无法解决金融领域中存在的道德风险问题。但是，还是有必要改变有些组织的错误心理认知，即认为自己是经济体系不可或缺的一部分。监管采取一种治标不治本的解决方案。银行业已经变得太大，以至于政府的任何行动都无法撼动它。因此，解决方案是鼓励构建一个富有道德的、无风险的金融体系。经济体系中应该拥有更多元的融资渠道，而华尔街或伦敦金融城只是其中一种渠道而已。在这样一种竞争环境下，将不再有选择性救助或优惠待遇，“太大而不倒”或“太重要而不能倒”的说法也会变得不再具有任何说服力。

第六章
模型风险

1. 背 景

20 世纪 80 年代后期，科学家和工程师逐渐加入到银行业中来，这显著地改变了全球工业经济的发展走向。随着时间的推移，人为的主观判断和财务方面的“运作公式”(à la carte)，开始被复杂系统中所实施的量化模型所取代，旨在帮助客户更好地理解风险收益情形以及交易状况，并更加高效地决策。银行采用这种方法就会带来一种新的风险——模型风险，即当衡量公司风险或价值交易的金融模型无法胜任时，或无法刻画其所对应的目标风险时所形成的一种风险。在监管部门眼里，模型风险被视为操作风险的一个子类别，因为模型风险主要影响那些构建和使用该模型的公司。那些使用该模型的交易员或其他投资者，他们可能也不完全了解模型的前提假设、适用范围、输入变量和约束条件，而这些都影响着模型自身的适用性和有效程度。美国联邦储备委员会强调指出，使用模型时总会存在模型风险，采纳了基于不正确或使用有误的模型的结论和报告而制定的决策可能会造成严重的后果。模型风险可能导致财务亏损、糟糕的业绩和战略决策，再或是银行的声誉受损。

随着金融行业所提供产品的复杂程度越来越高，新技术的使用越来越多，金融行业更需要自动化和量化其众多的业务流程。从风险评估到风险管理，从决策到客户服务，金融机构变得更加依赖建立在技术手段基础之上的越来越繁杂的数学模型。因此，在过去 20 年中，伴随计算能力和软件应用程序以及金融创新的快速发展，模型的应用也已经变得非常普遍。

由于组织体系内的众多关键流程都是由模型来提供解决方案，或者进行管理的，所以模型也具有“双刃剑效应”。一方面，运用基于大数据开发的模型，会大大减少人为错误及人工干预带来的潜在错误。因此，模型被引入用来解决控制问题，以及防范流程中的缺陷。例如，模型被运用于解决跨资产组合和交易员的风险与绩效分配问题。

另一方面，由于存在模型设计失误、选错模型或建立在错误假设之上的可能，复杂模型和技术导向的操作过程会造成在组织内部产生其他潜在风险。例如，长期资本管理公司的违约事件中，一部分就可以归咎于模型风险。在基于波动率均值回归假设构建的基金期权定价模型中，由于使用了高杠杆的交易策略，模型的一个小错误就会被放大几个数量级。

模型风险中最基本的风险是模型的不适用问题。例如，预测货币汇率或油价走势可能更像预测政治事件，而不是预测随机过程，因为相较于数学描述，它们与人们的心理和行为的相关性更高。人们总是理所当然地认为，复杂的数学本身具有很强的可用性。然而在你真的要使用数学模型之前，你首先应当了解事物是如何运作的，它们之间又是怎样相互影响的，这才是更重要的事情。

我们有必要从组织内部的不当行为和白领犯罪的角度强调这些方面。随着人们广泛使用会计信息系统，人们就能明白应当强调这种关联性。因为，在许多情形中，会计处理中的错误或缺陷会被用来开展非法或未经授权的活动。同样，由于模型风险导致的不足，也很易于被人利用以开展灰色地带的非法经营活动。如果说，在会计系统中，这些缺陷引发的问题看上去还是简单明了的，那么，在非专业人士面对模型风险的情况下，留给他们犯错的余地就很少了；同时，这些活动是否应该被视为违法或犯罪，也是存在颇多争议的。许多未经授权的历史交易亏损大案，都与使用了错误的账户有关：或者是交易员在系统中手工操作账户，或者是交易员直接编造金额大小。从这个角度来看，在机构中想要改变或操纵模型相对容易得多。会计是比财务模型更加简单的学科，相比模型验证而言，商业银行对于账户具有更多的验证、跟踪和审计手段。在许多组织体系中，模型往往都过于复杂，因此对于那些知识储备比建模者少的人而言，想要吃透模型非常不容易。正是这种隐藏在专业知识的厚重幕帘背后的、关于模型认知的不对称性导致了一些严重依赖模型的业务领域中出现风险控制问题，例如，金融市场中的奇异型衍生品和做市商业务。

2. 模型风险的来源

一般而言，模型是对现实世界的简化，而也正是因为存在这种简化，我们无法完整解释现实社会的风险。图 6－1 给出了建模的基本流程图。通过建立模型、确定模型的适用范围，可以解决一系列的评估问题。通常我们用数据集合和输入到计算机中的所有信息来表示模型输入。模型算法表示的是应用于输入数据的转换和计算集合。这一步骤包括运用一种方法构建模型动力学中使用的数学术语，还包括通过一种系统技术性实施该方法。模型输出是指从模型所获得的一组结果，用于帮助我们明确模型范围中所定义的最终目的。在从设计到实施的任何一个环节中都有可能出现建模错误。在模型风险方面，以下问题可能被加以利用而引发异常行为，并最终导致组织内部的不当行为：

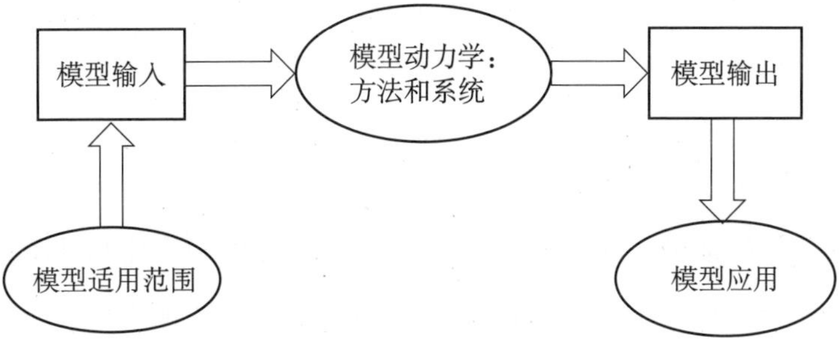

图 6-1 模型的主要组成部分

说明：模型输入表示的是数据集，通常代表模型计算中的所有需要输入的信息。模型动力学表示应用于模型输入的转换和计算的总和。该步骤包括构建模型动力学中使用的数学概念的方法和涉及该方法的技术实现的系统。模型输出指的是从模型得到的一组结果。

第一，模型本身是正确的，然而所用的数据（比率、波动率、相关性、价差等）却可能与估计值不一致，甚至是经过反向加工的，以期获得想要的结果。

第二，即便对于运行原理相似的两类产品，模型也可能只适用于某一类产品，却不适用于另一类。这种情况导致了模型的使用与最初设定的模型适用范围不一致。即便模型的基础扎实，输出结果准确且与模型期望结果完全一致，但如果被拿来误用或滥用，也可能引发较高的模型风险。出于节约成本的考虑，人们往往倾向于用现成的模型来评估新产品或新市场。

第三，模型的前提假设可能与模型所应用的产品或市场的环境并不一致。当市场环境或是客户情况发生变化时，银行往往还是会惯性地沿用以前的模型的。

第四，当一组模型都能够达到同一个目的（例如风险的度量）时，使用者往往会选结果更接近自己之前预期的模型。

第五，在处理复杂的产品结构时，模型可能会形成一个无法验证的结果。例如，在不完备市场中，由于自身流动性不足或无法处置相关资产，结构性衍生工具的价格无法为市场所验证。对于奇异型衍生工具的特殊情况，雷博纳托（Rebonato）将模型风险定义为：基于复杂和/或流动性匮乏的衍生品的定价模型所得出的估值与其在市场上交易所达成的价格之间存在显著差异的风险。

第六，模型本身就是对现实世界的简化，现实世界的具体情形可能会让模型的这些简化处理显得不合时宜。模型风险也可能是做模型假设时把模型适用范围限定于一系列特定环境和情形导致的后果。一个很好的例子是，处于信贷危机中心的那些结构化信贷产品，它们往往都是使用高斯相关性来叠加计算一系列违约事件的。

第七，模型可以包括许多快捷方式，以及简化或近似的手段，而这可能会损害模型结果的完整性和可靠性，尤其是当模型的使用者没有意识到这些近似做法所带来的局限性时。

3. 衍生品的期望估值

在衍生品市场中，交易员认为模型定价时使用的波动率与标的资产的历史波动率并不相同。这是因为，市场参与者会设定一个价格，以反映其在某一时点上的总体偏好和对市场预期的判断。因此，即便使用经典的定价模型，我们也非常有必要区分历史波动率和市场波动率，并根据期权交易价格来进行修正。从物理测度 P 演进到商业测度 Q 的经济学理论，最终是通过吉尔萨诺夫定理（Girsanov's theorem）的论证得以成立的。但为了便于应用，就会要求期权应该具备一定的流动性，同时市场也应该是完整的。

在有效性存疑的市场中，由于期权产品的流动性较差，因而人们不能直接确定其合理估值。所以，我们面对的是离散时间序列数据，一般来说被认为是不完备的。因此，商业测度 Q 并非独一无二，并且与观察价格相一致的生态环境也很多。针对这种情况，Esscher 变换、广义双曲线过程，以及 GARCH 模型中均有所述及。最近的研究通过引入尖峰肥尾态分布、偏态分布和扩展波勒斯勒夫（Bollerslev）式的 GARCH 过程，扩充了经典高斯风险中性框架之外的定价问题。很多文献借助不同方法来描述市场完备性不足情况下的定价问题，主要集中在随机折现因子或研究一些实证方法。然而，上面引用的所有文献研究都只是在诸如股票或固定收益等资产上得到了检验，这两类资产本质上最为接近金融市场的经典理论框架。现实市场的波动率变化使我们根本不可能按照布莱克-斯科尔斯（Black and Scholes）理论所说的去实现组合的完美复制。因此，市场是不完备的，因为不可能完美复制那种只包含基础资产和无风险债券的权益未定合约。如果有足够（可能无限量）

的各类合约可用，同时在这种情况下存在明确规定的定价频率，市场就会变得完备。在处理新出现的、不完整的低流动性期权时，似乎有必要建立新的估值框架。

不需要太多的数学方面的细节[①]，我们就可以理解封闭式解决方案严重依赖以下三个方面：

首先，我们假设高斯框架能够适用于所有期权的定价。这一假设对于普通的欧式期权可能成立，但当我们面对某一外部冲击时，收益率可能发生极大变化（例如二元/障碍期权）。如果市场出现极端情况时，例如价格的跳涨或暴跌，此时模型的结论就会出现扭曲。具有冲击性的价格跳升，破坏了高斯的分析框架。

其次，模型依赖对诸如利率和波动率等输入变量的假设。

最后，模型依赖风险中性假设。简而言之，长期来看，没有交易商能够依靠投资组合获得超越无风险利率的收益率。也就是说，这一假设依赖无风险利率这一抽象提炼所得的概念。而在现实中的特定市场环境下，无风险利率将具有不寻常的含义。

最基础的资产定价理论框架就是把金融工具的价值视为当前时点上对其未来结果的预期，而没有考虑这些结果发生的概率。当这些结果的发生概率高度不对称时，围绕着能否按照预期来给金融工具做估值的争议就出现了。例如，我们用工具 A

① 为简化阅读难度，此处译者删除部分数学推导内容。——译者注

代表一个掷骰子游戏：每猜对一次掷骰子结果将获得 6 美元。这样，工具 A 通常将被估值为 1 美元，即潜在收益的期望值。这里，我们明确假定掷骰子的结果是均匀的随机变量。显然，在这种情况下，任何投资者都会将该工具的价格视为“公平”。现在，如果我们考虑工具 B，它代表另一种游戏：累计测试 1 000 次中有 999 次支付 5 美元，只有一次被倒贴了 3 995 美元，综合计算后它的预期收益同样也是 1 美元。但人们可能会问：是否有人愿意去投资这样一种几乎可以确定需要付 5 美元的金融工具？为了说明这些方面，图 6 - 2 和图 6 - 3 描述了工具 A 与 B 的收益分布。

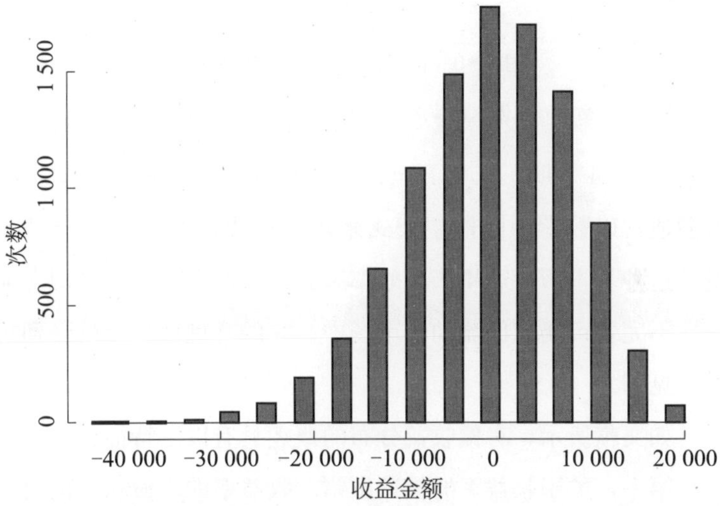

图 6 - 2　收益情况

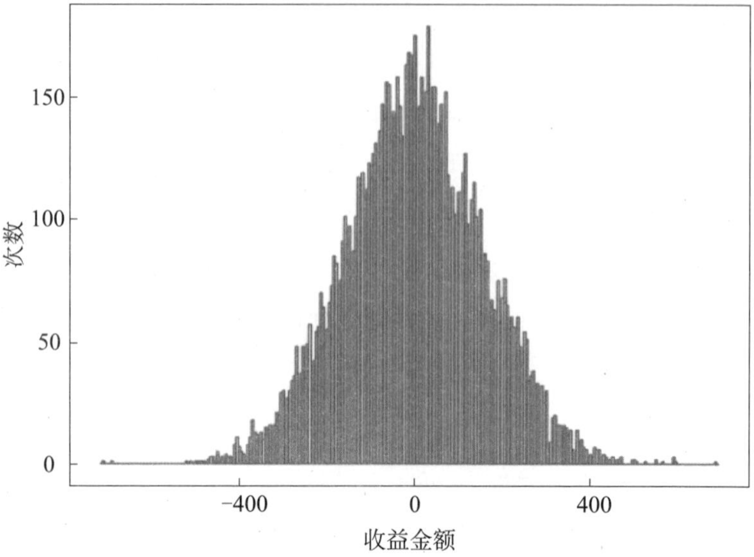

图 6-3　掷骰子游戏的收益分布

说明：每次猜对一次掷骰子结果将支付 6 美元，赌注为 1 美元。

图 6-4 表明了工具 B 定价模型的某一参数决定了其价格。人们通常以数学中的期望公式来定义衍生品和一般资产的价值。这种基本假设适用于高效率和完备市场，然而如果用在流动性不完备市场或低流动性市场中，它的合理性很容易受到挑战（见图 6-5）。

如文献所示，有偏收益分布的概述具有以下特征：

第一，关于收益率的描述出错。收益率的均值和中位数并不相同。因此，投资者往往容易被收益率的均值吸引，尤其在投资人只盯着收益，而对统计过程没有清醒认识的时候。实际上，多数时候模型所选用的波动率都要比真实的数值更低。

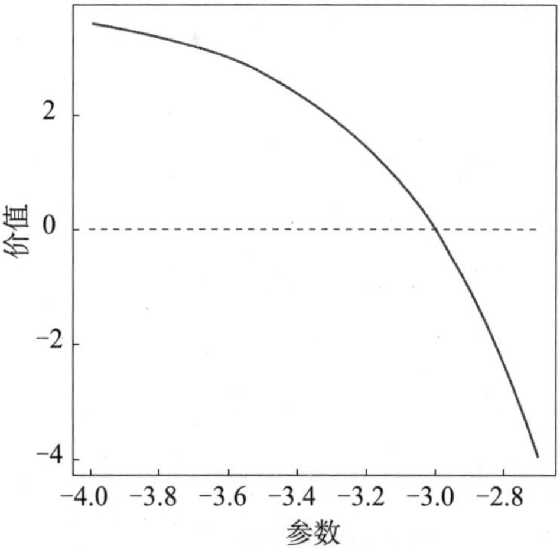

图 6－4　估值对参数的依赖性

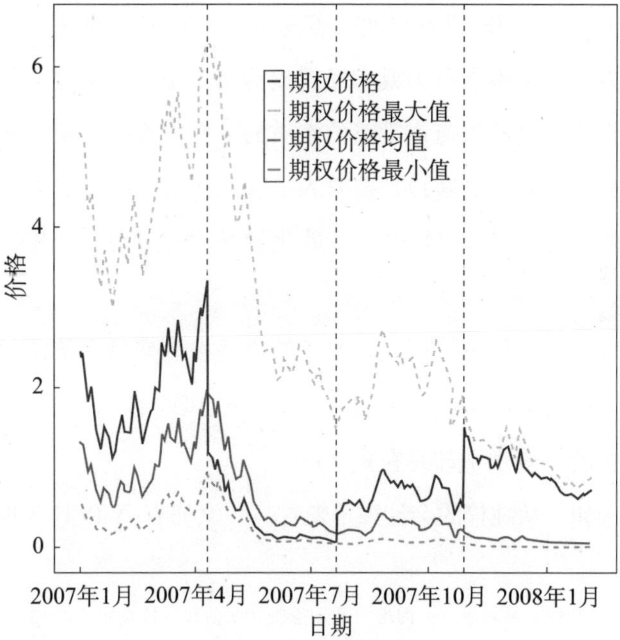

图 6－5　二元期权定价

第二，市场收益。直到市场发生崩盘之前，大多数时间里投资人的收益率都较为可观。但是在冲击之后，且在下次冲击还未来临之前，投资人的收益率依旧会保持得不错。

第三，猝死效应。对比其他情况而言，观察并认定资产存在偏斜特性往往需要相对较长的时间。例如，考虑这样一个押注，你有99%的概率赚取利润G和有1%的概率损失L。在收益率非对称的情况下，相比传统的收益率对称类型的产品，很难揭示出潜在投资过程的真实情况。

上面提到的这一点可以较好地解释为什么许多投资者会偏好收益不对称类型产品。然而，如果投资者是未正确知情的交易对手[①]，所谓的投资也就很容易变成一种等于是赌博的买彩票行为。许多不当行为或未经授权的交易是通过不完全公开真实的头寸而借此来掩饰策略的本质的。在审查投资组合和交易员的交易记录时，客户、监管人员和风控人员往往只采取一定数量的定量评价，认为这些量化评价能准确描述出业务的本质。

建议：这里可以假定，对于给定的控制变量和给定的投资策略，我们有许多方式来改变投资，让风险看起来更加可控，但真实的风险水平却是在提高的。

例如，从纯粹的会计视角来看，一家拥有A和B两种产品

① “知情交易对手”一词指的是具备独立评估和定价金融产品能力的交易对手。

的公司，可能会根据模型估值的结果将两种产品按同等价值计入资产负债表。然而，这两种产品的风险因素无疑会存在明显差异，这一事实并没有在报表中体现出来，因为公允价值是以期望值为依据的。在一定程度上，国际财务报告准则（IFRS）以及美国会计准则（USGAAP）都为金融工具制定了专门的会计制度准则。一方面，公允价值都被要求计入资产负债表，以反映公司面临的真实风险程度，从而避免出现资产负债表外产品的相关问题；另一方面，在许多情况下，公允价值是基于某个定价模型所输出的数值，并不能完全反映出风险水平。

公司和金融机构应该根据风险度量来确定资本金水平。但是在许多情况下，风险度量并不能涵盖金融产品的所有风险。我们假设两个交易员在他们的交易记录本上用 95%的置信区间来评估产品 A 和 B 的历史风险价值（VaR）。风控人员可能会表示：产品 A 的风险高于产品 B，这只是因为历史情景中还没有出现产品 B 损失 4 000 美元的不利情况。因此，如果无法合理匹配产品的类型和风险的话，即便风险度量给出了风险暴露程度的有关信息，也可能出现失误。

其他所谓“参数锚定”的问题是指高度依赖所输入的参数，从而导致资产负债表的额外变动。事实正如图 6－4 所示，尤其要强调的是，对产品 B 的定价在很大程度上严重依赖参数 λ，参数的一个微小变化就可以使价格从负值变为正值。从会计角度来看，λ 的微小变化就足以把对产品 B 的分类从资产端调整到负债端。

4. 不完备市场中的模型失败：关注相关性

4.1 杀死华尔街的公式

信贷危机凸显了全球投资领域中存在的结构性缺陷。每个经济学家都会追问的根本问题是：为什么美国一些低评级的抵押贷款违约，会让全球数千名投资者都遭受巨大损失？损失的总金额居然是实际违约损失金额的许多倍。解释这种效应的关键点在于信贷衍生工具的使用，也就是沃伦·巴菲特（Warren Buffet）2002 年时所称的大规模杀伤性武器。虽然次级贷款抵押市场的量级非常有限，但投资银行大量兜售了基于这些信贷创设出的指数型衍生金融工具。这种方式非常类似于博彩市场，即足球比赛的赌注大小远超于场上足球运动员的工资，具体内容我们会在独立章节中再专门介绍。核心问题是：为什么投资标的已经被评级机构评为 AAA 级，挪威养老基金之类的知名投资人最终还亏损了数十亿美元呢？

我们可以从李祥林（David X. Li）发表的创新性论文中找到部分答案，他为违约发生时的衍生产品定价提供了一个精致的解决方案。该方案具体阐述了以高斯相依函数描述的具有相关性的资产所出现的风险叠加。如本节后面部分所述，这个函数或者说学术用语称为 Copula 函数，适用于刻画极端风险事件的情形，但是它并没有引起人们的多大重视。

简单来说，我们假设住在芝加哥郊区的两家邻居同时持有抵押贷款。如果其中一家面临财务困境，并且在支付抵押贷款方面出现违约，他邻居名下的另一笔贷款同时发生违约的可能性就很大。然而在李祥林的模型中，默认的是假定出现两个邻居同时违约的概率接近于零。这就是为什么很多人认为高斯 Copula 是杀死华尔街的公式①。答案的第二部分与评级机构有关，它们既承担了这些信用工具的承销职责，同时又负责对其做相应的信用评级。显然，没有人会给自己负责承销的产品打一个较低的评级分数。

随着产品的复杂度提升，金融行业中对模型的依赖程度也在不断增强，并且这已经成为模型风险的一部分，因此尤其需要我们给予重点关注。

4.2　关于相关性的计量

对于具有有限一阶、二阶矩的［$\boldsymbol{E}(X)<\infty$和$\boldsymbol{E}(X^2)<\infty$］两个变量 X 和 Y，Pearson 相关性是它们之间的依赖（相依）关系的基本评价指标。我们将其定义为：

$$\rho=\frac{\mathrm{Cov}(X,Y)}{\sqrt{\mathrm{Var}(X)\mathrm{Var}(Y)}} \tag{1}$$

Pearson 相关性在两个分布的叠加上有许多局限性。Copula 是基于变量联合分布的概念。在一篇开创性的论文中，艾布奇茨（Embrechts）等人重新审视了各类型连接函数的相依

①《灾难产生的根源：杀死华尔街的公式》，参见：http：//archive. wired. com/techbiz/it/magazinc/17 wp _ quant? currentPage=all。

性框架。由于前文没有全面详细说明连接函数理论，因此这里需要简短回顾，然后再来进一步讨论。将 X_1，X_2，X_3，…，X_N作为代表 N 个金融资产收益率的随机变量，其联合分布函数分别为 F_1，F_2，…，F_N，并且联合分布函数的具体定义为 F：

$$F(x)=\boldsymbol{P}(X_1\leqslant x_1,X_2\leqslant x_2,\cdots,X_N\leqslant x_N) \qquad (2)$$

至于 Copula 的框架，让我们在空间 $I^N=[0,1]\times[0,1]\times\cdots\times[0,1]$ 定义一个 N 维连接函数，即 $C(z_1,z_2,\cdots,z_N)$：

• 高斯连接分布函数如下：

$$\begin{aligned}F(Y)&=C^{\text{Gaussian}}(z_1,z_2,\cdots,z_N)\\&=\Phi_R(\Phi^{-1}(F_1(x_1)),\cdots,\Phi^{-1}(F_N(x_N)))\end{aligned} \qquad (3)$$

• 学生 t 连接分布函数如下：

$$\begin{aligned}F(Y)&=C^t(z_1,z_2,\cdots,z_N)\\&=t_{R,v}(t_v^{-1}(F_1(x_1)),t_v^{-1}(F_2(x_2)),\cdots,t_v^{-1}(F_N(t)))\end{aligned} \qquad (4)$$

我们运用以下这一类连接分布函数：

• 冈贝尔连接分布函数如下：

$$\begin{aligned}F(Y)&=C^{\text{Gumbel}}(z_1,z_2,\cdots,z_N)\\&=\exp(-(-\ln(F_1(x_1))^{\theta}+\cdots\\&\quad+(-\ln(F_n(x_n))^{\theta}))^{1/\theta})\end{aligned} \qquad (5)$$

根据德科特（de Kort）的研究，随机变量 X、Y 的分布函数 Fx 和 Fy 具有连接函数为 C，而上尾和下尾的相依性系数的表达公式分别为：

$$\lambda_L = \underbrace{\lim}_{z \to 0} P(F_X(X) < z \mid F_Y(Y) < z) = \underbrace{\lim}_{z \to 0} \frac{C(z,z)}{z} \tag{6}$$

$$\begin{aligned}\lambda_U &= \underbrace{\lim}_{z \to 1} P(F_X(X) > z \mid F_Y(Y) > z) \\ &= \underbrace{\lim}_{z \to 1} \frac{1-2z-C(z,z)}{1-z}\end{aligned} \tag{7}$$

如果 $\lambda_L \neq 0$，$\lambda_U \neq 0$，那么 X 与 Y 的联合结构具有较弱的尾部相关性。对于图 6－6 中所描述的二元高斯连接函数，$C^{\text{Gaussian}}(z_x, z_y)$ 定义为：

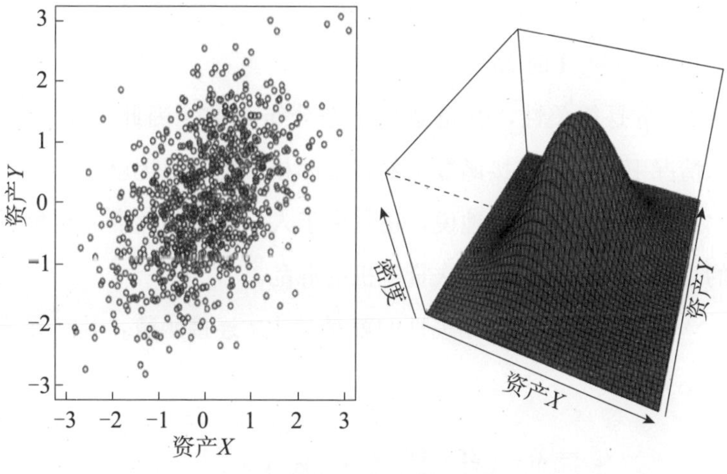

图 6－6　二元高斯连接函数的依赖关系描述

说明：资产 X 和 Y 的尾部事件不是相互依存的。

$$C^{\text{Gaussian}}(z_x, z_y) = \int_{-\infty}^{\Phi^{-1}(z_x)} \int_{-\infty}^{\Phi^{-1}(z_y)} \frac{1}{2\pi\sqrt{1-\rho^2}} \exp\left\{-\frac{x^2+y^2-2\rho xy}{2(1-\rho^2)}\right\} \mathrm{d}x\mathrm{d}y \quad (8)$$

$$\begin{aligned}
\lambda_U &= \underbrace{\lim}_{z\to 1} \frac{1-2z+C(z,z)}{1-z} \\
&= \left| \frac{2z-1-\mathrm{d}C(1-z)}{\mathrm{d}z} \right|_{z=0} \\
&= 2\underbrace{\lim}_{z\to 0} P(X>z \mid Y=z) \\
&= 2\underbrace{\lim}_{x\to -\infty} P(\Phi^{-1}(X)>x \mid \Phi^{-1}(Y)=x) \\
&= 2\underbrace{\lim}_{x\to -\infty} \Phi(x\sqrt{\frac{1-\rho}{1+\rho}})
\end{aligned}$$

$\rho<1$ 时 $\lambda_U=0$

其中，ρ 是相关性，Φ 是累积正态分布函数。因此，在 $\rho<1$ 的情况下，高斯连接函数不具有尾部相关性。以上就是杀死华尔街的公式。更准确地说，正是由于人们在结构性商品定价上的工具滥用，才引发了次贷危机的混乱。

另一类具有尾部相关性的就是学生 t 连接函数，其二元式表达如下：

$$\lambda_U = \lambda_L = 2t_{v+1}(-\sqrt{v+1}\sqrt{\frac{1-\rho}{1+\rho}})$$

$v>1$ 时 $\lambda_U>0$

$v\to\infty$ 时 $\lambda_U\to 0$

其中，ρ 是关联性，v 是 t 分布的自由度。可以得知，随着自由度的提升，其尾部相关性是下降的。

在冈贝尔连接函数的情况下，上尾端的相关性更高一些：

$$C^{\text{Gumbel}}(z_x,z_y)=\exp(-(-\ln(z_x)^{\theta}+(-\ln(z_y)^{\theta}))^{1/\theta}) \tag{9}$$

其中，θ 是连接函数的参数，该函数中 $z_x=z_y=z$

$$C^{\text{Gumbel}}(z,z)=\mu^{2/\theta} \tag{10}$$

这意味着

$$\lambda_L=\underbrace{\lim}_{z\to 0}\frac{C(z,z)}{z}=\left|\frac{\mathrm{d}C(z)}{\mathrm{d}z}\right|_{z=0}=0$$

$$\lambda_U=\underbrace{\lim}_{z\to 1}\frac{1-2z+C(z,z)}{1-z}$$

$$=\left|\frac{2z-1-\mathrm{d}C(1-z)}{\mathrm{d}z}\right|_{z=0}$$

$$=\left|\frac{\mathrm{d}(2z-1+(1-z)^{2^{1/\theta}})}{\mathrm{d}z}\right|_{z=0}=2-2^{1/\theta}$$

对于 $\theta>0$ 的二元克雷顿连接函数来说，其空间分布如图 6-7 所示，该函数具体表示为：

$$C^{\text{Clayton}}(z_x,z_y)=(z_x^{-\theta}+z_y^{-\theta}-1)^{-1/\theta} \tag{11}$$

其对角化形式为：

$$C^{\text{Clayton}}(z,z)=(2z^{-\theta}-1)^{-1/\theta} \tag{12}$$

$$\lambda_L=\underbrace{\lim}_{z\to 0}\frac{C(z,z)}{z}=\left|\frac{\mathrm{d}C(z)}{\mathrm{d}z}\right|_{z=0}=2^{-1/\theta} \tag{13}$$

$$\lambda_U=\underbrace{\lim}_{z\to 1}\frac{1-2z+C(z,z)}{1-z}$$

$$= \left| \frac{2z - 1 - \mathrm{d}C(1-z)}{\mathrm{d}z} \right|_{z=0}$$

$$= 2 - \frac{\mathrm{d}((2\,(1-z)^{-\theta} - 1)^{-1/\theta})}{\mathrm{d}z} = 0 \qquad (14)$$

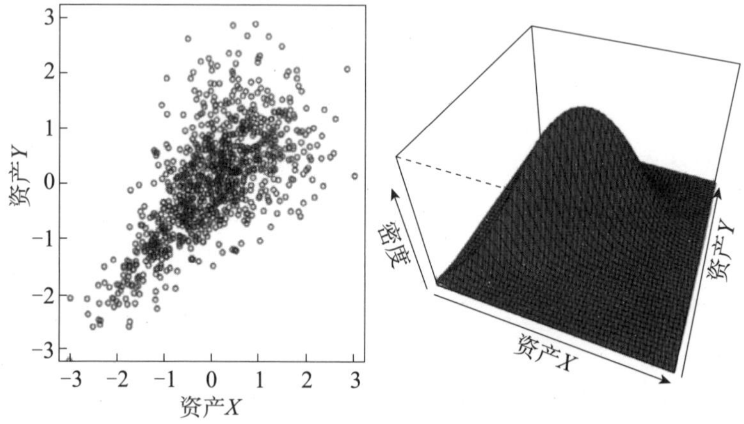

图 6-7　二元克雷顿连接函数的相依关系描述

说明：资产 X 和资产 Y 的尾部风险存在相互依存关系。

表 6-1 总结了上文提及的几种连接函数的特征及其尾部相依关系。

4.3　相关性与期权定价

回顾二元期权（digital option）的例子，这里我们分析一种期权——标的资产 S_1 与资产 S_2 具有连接函数 C、行权价格分别为 K_1 和 K_2 的二元现金或零期权（double digital cash or

表 6-1　　几种连接函数

连接函数	$C_\theta(z_x, z_y)$	λ_L	λ_U
高斯函数	$\int_{-\infty}^{\Phi^{-1}(z_x)}\int_{-\infty}^{\Phi^{-1}(z_y)}\frac{1}{2\pi\sqrt{1-\rho^2}}\exp\left\{-\frac{x^2+y^2-2\rho xy}{2(1-\rho^2)}\right\}dxdy$	$2\underbrace{\lim}_{x\to-\infty}\Phi\left(x\sqrt{\frac{1-\rho}{1+\rho}}\right)$	$2\underbrace{\lim}_{x\to-\infty}\Phi\left(x\sqrt{\frac{1-\rho}{1+\rho}}\right)$
t 分布	$\int_{-\infty}^{\Phi^{-1}(z_x)}\int_{-\infty}^{\Phi^{-1}(z_y)}\frac{1}{2\pi\sqrt{1-\rho^2}}\left\{1+\frac{x^2+y^2-2\rho xy}{v(1-\rho^2)}\right\}^{-0.5v-1}dxdy$	$2t_{v+1}\left(-\sqrt{v+1}\sqrt{\frac{1-\rho}{1+\rho}}\right)$	$2t_{v+1}\left(-\sqrt{v+1}\sqrt{\frac{1-\rho}{1+\rho}}\right)$
冈贝尔函数	$\exp(-(-\ln(z_x)^\theta+(-\ln(z_y)^\theta))^{1/\theta})$	0	$2-2^{1/\theta}$
克雷顿函数	$(z_x^{-\theta}+z_y^{-\theta}-1)^{-1/\theta}$	$2^{-1/\theta}$	0

nothing call option)。两个标的资产分别是美元兑卢布的汇率和石油价格。如果两个资产都高于各自的行权价格，在期权到期日 T 时间点，需要支付数量为 X 的现金：

$$\boldsymbol{C}_{dd}(T)=\begin{cases}X & S_{1,T}-K_1<0 \text{ 和 } S_{2,T}-K_2<0\\ 0 & \text{否则}\end{cases} \tag{15}$$

双重二元看涨期权（double digital call option）[①] 的定价公式可以写为：

$$\begin{aligned}\boldsymbol{C}_0 &= \mathrm{e}^{-rT}E_Q[X_1(-S_{1,T}+K_1)_+\,1(-S_{2,T}+K_2)_+]\\ &= X\mathrm{e}^{-rT}\boldsymbol{C}_{dd}(C_1,C_2)\end{aligned} \tag{16}$$

其中，C_1 和 C_2 分别为两个独立的二元期权的价格。

图 6－8 总结了双资产二元期权（two-asset digital option）的价格和它的驱动因子的关系。期权价格很大程度上取决于两类资产的相关程度。当相关性位于 35％至 75％区间时，价格呈现很强的波动性，尤其是价外期权的价格。而当期权处于深度价内时，作为关联性的函数，期权价格的波动性也就消失了。在建模中，基于连接函数的价格也呈现同样的情况。非高斯连接函数模型形成了高估了的定价，而当期权是深度价内期权时，这一效应又消失了。

---

① 以当前为例，美元兑卢布的汇率 $K_1=50$，油价 $K_2=50$ 美元。

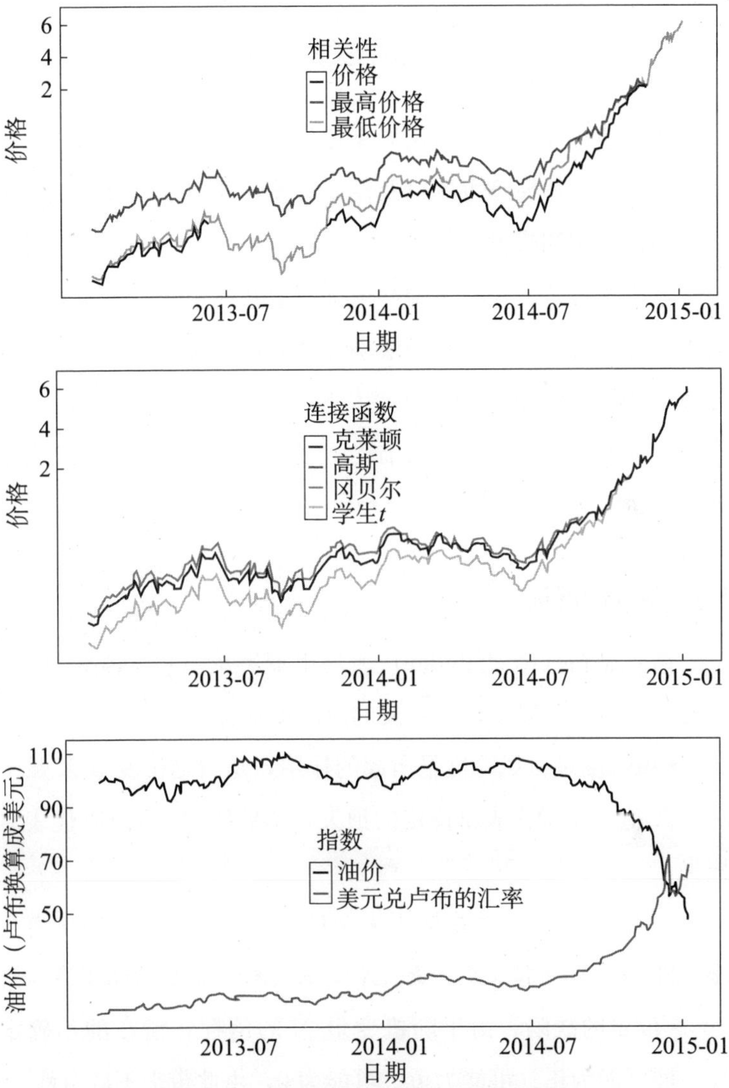

图 6-8　标的为双资产的二元期权定价

说明：上图表示的是基于相关性的价格变化区间；中间图表示的是基于连接函数模型的价格变化区间；下图表示的是过去两年里，原油价格和美元兑卢布的汇率变化图。

5. 模型相关的行为

我们使用模型的输出结果来评价模型的效果和行为。分析模型的产出依赖模型范围以及模型类型，即属于风险模型、定价模型还是预测模型。

从概念上看，风险模型和定价模型并不相同，因为就属性而言，风险模型注重的是极端事件，而定价模型关注的是结果分布中的核心情景。分析并评价模型是非常具有挑战性的工作，因为如果对一些问题的描述不够准确，就有可能导致模型选择的错误。

5.1 风险的度量

洛克菲勒（Rockafellar）和乌里亚赛夫（Uryasev）的论文指出如何区分以下四种主要的风险度量方法：

• 风险度量：风险度量所起的作用，是给随机变量 X 赋予一个 R 值，用来代表不确定的损失，函数值 R（X）则代表总损失。

• 偏离度量：这些指标用来衡量与基准或目标值的偏离程度，即 $D(X)=R(X)-\boldsymbol{E}(X)$，$\boldsymbol{E}(X)$ 为 X 的期望值。

• 度量的缺陷：由于随机变量 X 的值存在潜在的不确定性，即可能为正、可能为负、可能为 0，由此带来不确定性。

• 误差度量：误差度量是一个度量非零随机变量 X 的正值函数。举例而言，X 可能是预测值和实际值之间的差距的绝对值。

两个常用的风险度量工具为：VaR 和期望损失值（ES）。在 α 的显著性水平下，VaR 的定义如下，即代表了在概率为 $1-\alpha$ 的情况下的最大损失值：

$$P[X > \mathrm{VaR}_{\alpha}(X)] \leqslant 1-\alpha \tag{17}$$

ES 则是指在 α 的置信水平下，变量 X 的平均损失值：

$$\mathrm{ES}_{\alpha}(X) = \frac{1}{1-\alpha}\int_{\alpha}^{1} qu(X)\mathrm{d}u \tag{18}$$

对于一个上文所述的双资产二元期权，模拟结果表明：一般情况下，ES 值比 VaR 值高，即 ES_{α}（X）$>$ VaR_{α}（X）。

其风险度量取决于两资产相关性的假设。因此，由于假设尾部存在高度相关性，基于非高斯连接函数的估计会更加保守。

风险的度量拥有一系列的标准，包括连贯性、稳健性、可测度性。阿兹纳（Artzner）等人引入了一类具有下列特征的连续性风险度量方法：

- 齐次性：$R(\alpha x)=\alpha R(X)$
- 半可加性：$R(X_1+X_2)\leqslant R(X_1)+R(X_2)$
- 单调性：$X_1\leqslant X_2\Rightarrow R(X_1)\leqslant R(X_2)$
- 平移不变性：$R(X-a)=R(X)-a$，如果 a 是一个常数

除了这些基础的一致性之外，风险度量还可以：

- 在随机变量 X 为实数（X 为共同风险因子）及函数 f_1 和 f_2 单调不减的假定下，风险度量满足同向可加性如下：

$$R(f_1(X))+R(f_2(X))=R(f_1(X)+f_2(X))$$

• 不变性法则：$P(X_1\leqslant x)=P(X_2\leqslant x)\ x\in \mathbf{R}\Rightarrow R(X_1)=R(X_2)$

一致性法则保证了模型具有经济学意义，并且可以运用于偿付能力评价和资本金需求的计算。

当估计或者错误适配导致变量 X 的分布小幅度波动时，如果由此引发的风险度量上的变化也很小，那么对变量 X 的这一风险估计结果可被看作稳健的。

在商业机构中，对于既有的某个模型或某系列模型的依赖性在模型验证阶段得到评估。模型验证包括了一系列的测试，重点关注的是回测检验。因此，对于市场风险而言，模型基于真实投资组合的回测来计算 VaR 值；对于信用风险而言，预测某个投资组合的违约概率也要基于真实投资组合的回测结果。真正合格的风险度量模型，都是依赖历史真实数据统计估计得出的。简而言之，一种稳健的方法代表着一种对数据缺陷或异常数据并不敏感的方法。回测方法的选择依赖预测的种类，具体可分为：

• 点估计，即估计某个变量的数值。通常代表了结合当前 t 时刻的所有信息集，在 X_t 的数值基础上所预测出的变量 X_{t+1} 的值。通常，大多数预测模型归属于这一类别。

• 区间概率估计，即预测在一定概率下变量预测值所落在的区间范围。由于利率是市场风险的主要度量标杆，金融行业中利率的存在使得预测 VaR 值的模型比较成熟。以下两种检验被广泛运用：

▪ 克里斯托弗森（Christoffersen）提出独立性检验，这是一种寻找异常频繁的连续超越 VaR 值界线的似然概率测试。

▪ 库皮耶克（Kupiec）测试，试图通过 VaR 模型和所选的置信区间来确定观察到的异常频率和预期的异常频率是否一致。在原假设下模型是正确的，异常情况服从二元分布。

• 密度预测，与存在不确定性的概率密度预测相比，点预测不包含任何不确定性。

评分函数旨在基于预测值和实际值的情况，给对单值点的预测打一个分数。具体来看，基于预测值分布 F、实际观测值 y，以及函数 S（F，y），从而得出一个分数。

$$\boldsymbol{E}_G(S(G,y)) \leqslant \boldsymbol{E}_G(S(F,y))$$

$$\int S(G,y)\mathrm{d}G \leqslant \int S(F,y)\mathrm{d}G \quad \forall F,G$$

表 6－2 给出了在比较和评估模型质量的文献中使用的常用指标。

下面，我们考察预测值分布 F 或函数 T（F）的风险度量，例如均值或者分位值。如果满足以下条件，S 就是函数 T 的一致评分函数：

$$\boldsymbol{E}_G(S(T(G),y)) \leqslant \boldsymbol{E}_G(S(x)) \tag{19}$$

对于所有的预测分布函数 F，且 x 为实数。

当一个风险度量或 $T(F)$ 函数满足以上条件时，它们就被认为是可回测的。这是拥有一致性和稳健性特征的风险度量的基础。简而言之，可测性意味着，这一风险度量可以被回测，且可以通过测试来确定该度量是否合适。

表 6-3 总结了目前在风险管理中常用的度量风险的主要特征。2013 年，监管当局引入了备用度量指标预期损失（ES），对比传统的 VaR，在实施和运用两方面给金融机构带来了许多挑战。

表 6-2　　通常用来比较和评估模型质量的指标

指标	定义
方差	$S(x, y)=\|x-y\|$
绝对误差	$S(x, y)=(x-y)^2$
绝对误差百分比	$S(x, y)=\|x-y\|/x$
相对误差	$S(x, y)=\|x-y\|/y$

表 6-3　　度量风险的特征

测量值	相关性	稳健性	可回测
均值	是	否	是
VaR	否	是	是
损失期望值	是	否	否

说明：VaR 不具备一致性，而 ES 具有不可回测性（无法做回测）。

VaR 值不具有一致性，而 ES 具有不可回测特点（无法被回测），这导致了金融机构在选择审慎的风险指标时会遇到很多与适用性相关的近似的风险度量指标，即分位数的加总值。由于分位数是可回测的，因此该度量指标也是可回测的。

关于 ES 的不可回测性问题，埃姆（Emmer）等学者提出一个加总的分位数值，对其做了近似逼近，从而可用以下公式进行回测，即：

$$
\begin{aligned}
\mathrm{ES}_\alpha(X) &= \frac{1}{1-\alpha}\int_\alpha^1 q_u(X)\mathrm{d}u \\
&= E(X \mid X \geqslant q_\alpha(X)) + (E(X \mid X \geqslant q_\alpha(X)) \\
&\quad - q_\alpha(X))(\frac{P(X > q_\alpha(X))}{1-\alpha} - 1) \\
&\approx \frac{1}{4}(q_\alpha(X) + q_{0.75\alpha+0.25}(X) \\
&\quad + q_{0.5\alpha+0.5}(X) + q_{0.25\alpha+0.75}(X)) \\
&= \boldsymbol{H}(\alpha, X)
\end{aligned}
$$

这一方法非常实用，因为从实践角度来看，它提供了一个简捷的解决办法，但是也引发了一些根本性问题。如果用 $\boldsymbol{H}(\alpha, X)$ 代表以上近似值，对于任何 ES 的期望水准 ES^* 而言，给定的变量 X 都有一个隐含的置信区间 α^*：

$$\alpha^* = \boldsymbol{H}^{-1}(\mathrm{ES}^*, X) \tag{20}$$

这些结论意味着 ES 的数值很容易通过参数 α 反向推导出来，而且这一参数不像 VaR 方法那样受到监管部门的统一规定。因此，交易员或银行可以为了达到预期目标，在回测时选择更符合资本金水平的置信区间。

5.2　非一致性的模型测试

格奈廷（Gneiting）列举了一个很好的例子，刻画了运用非一致性的模型来测量风险可能导致的认知偏差和错误结果。我们假设一个离散的随机过程：$G_t=\zeta_t{}^2$，其中 ζ_t 为正态分布，拥有正比关系：$\zeta_t \propto N(0,h_t)$，同时方差 h_t 满足 GARCH 过程：

$$h_t = \omega + \alpha h_{t-1} + \beta \zeta_{t-1}^2 \tag{21}$$

在以下模拟中，$\omega=0.1$，$\alpha=0.4$，$\beta=0.45$。运用表 6－2 中的指标对 G_t 过程的三个竞争预测模型进行回测。第一个预测是基于真实过程已知的假设，即带有以上参数的 GARCH 过程。第二个和第三个预测则分别假设了一个固定值作为 G_t 的最大值和最小值。出于实际角度的考虑，预测的最大值和最小值为 $G_t=4$ 和 $G_t=0.1$，结果如表 6－4 所示。令人吃惊的是，在所有方法下固定值预测所得评分都优于基于 GARCH 基准模型的预测。这即是一个对基准模型使用了不一致度量方法的好例子。在设置了合理的度量方式以避免误差后，格奈廷探讨了这个例子。无论如何，这一模型非常直接地阐述了模型测试的陷阱和模型风险的来源。

表 6－4　　　　模型测试的基准

指标	最大值	最小值	临界值
方差	13.49	0.75	0.61
绝对误差	3.62	0.37	0.44
绝对误差百分比	11 550	288	2 304
相对误差	0.91	3.73	5.69

说明：除了方差之外，固定值预测在所有方法下的评分都优于基于 GARCH 模型的预测。

当以上模型被用作衍生品定价的基准时，最终将带来错误。假设使用上述预测方法来确定权变估值模型中的波动率参数，分别使用GARCH模型和固定最大最小波动率数值两种方法来为衍生品造价。当波动率最大和最小值平滑的GARCH模型被用于估计衍生品价格[①]时，结果如表6－5所示。实际上，用固定波动率值的预测模型会比GARCH基准的模型表现更好。这是一个经典的风险模型的例子：使用不同的指标来进行模型之间的比较。

表6－5　　一组二元看涨期权的基准定价模型

指标	最大值	最小值	临界值
方差	122.1	50.77	57.63
绝对误差	9.64	4.53	6.03
绝对误差百分比	4 735 459	94 663	2 424 366
相对误差	0.69	159.03	19 982

说明：固定波动率值模型的表现要优于真实值GARCH模型。

另一个关于不一致模型基准测试的例子是波动率均值回归类型的衍生品定价问题。我们不妨假设波动率符合以下的均值回归方程：

$$\frac{\mathrm{d}\sigma_t}{\sigma_t}=K(\sigma_m-\sigma_t)+\sigma_\sigma \mathrm{d}B \tag{22}$$

其中，σ为随机波动率，K为均值回归的速度系数。σ_m为波动率趋势，σ_t为过程波动率，并且dB为布朗运动过程。

假设某个分析师构建了一个优秀模型，这个模型用真实参

① 在这个模拟中，我们考虑了$S=90$、$X=100$、$K=10$的数字调用。

数来刻画波动率模型的本质；而另一个分析师构建了一个错误模型，这个模型依然满足均值回归方程，但使用的是不同的参数。同样都是均值回归，但是参数不同，一种分析建造的是优秀模型，另一种分析则建造了一个错误模型。

表 6－6 所示分别为使用优秀模型和错误模型对现金或零二元期权进行定价的结果。令人震惊的是，两个模型得出的结果都很接近，而且错误模型的分值要更高一些。实际上，如表 6－7 所示，两个模型估计出的参数在数值上也十分接近。但是，用回测分数的方法时，却得出了和人们直觉相违背的结论。实际上，这些期权都是平价期权，也就是说价格对模型并不敏感。

表 6－6　基准定价模型：两种模型运用在平价二元期权时具有相似表现

指标	错误模型	优秀模型
方差	1.11	1.14
绝对误差	2.04	2.13
绝对误差百分比	0.041	0.042
相对误差	0.04	0.044

说明：错误模型似乎表现更好。

表 6－7　优秀模型和错误模型的参数

参数	真实过程/优秀模型	错误模型
K	0.15	0.25
σ_m	0.3	0.33
σ_σ	0.04	0.04

说明：参数显示，优秀模型遵循真实的波动过程。

如表 6－8 的数值结果[①]所示，如果考虑价外期权的话，优秀模型得出的结果会更佳。

表 6－8　　基准定价模型：优秀模型应用运用在价外二元期权时表现更好

指标	错误模型	优秀模型
方差	0.38	0.36
绝对误差	0.29	0.27
绝对误差百分比	3.62	2.41
相对误差	0.54	0.90

说明：在基准评分中使用最多的绝对偏误百分比可将两种模型明显区分开来。

以上分析逻辑通常出现在学术文献和专业著作中，它们以前文表中给出的预测结果为基准，进而来判断模型的优劣。如果不能很好地理解和评估模型的比较优势，这些都可能而且确定会产生模型风险。一个常见的例子，就是用带有尖峰特征的模型来给普通衍生品定价。这些模型对价格跳升更加敏感，所以在定价障碍期权（barrier options）时会给出更清晰的结果。

从对 VaR 等风险指标的回测到对冲基金策略评估，都更加凸显了专门对模型进行测试在金融行业中的重要性。上面的例子证明模型选择可能不合适，而模型测试可以使用不一致的评估方法被人为地操纵，进而推荐给投资者或监管机构使用。

① 在这个模拟中，我们考虑了 $S=60$，$X=100$，$K=10$ 的数字调用。

6. 模型风险、不当行为与金融犯罪

如前文所述，对于那些试图干些违法勾当的不法企业来说，金融机构的风险建模相当重要。因而，下文我们将开始介绍模型风险在不当行为和白领犯罪中的关系和运用。

第一种基于模型的不当行为就与结构化产品有关。假设投资银行家把产品出售给投资人或作为某类票据的连带资产，将会发生以下几种情形。

6.1 不当营销行为

结构化产品的定价方法本身可能就是造成歪曲误导的成因所在，它会在该金融工具的收益率表现上误导投资者。当我们无法直接观察模型参数（即我们这里的 λ）时，银行家就可以通过粉饰那些可能的结果来强行推销这些金融产品。当模型太过复杂，或者收益的结构太复杂，难以通过审慎程序评估时，就会造成买方和卖方之间的信息不对称。这意味着可能会出现不当行为，甚至演化成白领犯罪的风险。

比较典型的例子是一些投资银行向欧洲地区，主要是法国、德国和意大利的部分城市出售“有毒信贷”的事件，这在欧元区债务危机期间曾引发了严重风险。银行家们设计了非常精巧的高品质产品，但是对于国家、市政当局或城镇的财政管理部门人员来说，根本没有办法理解这些用来定价的模型背后的真正意义。

6.2　歪曲风险

这些模型的另一种负外部性是存在歪曲投资风险的可能性。接着上述的例子，分析师可以掩盖产品 B 给投资者带来负面回报的可能性。分析人员可以很容易地操纵这个数字，尤其当历史回测出现如下结论时，即出现巨大数额损失的概率，只是在理论上存在而已，现实中永远都不会发生。投资者可能会被说服，并认为该产品是双赢的。

欧洲国家和城市购买那种不对称支付的结构性信贷就是典型案例。例如，关联标的为日本和英国之间的长期利差的产品，分析师向客户表示几乎不可能出现利率变得非常高的不利情况，这些产品实际上是“免费午餐”，可以为他们提供低利率的信贷。当雷曼兄弟破产事件爆发以后，市场变得非理性，以至于小概率事件也发生了，市政府不得不支付更高利率的利息，最终只能向国家中央财政当局寻求帮助。

6.3　过度定价

在向投资者出售金融产品时，投资银行所得的收益本身就是通过所谓的“加价”[①] 实现的。“加价”，这是附加价格模型的参数之一，将会定出更高的价格。对于一种普通的期权，其

① 在体育博彩中，相同的概念是抽头或庄家。甚至从更广泛的语义上来说，像街头语言中的“果汁”也是类似意思。

“加价”取决于波动性。因此，如果平仓期权的风险中性价值是20%，那么银行将会以波动率为25%对应的价格出售，从中获得利润，这意味着5%的“加价”；如果定价使用了参数不可观察的复杂模型，则更容易高估投资价值，从而要求投资者支付更高的溢价。

在上个例子的情形中，客户不愿意支付更高费用，所以银行并不会索求更高溢价，而是会以这种方式来操纵最终的收益大小，使得产品的价值要低得多。因此，相对于1 000次中999次每次收5美元，银行转而提议1 000次中有998.8次给4美元，从而使产品的本身售价低于初始水平。

6.4 扭曲模型标记

一旦在商定的时间期限内，上述产品被过度定价卖给了投资者，该产品就需要根据模型标记进行价值重估。新的定价可以改变新时段内的收益率水平，这种定价改变也可能是基于保证金追加的。如果投资者不能对产品进行定价，或者银行提供的参数具有明显的不对称关系，只要参数是进行估值的唯一来源，那么银行就可以根据自己的意愿来给产品定个价格。使用模型定价等于虚构一个价格，尤其当只有一个估值来源时很容易被人为操纵。去年以来，独立估值公司开始提供第三方评估，但并不能解决这些问题，因为这些公司只能通过模型获得价格，它们无法在市场上进行测试验证。

第二类与模型风险相关的不当行为发生在衍生品市场，对应于衍生品市场上的欺诈行为，它们要比股票或外汇更容易操纵。

6.5　参数操纵

当我们无法观察到某产品的一个参数时，如前述案例的 λ 或有些案例的相关性和波动性，投资银行就有机会创造一个专门的可以反映这些参数价值的工具市场。这非常类似于为股票创造一个普通期权市场，将会给风险中性波动带来显著影响。新的市场带来了许多机会和新的威胁。新市场面临的挑战是要获得足够的流动性。如果在流动性低的情况下买卖，人们可以轻松操纵新的交易。这种操纵背后的想法并不总是要从市场本身获益，而是从基础业务中人为制造利润。如果市场被操纵，这种操纵所制造的隐含参数将不具备任何公允性。操纵市场的银行可能会在这些交易中遭受巨大损失，但是其自身却可以从其他定价模型中需要参数 λ 的产品里面获益。

这种情况进一步发展下去，就会演变成这样：如果某些银行发起组织此类交易市场，其中一些做市商，在小圈子里买卖产品。市场上尽管对产品 A 并没有任何真实需求，但最终还是会定一个完全不依赖 λ 的市场价格。

6.6　卖太阳镜搭售雨伞

当市场上的产品由于模型风险而导致信息不对称时，掌握更多、更真实信息的一方会具有比较优势。例如，一家机构可以向其客户推荐产品 B，向客户提供建议，声称这是一项很好的投资，但同时直接或通过相关的工具购买对不利结果的保护或对冲产品。“卖太阳镜搭售雨伞”的行为存在于次贷危机期间，当时有些机构建议客户购置次级贷款产品，与此同时，机构自己却在做空市场。

6.7 包装未知

假定某银行的产品组合 B 具有潜在的高风险，如果它想在单向减少风险敞口的同时赚取利润，则需要将这些产品打包成各个风险等级的资产，并将其出售给其他投资者。在汇总金融工具 B，并将其打包为各个风险等级资产的过程中，人们新引入其他未知因素，即标的工具收益情况的依赖性。银行可以用这样一种模型来对收益结构定价，模型中假设收益结构服从高斯连接函数依赖性。在这一假设前提下，各类资产同时出现负收益率的概率极低。因此，投资者面临两个未知数：参数 λ 的真正值和 λ 以及各档风险的产品间的依赖性。这些不同的风险资产具有非常不错的风险/回报特征。但如果是在次贷危机期间，可能会同时出现所有资产均为负收益的情况，从而造成亏损。

6.8 操纵新衍生产品

即使产品 B 的流动性极其低下，只要它可以直接买卖或通过指数买卖，下一步就是要设计一种新的衍生工具作为该资产的配套产品或工具。一方面，这种新产品会给市场带来更多选择；另一方面，新产品的市场效率低下，因为它的基础资产很差。一个简单的设想是：假设出现某个期权市场，其对应于某种在粉单市场（Pink Sheets）交易的流动性极差的股票资产。在这种交易极不活跃的市场，这种股票资产很容易成为任意一类不当行为和欺诈的目标或工具。

这种不当行为可能是由出于非法目的创建的市场所致，例如产品的不当销售或市场操纵。这种产品的定价将完全依赖模型和假设，然而它们却很容易被扭曲，导致人们对其价值的曲解。从根本上来说，人们几乎无法察觉到这种欺诈。

模型风险相关不当行为的第三轴是向风险控制职能部门提供假信息。当发生不当行为或欺诈事件时，不仅要隐瞒事实，还需要歪曲事实。欺诈者的最终目的就是要创造一个平行的世界，或者一个新的“真相”，在这其中非法行为是必然的产物。模型和数学工具成为编造这种假真相的完美工具。

6.9　隐藏未经授权的交易头寸

从最近的金融危机来看，前台和后台在完成各自本职工作时，享有不同级别的信息和资源支持。因此，后台人员卷入了长期的斗争，也就是说他们要理解和分析前台部门的信息。随着交易行为复杂程度的增加，这种不平衡会加剧。

持有授权头寸的交易员可以通过使用模型来隐藏未经授权的交易信息，特别是在奇异期权产品上。风险控制人员和审计师借助市场统计、利润与损失表的变化来审查各类交易活动。当魔鬼交易员持有了经过授权的头寸时，他们可以通过改变模型中的某些参数来隐藏他们的交易或者论证其交易的合理性，以达到他们所期望的结果。

另外，“摘樱桃”式的举动，也可以成为隐藏持仓头寸的另一种选择。交易员可能会从一组模型中，挑选能够较好地解释自己头寸的模型来用，并营造出他所有的头寸都已经被披露并且与自己投资策略匹配的外在假象。

关于市场风险和交易对手风险，由于新的法规和风控要求的介入，使得这个游戏进入一个新层面。对于交易员来说，交易对手方风险限额和市场风险限额的约束才是真正的挑战和麻烦。市场风险和对手方风险的风险模型无法相对于前台使用的模型做到100％独立。在大多数组织体系中，风控人员都严重依赖前台使用的估值模型来评定其风险状况。在一些单位中，交易部门和风险控制部门具有完全独立的方法和系统。在这种情况下，模型风险演化为风险管理人员没有使用正确的模型，或模型使用方法前后不一致，从而使交易员得以掩盖其投资策略的真实意图。

6.10 对风险和业绩的回溯

如前文所提到的，使用模型的一个主要缺点体现在测试程序上。如果以不一致的方式进行风险度量，回溯间隔预测就会形成有偏差的结论。因此，可以说现实中的风险度量是不符合审慎规范的。快速浏览银行的财务报表，可以发现交易操作的VaR数值达到百万美元量级，而创造的利润却能高达数十亿美元。

另一个相关问题则与基金管理行业经常使用的点估计回归预测模型相关。基金管理策略，如对冲基金所采用的管理策略，都是基于回归测试来对投资者进行验证或推销的。正如上一节所说的，这些回测在应用不当的情况下可能会形成误导性结论。

7. 结论：度量和控制模型风险

关于不当行为和模型风险，有关组织的新规定已开始部署，要求开展模型审计和模型风险来源评价。执行这一战略的成本与模型的数量成正比。随着时间推移，新产品和新的风险管理法规增加，模型的数量也不断增加。此外，我们有一个监管谬误的案例：风险控制措施总是慢市场一步，并且执法人员的车子没有犯罪分子的好（当然，影视剧中的迈阿密系列除外）。

治标不治本的话，无济于事。有的机构已经被允许开发任何产品，只要能通过它们认可的模型的测试就好。在航空航天或制药行业，在新产品商业化之前，必须进行广泛的测试和审查。例如在美国，新药在进入处方之前需要在食品药物管理局完成检测。同样，银行业监管部门也可以扩大其监管范围，在这些产品上市之前，先审核并评估新产品及用于评判其价值和风险的模型，再批准新产品上市。如此，银行业收益负外部性的可能性会大大降低。

在过去的监管浪潮中，人们认为银行已经接受并使用了符合监管要求的大量指标。然而，实际上，银行还是可以自由使用内部模型的。显然，由于不同机构的管理制度有差异，内部模型也会有所不同。正如上次欧元区危机中表现出来的那样，正是由于银行这种专业领域中的机构的高自由度，导致银行资本金充足水平的高可变性，以至于出现系统性风险。监管者不仅应提出强制性的规范，还应明确衡量这些指标的准则和详细指南，以避免风险资本占用的变动，限制银行在使用模型方面“摘樱桃”式的自由选择权。

模型监控和审计应纳入基准测试功能，以便能够识别每种方法的强项和弱点。在一组用于测量变量 V 的竞争模型 M 中，对于给定的参数集合 θ，模型深度 $MD_{M,V}$ 就是 V 的最大值和最小值之差，除以使用价值 V^*，具体如下：

$$MD_{M,V\mid\theta}=\frac{\underbrace{\max(V)}_{M}-\underbrace{\min(V)}_{M}}{V^*} \tag{23}$$

例如，对于金融产品的相关性，模型深度能够从基于相同参数的估值的视角，评估出不同相依性函数的影响大小。模型深度 $MD_{M,V}$ 的值越高，模型使用不当的风险就越高。可以扩展这个比例，以评估参数变动对模型输出的影响。

对于用于测量变量 V 的一组参数 θ 的范围，某特定模型 M 的条件模型深度 $MD_{V,\theta}$，定义为在参数 θ 的范围内 V 的最大值与最小值之差与使用价值 V^* 的比率，具体如下：

$$\mathrm{MD}_{\theta,V\mid M}=\frac{\underbrace{\max}_{\theta}(V)-\underbrace{\min}_{\theta}(V)}{V^*} \tag{24}$$

对于依赖管理意见的不可观测参数的奇异产品定价，该测量值可能是一项可靠的指标。对于包含多种资产的金融组合产品，其相关性基于主观意见，因为各自市场的流动性很低，模型深度可以反映出其对产品价格的影响。

对于不当行为和金融犯罪，最重要的是在机构内部至少要确保模型与会计的影响力相同。如果欺诈和犯罪风险的真正关注点是会计虚假陈述、操纵和伪造，那么对模型的重视还不够，至少没有达到会计相同的程度。在专业知识越发复杂的表象之下，更容易发生不当行为和欺诈活动。

与所有其他的风险相比，金融风险和非金融模型风险很可能成为道德风险的源泉，这就使得想要评价和汇总其造成的损失更为困难。模型本身很少会出错，但是可能经常会被误用或出现输入错误的情形。所以，不当行为和犯罪活动情景也应纳入模型风险评估，以便我们更好地了解组织中存在的陷阱和弱点。

第七章
犯罪组织概述

1. 背　景

从传统上看，犯罪组织的主要活动集中在勒索、赌博、贩卖人口和毒品领域。白领犯罪的出现历史较晚。期货交易的第一个市场起源于18世纪初的日本，当时正值江户时代的后半期，日本武士家族在大米交易中扮演了重要角色。尽管如此，长期以来，幕府将军和武士们都认为大米期货交易的收益不如商业赌博，并且这也有违儒家思想。武士们的工资是按市场价格用大米来支付的。在大阪期货交易期间，日本社会同时出现了两种现象。首先，自 1710 年以来，地位较低的武士的名义收入下降了近 50%，实际收入也出现严重下滑。其次，与江户时代之初相比，日本的非军事化让许多武士陷入经济困境。许多人加入了一个新兴的犯罪集团，该集团是在日本长期内战期间成长起来的组织——极道（Yakuza，即传统的日本帮派）。在堂岛米市场期货交易期间，许多武士都从米价经纪商那里获得了借款，并间接参与了投机活动。如果有观点认为那些陷入高额债务困境的武士将加入黑道组织，继续威胁堂岛市场上的商人，那么这也是很合理的。这种可能出现的情况促使有组织犯罪与金融衍生品市场之间首次产生交集。

过去 20 年来，犯罪组织不仅组织参与了敲诈、赌博、贩毒、贩卖人口等活动，还通过涉足资本市场的金融活动，对国家经济体制造成了重大影响。传统的“街头型”黑帮犯罪活动所获得的利润大幅缩水，而且这种犯罪也更容易招致媒体和侦查人员的广泛关注。第二次世界大战后，发达国家的经济逐渐从制造业导向型向服务业导向型转型。制造业导向型经济体自身具有一些特点，使得有组织的犯罪活动得以蓬勃发展。低薪蓝领阶层的存在、现金交易的大量滥用以及对实物设施和基础设施（建筑大楼、工厂和交通运输）的强烈依赖，都是滋生非法活动（如敲诈勒索、高利贷、赌博或工会收取“贿赂费”）的肥沃土壤。经济向具有庞大金融业的服务型经济转型，削弱了老一代职业罪犯的势力和影响力，并带来了犯罪之城“格摩拉”（Gommorah）的新变化。

在苏联和南美国家这样的新兴经济体中，“街头型”的有组织犯罪活动仍然存在，但它们在美国、欧盟和日本等发达国家和地区已经失去了生存土壤。过去 20 年，发达国家的经济发生了结构性变化，更多地集中在服务业等第三产业上，与此同时，实体工业向新兴国家转移。这一现实迫使发达国家的犯罪集团重新调整其行动方向以适应外部环境，开始从涵盖各种暴力行为的传统型犯罪转向与服务业相关的白领和商业类型的犯罪。经典的暴徒形象逐渐被商人的形象所取代，犯罪也从身体暴力转向“智力活动”。

有组织犯罪的本质使其运作与公民社会的经济活动相关联。小偷小摸是利用局部的漏洞或者安全、监视系统的漏洞，而有组织的犯罪活动则是建立在公民社会结构异常的基础上的。显然，经济过程中风险管理系统的局部故障（例如，一个工厂库存的安全或保管）可以很容易地修复，因此该种故障造成的犯罪只是暂时的。而国家正规经济系统的职能出现结构性失衡却较难调整，并且这种失调会使潜在的非法行为演变为持续经营的犯罪型企业，所以大型犯罪集团往往具有长期持久性的特点。这里，我们看几个现实案例，来佐证上述观点。

第一个例子是部分人根本无法获得银行和金融服务。如果某个没有稳定持续收入的人需要贷款或融资，来支持某些花销或购买性的支出，那么银行会拒绝对其放贷，这就将使他转向资金相对充裕的个人。然而，这些人通常与追债的犯罪集团有着联系，如果债务人不能遵守这些协议的条款，将面临敲诈勒索，敲诈勒索业务是债权人获取利润的价值链条的一部分。这些协议极为苛刻，包括两位数的利率和非常严苛的付款时间表。众所周知，在勒索的世界里，没有偿付的利息是优先于本金的，这就使得债务会以指数形式增长，直至让债务人陷入困境。此时，勒索者会接管债务人拿来作为抵押品的资产。尽管存在这种最糟糕的情况，但是，敲诈型贷款依然是一种有效的融资来源，特别是在经济危机期间，正如我们所见证的 20 世纪 30 年代和最近的次贷危机时那样。

一些研究表明，在意大利，像西西里的科萨·诺斯特拉（即美国黑手党）、那不勒斯的卡莫拉或卡拉布里亚的恩德朗盖塔这样的有组织犯罪集团，其收获的利润相当于国民生产总值的 7%①，其流动性资产达数十亿欧元，成为全国“第一大银行”。勒索型贷款已经成为一种日益成熟和利润丰厚的收入来源方式。通过整顿街头放高利贷的活动，犯罪集团建立了与专业人士的紧密联系，并开始在高级专家默许下运作有组织的高利贷。据估计，在意大利大约有 20 万名商人与敲诈勒索型贷款人有关联，结果造成了成千上万人失业。在经济增速放缓时期，小企业更加难以获得信贷来源，它们可能越来越倾向于求助于黑手党。勒索型贷款的典型受害人是中年店主和小商人，这些群体比其他任何群体都更容易受到经济危机的影响，需要

---

① La Padania/Le mafie brindano alla crisi E si mangianoil 7% del Pil，参见：http：//www. sosimpresa. it/24 _ xiiirapporto-sos-impresa. html。

借助其他融资手段来让自己渡过这种经济困境。随着 P2P 借贷的发展，这种形式的非法影子银行发展到了一个新的高度。在被银行限制融资的背景下，P2P 贷款旨在为信贷市场带来更多的流动性。对那些典型的高利贷活动来说，P2P 借贷平台拥有一个完美的伪装，是一个使用创新名义绕过金融监管的例子。

另一个例子是税收制度和各种各样涉及税收欺诈的犯罪企业。通常，任何国家的税收政策都与政治或经济环境有关。从理论上讲，要对每个公司、每个人都进行严格的税收管控是无法实现的。只有一小部分企业是被税务机关盯着的。这给各种各样的税务欺诈行为敞开了大门。尽管税务欺诈行为者们有时候行事很低调，但它们唯一的目的就是获得可观的收益。涉税犯罪可能是有组织犯罪活动中最有利可图的领域之一，并在过去的几十年里已经表现出迅猛的发展势头。这一现象也是官方对涉及谋杀或贩毒等犯罪活动进行严厉判决所导致的结果。在欧洲，增值税欺诈变得非常复杂，欺诈者已经渗透到金融市场（能源市场除外）的各类投资工具，以扩张自己非法活动的规模。非常有必要审查这些国家的财团，同时也需要预估它们在金融市场的影响趋势。

2. 意大利犯罪组织

20 世纪 80 年代，西西里黑手党与金融界的关系开始显现。这段关系涉及包括梵蒂冈、黑手党和意大利政界人士在内的一系列角色，包括：

• 米歇尔·辛多纳（Michele Sindona），被称为黑手党的银行家。

• 罗伯特·卡尔维（Roberto Calvi），上帝的银行家，已倒闭的意大利安布罗西亚诺银行的负责人，该行得到梵蒂冈银行（英文简称 IOR，宗教性质）的支持。

• 李齐·格里（Licio Gelli），共济会的领袖，他是那一时期为数不多的幸存者之一。

辛多纳、意大利安布罗西亚诺银行和梵蒂冈银行共同涉嫌参与了一系列金融犯罪，比如洗钱、股票和证券欺诈，与纽约的意大利裔美国犯罪集团有关。辛多纳曾是西西里黑手党和纽约甘比诺家族的金融服务提供商，他通过连接意大利和美国的犯罪组织，建立了首个跨国金融犯罪组织，由此产生了所谓的 Bontade-Inzerillo-Gambino 联盟。1982 年卡尔维去世后，从康威尔（Cornwell）的书开始，大量文章、研究和书籍都报道了这些事件，从而使之成为历史上最受关注的金融犯罪案件。

最近的一件事，是来自意大利南部的另一个组织“光荣会”（Ndrangheta），它是 21 世纪第一个十年末震惊欧盟金融市场的两次欺诈的主角，即 IP 电话（Voice over IP，VoIP）和碳排放配额税务欺诈。

• 2010 年 3 月，国际社会对西尔维奥·斯卡利亚（Silvio Scaglia）发出一项通缉令，此人是一位著名的意大利电信大亨，也是半岛上最富有的人之一。这次缉捕是一项名为“行动—通行证—经纪人”的大规模行动的一部分，该行动的抓捕目标是通过 VoIP 和数字服务进行税务欺诈的人员。检察官声称，“光荣会”涉嫌 27 亿美元的洗钱案，并与逃税计划有关联。欺诈行为发生在 2003 年至 2006 年之间，专家认为这是新型的增值税欺诈活动。

• “光荣会”通过 VoIP 市场清洗非法资金，这是另一场针对能源市场税务欺诈的诉讼。2008 年至 2010 年，欧盟内部碳排放配额市场遭遇了一场通过碳排放权交易所实施的系统性的税务欺诈，这一欺诈活动产生了超过 130 亿美元的非法资金，而“光荣会”和其他犯罪集团共同占有了这些非法资金。

3. 现代日本黑道

人们常说，日本是科技、艺术或生活方式新潮流的摇篮。按照这一说法，其犯罪活动理应也是全球领先的。在研究技术问题之前有必要强调的是，日本黑道有着与其他群体不同的犯罪模式和存在方式。与世界其他地区的犯罪组织不同的是，日本黑道在保密方面的要求并不严格。在日本社会的某些地域并不认为黑道帮派是非法的，它属于一种在容忍范围内的黑帮组织。事实上，大多数成员在办公室外面都挂着帮派的铭牌，把帮派的名字印在个人名片上，自称头衔为顾问或企业家。他们拥有特别车牌的汽车，像著名演员那样接受记者采访，有时也会举行新闻发布会。他们与警方的关系被认为是正常的。当局在各种问题上与黑帮团伙保持着联系。刑事和公民生活的这种混合，为黑帮进入最高的金融、经济和政治领域创造了一些独特的机会，并对日本社会造成了影响。在神户地震（1995 年）和福岛悲剧（2011 年）期间，黑帮对平民的援助强化了他们在日本社会公众眼中的特殊地位。传统上，黑帮的犯罪活动是卖淫和赌博。虽然这两项活动都是非法的，但警方认识到要完全禁止这些活动是不可能的，他们也与黑帮成员在这个潜藏暴力的和无法律约束的范围内和平相处。随着 1960—1980 年间日本经济变得更强大，黑道帮派也开始寻找增加收入的其他途径。

最近，日本警察厅对 2 885 家公司进行的一项调查显示[①]，有 337 家（约占 11.7%）公司与日本黑道发生过冲突。在黑道接洽的那些公司中，为其提供保护的有 62 家（约占 18%），这些公司支付过保护费，支付金额一般在 120 到 1 200 美元之间。黑帮集团最常见的目标是建筑公司和房地产公司。在 43%的案件中，无理由索要金钱或赔偿的人不是黑帮成员，而是具有黑帮背景的人。四种最常见的勒索手段是：发现公司的过错后要求赔偿、要求购买商品或服务、要求主动捐赠或支付“关联费用”以及承揽建筑工程项目和签订相关合同。对于那些拒绝向黑帮屈服的公司，有 32.6%的公司认为它们的业务运营受到了干扰，它们的声誉受到了损害，或者在互联网上出

---

① 《有五分之一的公司承认要付钱给日本黑帮》，参见：http://qz.com/29270/when-the-yakuza-come-calling-one-in-fivejapanese-companies-admit-to-paying-them-off。

现了诽谤性的帖子。颇具讽刺意味的是，大约在 1990 年，一位山口组的老板曾写了关于东京电力公司（TEPCO）福岛核电站安全问题的一系列文章，东京电力公司向他支付了一笔钱，以促使其停止对它的报道。

3.1　日本经济繁荣时期

20 世纪 80 年代中期，政府决定实施量化宽松政策，并允许宽松的信贷，这是现代世界最迅速的经济扩张手段之一，也是日本黑道快速发展的时代。在 20 世纪 80 年代，日本经济扩张的年代，出现了许多“新的财富神话”，这与 10 年后在俄罗斯发生的情况类似。股票和房地产价格飙升，银行和信贷机构为经济注入了大量的流动性。正是在这段时间里，规模更大、更复杂的黑道团伙开始向主流商业领域如股票和房地产市场、酒店和高尔夫球场拓展。“经济黑帮”是人们给黑道人士这种新组织形式赋予的新头衔。这种史无前例的从“草根暴力”犯罪向复杂金融犯罪的转型，使得日本执法机关对这一新现象毫无准备——在当时可能很难把这种现象定义为犯罪。例如，在日本经济繁荣之初，日本第二大黑帮集团稻川会的头目石井进（Susumu Ishii）成立了 Hokusho Sangyo 公司作为他的第一家处理房地产的空壳公司。几年之内，他就成了一名千万富翁，他的房子墙壁上挂有毕加索和夏加尔的名画，他拥有私人直升机和乡村俱乐部，至少与日本前四大证券公司中的两家联系密切。许多其他的黑帮团伙纷纷效仿石井进的做法，警察开始意识到友好相处的时代已经结束了。在那之后的几年中，开设商业办公室来提供咨询或调解服务成了日本黑帮的一种惯例。

日本政府打击有组织犯罪的主要机构为国家警察厅，据它们估计，1989 年日本股市达到顶峰时，日本所有黑道团伙的收入达到了 130 亿美元。据称，在日本经济繁荣之后，超过 40％的违约贷款和抵押贷款都与黑道公司或黑道有关联。

资本市场有记录的最古老的犯罪活动组织，无疑就是“总会屋”（Sokaiya）。在日本经济扩张期间，总会屋的发展势头也同样强劲，它成为日本黑道的主要成果之一。总会屋的目的是操纵股东会议。通常情况下，总会屋团伙会阻挠合法股东提出那些可能会让公司董事们感到尴尬的问题。总会屋团伙要么进行直接的恐吓，要么从根本上打压提问者。他们还能确保股东投票按照公司的要求进行。为了协助股东会议顺利进行，黑道团伙收购了在会议上有权提供协助的股份，并且因为他们提供的帮助而取得股票的优先受偿权。尽管这种做法在 1982 年就被明令取缔，但类似情况一直持续到 20 世纪 90 年代末。日本的主要公司（伊藤洋华堂、野村、日兴、大和、住友等）都卷入了总会屋丑闻。黑道设计开发的另一个诡计是渗透到大公司的董事会，或者威胁股票交易商或经纪商，以获取内幕消息或操纵股票。

其中一个典型的例子是日本第二大缝纫机制造公司——亚诺姆缝纫机公司，该公司在东京证券交易所主板上市。20 世纪 80 年代末，该公司成为反社会势力的受害者。1987 年，一群与黑道有关系的投机者收购了该公司 20%的股份。他们的一位代表在董事会中获得了席位，据报道，他们提议要求公司回购股份。据称，歹徒被派往公司总裁的家中，向其施加压力。1991 年夏天曝出了涉及黑道帮派和证券公司的最大丑闻之一[①]，它牵扯到铁路和房地产开发商东急株式会社（Tokyu Corporation）以及新兴"金融"黑道势力的领导人石井进。从 1987 年开始，石井进开始大量买入日本的蓝筹股，日本电信公司、新日铁和三井金属。

1989 年 3 月，东急株式会社（以下简称东急公司）的首席执行官后藤升（Noboru Goto）去世，这使得该公司很容易受到投机者的影响，甚至被收购。1989 年 4 月至 10 月，石井进购买了 2 700 万股东急公司股票，其中许多是由日本四大证券公司中的野村证券和日兴证券以贷款形式支付的。石井进以 1 700 到 2 000 日元的股价购买了这一股票。10 月下旬，野村证券开始大力向其他投资者推荐东急公司股票，在一个月内，股价飙升至 3 000 日元，因此石井进通过他在东急公司的投资赚取了近 20 亿美元的利润。与此同时，野村证券和日兴证券都花了 2 000 万英镑从石井进那里购买了高尔夫俱乐部会员资

---

① 《日本的犯罪集团：泡沫经济的年代诱使日本黑帮进军大企业》，参见：http：//www.independent.co.uk/news/business/japans-crime-incorporated-the-years-of-thebubble-economy-lured-japans-yakuza-gangs-tomuscle-into-big-business-terry-mccarthy-in-tokyoexplores-their-corporate-web-1479105.html。

格，尽管该俱乐部是一块公共高尔夫场地。据说，石井进的目标是接管东急公司，但前任 CEO 突然生病，并于 1992 年 9 月去世。同年，日本财务省启动了一项调查，以确定野村证券和日兴证券是否合谋操纵了东急公司的股价。当时，这两家证券公司都否认了这一指控，并声称它们不知道在与石井进交易时他与黑道有联系。但由于这桩丑闻，两家证券公司的董事长被迫辞职，一些高管被关进了监狱。这一骗局在许多方面与华尔街的纽约犯罪家族和在加拿大证券交易所的俄罗斯犯罪分子所实施的“哄抬股价，逢高卖出”计划非常相似。值得注意的是，在从事金融犯罪活动方面，黑道是犯罪集团的先锋力量。

3.2 25 年经济衰退之后

石井进的死亡和东急公司事件的落幕标志着一个时代的结束，这是日本历史上最长的繁荣时期。随之而来的是伴随着低利率和低增长率的 20 多年的经济衰退。在这种情况下，黑道的一系列活动规模迅速收缩，他们被迫迅速转向白领犯罪。2006 年 12 月，由于日本金融经济中黑道暴力集团的增加，东京股市和日本警察厅宣布成立一个联合委员会，旨在从股市中根除日本黑道。调查人员开始密切监控交易账户，试图筛选出他们认为可能与黑道有关联的人员姓名。

最近的金融丑闻之一涉及一家日本最大的公司——光学设备制造商奥林巴斯公司。2011 年，这桩丑闻浮出水面，并在公众领域出现了大量与黑道有关系的人物。很难评估奥林巴斯与黑道的联系是何时开始的，但可以肯定的是，来自英国的非日本籍首席执行官迈克尔·伍德福德（Michael Woodford）的任命重塑了这种关系，并使公司陷入了国际丑闻。2011 年 10 月，一份日本杂志发现，奥林巴斯前董事长菊川刚（Tsuyoshi Kikukawa）和其他高管利用一系列公司收购来掩盖 20 世纪 90 年代的潜在亏损，与其收购有关的可疑付款金额超过 10 亿美元。

奥林巴斯公司的欺诈计划始于 1985 年，成为当时历时最久的白领犯罪计划之一。当时，该公司制定了一项涉及购买高风险证券的投机性投资策略。然而，到 20 世纪 90 年代末，这些投资未被发现的损失总计近 13 亿美元。随着新的公允价值会计准则的出台，这些未被披露的亏损会得到确认。奥林巴斯公司急需找到一种方法来掩盖巨额亏损。因此，它想到一个亏损分离计划——将亏损资产卖给由奥林巴斯发起并实际控制的表外工具（并购基金[①]）。为了避免影响奥林巴斯公司的资产负债表，这些不良资产的销售是按资产的账面价值计价的，而不是以较低的扣减亏损后的市场价值计算的。通过向第三方金融机构借入资金，来使并购基金能够向奥林巴斯公司支付所收购资产的款项。这些贷款由奥林巴斯公司承诺的抵押品来做担

① 《案例研究：借鉴财务报表作假中其他案例研究的成功案例》，参见：http：//www.fraudconference.com/uploadedFiles/Fraud _ Conference/Content/Course-Materials/presentations/23rd/cpp/5I-7I-Gerry-Zack.pdf。

保。然后，并购基金收购了一些成长型公司：2003 年至 2005 年间收购了三家日本公司，以及 2008 年时收购了一家英国公司 Gyrus 集团。之后，奥林巴斯公司从表外工具手中收购了这些成长型公司。这些收购都是在价格虚高下进行的，并支付了昂贵的咨询费，从而使奥林巴斯能够塑造出良好的商誉。这些收购支付的款项使表外工具（并购基金）能够偿还金融机构的贷款，让奥林巴斯解除了对抵押品的抵押关系，并支付基金的运营费用。事实上，虚高的收购价格和咨询费掩盖了奥林巴斯最初出售给表外工具所隐藏的未体现的亏损。这一方案的底层逻辑是：将奥林巴斯未披露的损失转化为商誉，从而让亏损得到延期体现，到时再对商誉做减值处理。在某些情况下，奥林巴斯在收购完成后不久就计提了账面价值的减值。由于一些被收购的公司没有任何收入或开展业务的历史，这让人们开始怀疑这些公司是否是合法的企业。这类诈骗计划涉及资产负债表表外特殊目的工具，被称为“巴士桥”（Tobashi），在日语中意为“飞离”（fly away）。

奥林巴斯公司的没落

非日本籍的首席执行官

在公司宣布解雇存在管理方面问题的英国籍首席执行官（任职两周）迈克尔·伍德福德时，奥林巴斯公司的丑闻就开始发酵了。伍德福德宣称，他是在呼吁英国和日本当局调查公司的可疑付款活动后才被解雇的。奥林巴斯公司的接任首席执行官高山修一（Shuichi Takayama）承认，奥林巴斯公司的高管借助一系列企业收购行为来掩盖20世纪90年代以来潜在的损失。2011年10月，一家日本杂志曝光了该公司与收购有关的可疑支付超过10亿美元。这更加凸显了一家涉嫌与黑道有关联的公司可能会卷入这起丑闻。

在2008年收购Gyrus集团的时候，奥林巴斯公司股价出现首次下跌。当有关黑道的指控逐渐浮出水面时，其股价开始大幅下跌。

并购费用

奥林巴斯公司向咨询公司和财务顾问（即AXES和AX-AM Investments）支付了6.87亿美元的费用，用于价值22亿美元的英国医疗设备制造商Gyrus公司的收购项目，这是一笔刷新纪录的交易。这笔款项是有史以来最大的并购交易款项，甚至超过了2007年RFS控股公司斥资700亿欧元收购ABN AMRO时的2.17亿美元并购费的纪录（RFS控股公司是前苏格兰皇家银行为收购荷兰银行而设立的）。这笔咨询费用约等于收购标的总价值的三分之一，远高于一般行业支付标准——多数顾问公司的并购咨询服务费只有交易价值的1%，甚至更少。

2013年，日本又爆出一桩丑闻，揭露了日本黑道与著名的瑞穗银行的联系①。这家银行被指控通过一家名为“东方公司”的银行参与控股的金融公司向犯罪集团成员输送超过200万美元的贷款。“东方公司”是一家专门从事消费信贷业务的公司，被指控向客户提供约230项汽车贷款和其他信贷服务，而这些客户原来是黑道成员。日本银行家协会指出，这些非法信贷交易最早可以追溯到2010年前。

早在2014年10月，由于受到犯罪分子的网络攻击，位于日本的比特币交易所Mt Gox②倒闭，最终导致许多客户亏损了数千万美元的资金。许多人怀疑这次袭击是由黑道组织在背后策划的。甚至有人更进一步猜测，比特币本身就是黑道为便利金融犯罪所创设的东西，而其神秘莫测的创始人中本聪（Satoshi Nakamoto）实际上只是某个黑道分子的化名。

4. 美国黑手党

当经济泡沫出现破灭的时候，通常意味着会发生不好的事情。我有时跟华尔街的人在很多事情上合作。许多人都鬼鬼祟祟的，他们和我一起做了一些不光彩的事情，不

---

① 《日本瑞穗银行的黑帮贷款》，参见：http：//www. ibtimes. co. uk/japan-mizuho-bank-mob-loanorient-yakuza-514321。《日本金融监管部门调查日本各大银行》，参见：http：//www. telegraph. co. uk/finance/financial-crime/10411178/Japans-financialregulator-to-probe-countrys-top-banks. html。

② 比特币交易所Kraken加入了Mt Gox的调查，但其倒闭原因仍未查出。参见：http：//www. japansubculture. com/bitcoin-exchange-kraken-joins-the-mt-gox-investigation-the-collapse-still-shroudedin-darkness/。

过我从未信任过他们[①]。

——科隆博犯罪家族的前任头目迈克尔·弗朗西斯（Michael Franzese），他是纽约黑社会传奇人物约翰·桑尼·弗朗西斯（John Sonny Franzese）的儿子。

弗朗西斯对股市泡沫的看法是否准确可以另行商榷，但他在全盛时期认识了华尔街的头面人物，这是毋庸置疑的事实。20 世纪 80 年代，迈克尔与科隆博家族的接触正逢东海岸有组织犯罪的大动荡时期。20 世纪 80 年代标志着美国黑手党的衰落，或者说至少是他们传统型犯罪活动的结束。江湖昵称“精致的唐”（the Dapper Don）的约翰·戈蒂（John Gotti）被捕标志着这个时代的结束，以及街头暴徒活动末日的到来。随着甘比诺家族被联邦政府瓦解，科隆博家族因内部争斗而变得四分五裂，博南诺家族和卢切斯家族由于陆续被政府官员起诉而削弱，暴徒们面临着生存挑战。在那些年里，蓝领群体经济结构的变化减少了暴徒分子们的大部分收入来源。其垃圾卡特尔的解散影响了 5 个家族的收入，估计每年损失 5 亿美元。1988 年，吉诺维斯家族被驱逐出其控制的富尔顿海鲜鱼产市场，又导致了 5 000 万美元的机会损失。因此，据报道，20 世纪 90 年代华尔街黑帮活动有所增加，美国黑手党犯罪家族开始转向重点关注小型华尔街经纪公司的白领犯罪。

---

① 黑帮头目称其为股市泡沫。参见：http：//www.cnbc.com/id/101932292。

4.1 华尔街第一起骗局

华尔街暴徒的痕迹可以追溯到 20 世纪 70 年代后期[①]。其中最早的一起案件是，美国纽约律师和证券交易委员会联合宣布对迈克尔·海勒曼（Michael Hellerman）、约翰·迪欧瓜迪（John Dioguardi）和文森特·阿洛（Vincent Aloi）等人以涉嫌证券欺诈的罪名进行起诉。

阿洛和迪欧瓜迪都与甘比诺家族有关联。后来参加证人保护计划的海勒曼在日后所写的一本书中揭露，他多年来一直在操纵股价，这与华尔街最大骗局背后的暴徒有关——他们已经从经纪公司和银行中骗取了数百万美元的资金。

1986 年，马歇尔·佐尔普（Marshall Zolp）和洛伦佐·福尔蒂莫（Lorenzo Formato）由于被指控操纵激光武器公司（一家据称是制造自冷却罐的公司）股价而被调查，这家公司是一家皮包公司，伪造出了虚假的财务报表以及其并没有生产的产品。佐尔普和福尔蒂莫主导了这场有组织犯罪的骗局。在美国国会举行的听证会上，福尔蒂莫出庭作证，并直接导致了 1990 年的《便士股票改革法案》的通过。1988 年，在美国的一家新“锅炉房”[②]，罗伯茨证券公司以及四名相关人员被证券交

---

① 关于华尔街有组织犯罪的证据，参见：http：//www. sec. gov/news/testimony/ts142000. htm。

② 非法证券经纪公司的办公场所通常相当简陋，口语中常以“锅炉房”“开水间”来称呼这种公司。——译者注

易委员会（SEC）起诉，指控他们操纵了休斯资本公司发行的一种便士股票。作为被起诉人之一的多米尼克·菲奥瑞斯（Dominick Fiorese）也曾被媒体报道过，称其参与过甘比诺家族和科隆博家族的有组织犯罪活动。

4.2　哄抬股价

在20世纪90年代后期[①]，“哄抬股价，逢高卖出”的骗局使纽约犯罪家族获得极大“荣耀”，而且大卫·蔡斯（David Chase）在《黑道家族》（*The Sopranos*）中描述了这一情况。这一时期，首批被绳之以法的重大案例中的一个是操纵纳斯达克上市公司健康科技公司（GYMM）股价事件。1996年，成功的企业家戈登·霍尔（Gordon Hall）开始与纽约的博南诺家族和吉诺维斯两个家族的成员们合谋，谋求提高健康科技公司发行的普通股的价格。霍尔还担任了老鹰控股公司的董事长，同时也是健康科技公司的首席执行官，他与股票经纪人欧文·施耐德（Irwin Schneider）、克劳迪奥·欧迪斯（Claudio Iodice）和纽约博南诺家族的同伙尤金·隆巴多（Eugene Lombardo）达成了协议。为了人为地提高和支持健康科技公司普通股的股票价格和交易量，霍尔以咨询协议的名义向隆巴多、施耐德和欧迪斯派送了股份。

---

① 在20世纪90年代后期，联邦调查局发起代号为“抬高股价”的调查行动，结果逮捕了120多名与有组织犯罪有关的华尔街股票操纵者，这是联邦调查局历史上最大规模的黑手党逮捕行动。

来自公司内部的举报人向联邦当局揭发了这一行为。经过一些初步调查后，在纽约市的一个工作组工作的特工和侦探获得了法庭授权，被允许录下该组织的电话通信内容。这一年时间里，通过与美国证券交易委员会和纳斯达克官员的合作，特工和侦探对其进行了监控，并拦截其电话记录，分析其复杂的业务和交易记录，并采访各类证人和专家，以确定他们的串通程度，留取必要的证据来起诉和定罪相关人员。隆巴多、施耐德和欧迪斯曾向他们的经纪商行贿，他们通过人为创造需求来操纵证券价格。这些经纪人为了诱使客户购买健康科技公司股票而向他们传播虚假利好消息，这样股票价格就会上涨。交易活动提振了股票价格，所以合谋者可以通过抛售部分或全部股票的手段获利。当客户决定出售健康科技公司股票时，经纪人会拒绝接听客户的电话或在客户的账户中私自操作未经授权的交易。1997 年 1 月，健康科技公司股票的成交额比 1996 年 12 月的成交额增长了近 4 倍。截至 2 月底，该公司股价已从 12 月 31 日的 0.87 美元涨到 2.813 美元的高位（见图 7－1），而这一“哄抬股价，逢高卖出”的计划为这些合谋者创造了数百万美元的收入。

调查表明，随着计划的延续，博南诺家族和吉诺维斯两个家族共同控制了一家大型经纪公司（Meyers 公司）的两个分支机构，分别是 Pollack 公司和 Robbins 公司，并试图扩大这一计划，将其他小型公司也纳入其中。犯罪集团试图控制那些在分支机构工作的经纪商，以避免违法活动被执法部门发现，

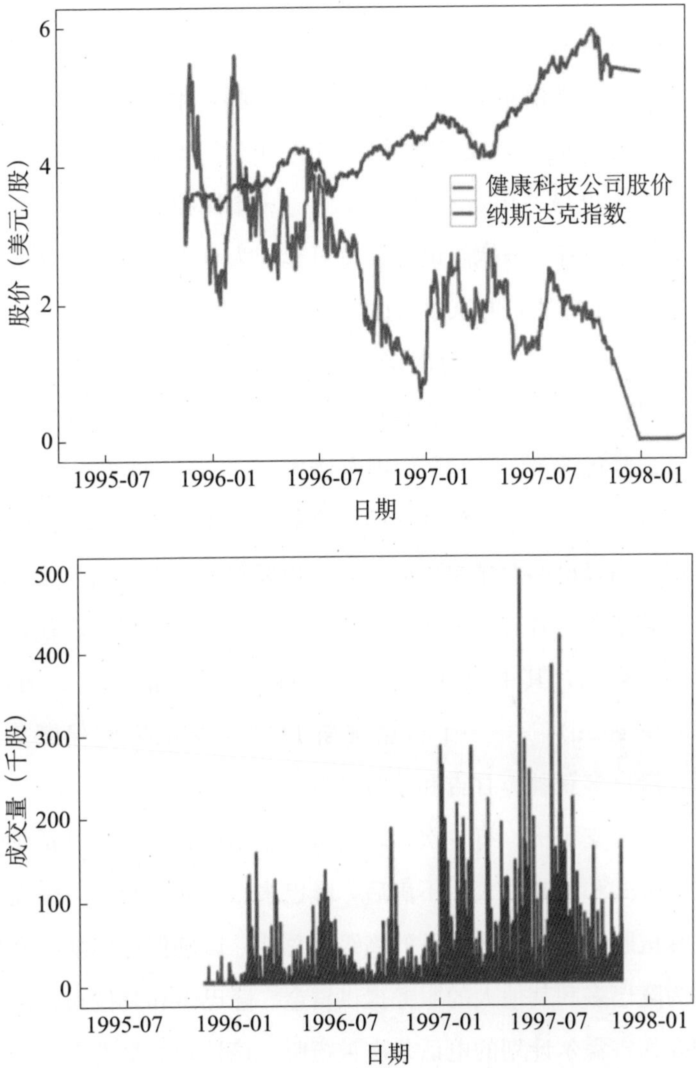

图 7-1　健康科技公司的股价和成交量：有组织犯罪活动期间的波动

并控制那些将从计划中获得利润的人。随着这些问题的出现，黑手党成员采用了他们惯用的方法来维持局面。他们对那些没有其他黑手党做靠山的个人发起暴力威胁，用“商谈”的形式来解决与其他家族支持的人之间的争端。1998 年 1 月中旬，乔纳森·里昂（Jonathan Lyons）——集团控制下的分支机构之一的管理者——抱怨说办公室只起到为合谋者推销健康技术公司股票的作用，并试图阻止隆巴多的经纪人在办公室里工作。

隆巴多派了一名博南诺家族的保镖和一名同伙来威胁里昂。里昂又转向一个来自博南诺家族的朋友和另一名保镖寻求保护。隆巴多随后联系了博南诺家族的头目弗兰克·利诺（Frank Lino），这个头目会见了博南诺家族的其他成员以解决争议。当隆巴多对结果不满意时，他联系了吉诺维斯家族的头目罗萨里奥·甘吉（Rosario Gangi）来协助他。另外，他还参与一次会面，其中包括甘吉和欧内斯特·蒙特维奇（Ernest Montevecchi）——一个吉诺维斯 LCN 家族的家庭保镖。最后，隆巴多获胜。甘吉和蒙特维奇也帮助隆巴多控制了公司的第二个分支机构。有一次，隆巴多、施耐德和欧迪斯对霍尔的付款方式和及时性表示不满后，隆巴多、欧迪斯和另一个人会见并威胁了霍尔和他手下的高级副总裁，以确保他们继续合作并为隆巴多和其他人的服务提供资金。隆巴多和其他人讨论他们要伤害霍尔计划的电话几次被窃听。该计划的受害人在接受探员和侦探的采访时表示，经纪人告诉他们有数百人在其手下工作，他们已经对股票投入了大量资金，并对股票未来的业绩表现作出承诺。有一位客户甚至录下了一通销售电话，通话中一名经纪人谎称有 250 名其他经纪人在他手下工作，他本人也购买了 100 万份健康科技公司的认股权证。

调查结果显示，有 33 人因勒索、证券欺诈、操纵股价和商业贿赂被起诉。被告包括吉诺维斯家族和甘比诺家族的几名成员和同事，以及健康科技公司和 Meyers 公司及其两个分部 Pollack 和 Robbins 的负责人。

许多行骗者利用的监管漏洞之一是关于离岸产品的。20 世纪 90 年代，S 条例为某些离岸产品提供了在美国证券交易委员会注册登记的避风港。在采用了 S 条例后，一些发行人将其作为间接向美国市场发行证券却不进行注册登记的一种手段。有组织犯罪分子利用 S 条例规定的产品来获得廉价股票供应以推动股价的涨跌。

表 7－1 总结了华尔街最为相关的暴徒参与的案例。大多数案例中，吉诺维斯家族和甘比诺家族均有出现。与黑手党有关的卖空者与著名经纪公司斯特拉顿·奥克蒙特（Stratton Oakmont）有联系，该公司由杰森·本特福特（Jason Bentfort）控制，后者是电影《华尔街之狼》（*The Wolf of Wall Street*）的原型，涉及有组织犯罪案件。20 世纪 90 年代，在美国迅速发展的俄罗斯组织也是犯罪集团之一。暴徒们建立了一个由股票推销员、证券交易商和非法证券交易所组成的网络，进行“哄抬股价，逢高卖出”操作，控制着约 24 家经纪自营商，比如在吉诺维斯家族控制之下的 Hanover Sterling 经纪公司。

表 7-1　　华尔街暴徒参与华尔街活动的时间表

年份	公司	犯罪简介	黑手党分部	诈骗金额（百万美元）
1970		操纵股票价格	甘比诺家族	≈5
1986	激光武器公司	操纵低价股（便士股）价格	甘比诺家族	
1988	FD罗伯特证券	操纵小盘股价格	科隆博家族、甘比诺家族	
1997	第一殖民风险投资公司	操纵小盘股价格	科隆博家族	≈0.75
1997	健康科技公司	操纵小盘股价格	科隆博家族	≈5
1997	斯特拉顿·奥克蒙特，汉诺威·斯特林公司	经纪人资质考试中作弊	吉诺维斯家族	
1998	泰克尼康，电视通信网络公司	操纵小盘股价格	吉诺维斯家族	≈5
1998	荃馨国际航空公司，资本计划协会有限公司	操纵小盘股价格	吉诺维斯家族	≈8
1998	特朗普金融集团，谢菲尔德集团	外汇衍生品不当销售	甘比诺家族	
1999	汉诺威·斯特林，福地证券，资本规划	哄抬股价，逢高卖出	吉诺维斯家族、科隆博家族、俄罗斯犯罪团伙	≈100
1999	主权资产管理公司	小盘股票拉高出货，触犯S条例	德卡瓦尔坎特家族	
2000	股票投资人网站	小盘股票拉高出货，梅勒曼和阿尔伯特·查勒姆的谋杀	德卡瓦尔坎特家族、科隆博家族	

续前表

年份	公司	犯罪简介	黑手党分部	诈骗金额（百万美元）
2000	白岩合伙公司	哄抬股价，逢高卖出，触犯 S 条例	吉诺维斯家族、甘比诺家族、博南诺家族、科隆博家族	≈5
2000	监控投资集团，梅耶斯，波洛克和罗宾斯，以及第一自由投资集团	哄抬股价，逢高卖出，触犯 S 条例	吉诺维斯家族、甘比诺家族、卢切斯家族、博南诺家族、科隆博家族	≈10
2008	马多夫投资顾问	庞氏骗局	吉诺维斯家族	≈50 000
2010	实时广播公司，BBC 游戏公司	向老年受害者出售股票	博南诺家族、俄罗斯犯罪团伙	≈12

4.3　最新动态

2000 年，联邦政府针对有组织犯罪强化了管理力度，因此涉及证券欺诈的案件减少了。但是，这并不妨碍在佛罗里达长期经营的甘比诺家族的同伙出现在知名的十大白领犯罪通缉犯名单上①。约翰·安东尼·波尔卡罗（John Anthony Porcaro）因涉嫌参与佛罗里达州南部地区的一项电信诈骗计划而被通缉，在全美有 400 多人受该计划欺骗，诈骗金额超过 500 万

① 《美国最受欢迎的白领犯罪分子：2009—2011》，参见：http：//www.businessinsider.com/americas-most-wanted-white-collar-criminals-2009 - 11? op=1#ixzz3Obu1sMMC。

美元。1998 年 2 月至 12 月间，特朗普金融集团和谢菲尔德集团都在开展电话营销业务，它们从投资者那里获得资金，用于外汇市场外汇期权的投资。据称，它们根据外汇汇率的上涨和下跌，向投资者承诺的回报率高达 700%。

2010 年[①]，博南诺家族的一个著名人物安东尼·瓜里诺（Anthony Guarino）因犯罪而受到指控。联邦当局发现这名高级士兵与意大利和俄罗斯的犯罪组织都有联系。2010 年，联邦法院起诉了十几名犯罪嫌疑人，他们在一场股票诈骗活动中行骗，其中老年受害者被骗了 1 200 万美元的投资金。在法庭文件中，确认瓜里诺实际负责骗局的日常运营工作。骗子在纽约市时装区以 Powercom 能源服务公司的名义开设了一家非法证券经纪公司。他们在 2000 年到 2009 年期间向位于迈阿密的实时广播公司和位于第五大道的 BBC 游戏公司出售股票。被起诉的推销员兰斯·巴尔巴里诺（Lance Barbarino）以一纸谎言向客户推销，他向一位合谋者承认，如果实时广播公司都能赚钱的话，“他的母亲会从坟墓中爬出来”。根据指控，销售人员通常收取投资资金的 40%作为佣金，至少有一个主要投资人损失高达 50%。一位投资人失去了 5 万美元的毕生储蓄；而另一位投资人的 70 万美元股票购买款项中，有一半是作为佣金而消失的。

---

① 《联邦调查局：黑帮组织欺诈老年人》，参见：http：//nypost.com/2010/06/10/fbi-mob-fleeced-seniors/。

但有关金融犯罪团伙参与的最引人入胜的情节与马多夫(Madoff)案有关，这会在另一章中详细讨论。有猜测声称，在20世纪90年代鼎盛时期之后，吉诺维斯家族并未完全丧失对华尔街的所有影响力，如其中一支食品基金就与有组织犯罪有联系。具有讽刺意味的是，麦道夫与卡尔米内（Carmine）在同一家监狱里服刑，后者是科隆博家族的早期大头目。

5. 俄罗斯犯罪团伙

俄罗斯黑手党（又称“红色黑手党”“KGB黑手党”），是一个十分具有误导性的称谓。之所以说俄罗斯黑手党这一用词并不准确，是因为在苏联的犯罪集团内，俄罗斯人不占多数。更何况，其中最高权力的职位也不是由俄罗斯人占据的。因此，苏联犯罪集团是由不同种族、宗教信仰和教育背景人士组成的混合体。

在苏联解体之后的叶利钦时代，有组织犯罪集团从戈尔巴乔夫统治时期的785个增加到了5 691个。到1996年，这个数字估计已经增加到8 000个，每个犯罪集团的成员人数在50到1 000人之间。莫斯科官方估计，俄罗斯黑手党控制着40%的私营企业和60%的国有企业[①]。在20世纪90年代苏联解体之后的时期，到处充满了暴力活动和屠杀行径，一个全新的社

① 《俄罗斯黑手党的出现和发展》，参见：http://news.bbc.co.uk/1/hi/special_report/1998/03/98/russian_mafia/70095.stm。

会团体应运而生了，它就是寡头政治执政者。新一代俄罗斯寡头借助可疑的私有化从中获利，其中大多数是在犯罪团伙的帮助下完成的。上市公司私有化中掺杂着暴力和非暴力犯罪，这是最具破坏性的事件。这部分将在一个章节中单独讨论。

5.1 阳光兄弟犯罪集团

当时，每个人都声称自己来自阳光兄弟（Solntzevo）。

如果说，在日本，有关黑社会复杂犯罪的遗留问题是随着日本经济的繁荣而逐渐伴生的，那么对照来看，俄罗斯有组织犯罪的情形只用了不到10年的时间，这种势头就迅速奠定了下来。一家专门从事犯罪活动研究的美国机构在一份报告中提到，总部位于莫斯科的阳光兄弟团伙似乎是最有影响力的组织之一。

“阳光兄弟”起源于同名社区的一个骗子团伙，他们迅速发展成为一个知名的犯罪集团，后来加入了塞米安·莫吉列维奇（Semion Mogilevich）的合作。这是走进全球犯罪范畴的第一批团伙之一。从财富、影响力和财务控制方面，阳光兄弟团伙被普遍认为是最强大的俄罗斯犯罪集团。它的领导力、组织结构和运作模式是苏联解体后出现的新一代犯罪集团的典型。不同于苏联时期黑社会主流的传统“江洋大盗”，以及在那种管理松散的有组织犯罪社会中所扮演的“教父”角色，阳光兄弟团伙和其他后苏联时代的俄罗斯犯罪集团的领导人，不仅更为光鲜、激进和富有政治头脑，而且精通现代技术和商业实践，这使他们能够跨越国界高效运作。阳光兄弟团伙的权力和财富主要来自俄罗斯的金融和商业网络以及高度密切的政治关系。根据新闻报道，阳光兄弟团伙通过与建筑、旅游、房地产和公用事业公司打交道，拿到了莫斯科市政项目，并且与市政府共同持有项目，从市政部门获得了许多财产。它不仅掌控了莫斯科的犯罪黑社会，包括毒品市场（特别是可卡因），也有广泛的全球业务。据说阳光兄弟团伙的国际犯罪活动涉及贩运麻醉品、武器以及洗钱活动。

随着俄罗斯联邦安全机构不断加大对犯罪活动的打击力度，到 20 世纪末，阳光兄弟团伙开始走向金融犯罪。最早涉及俄罗斯罪犯的国际丑闻之一是 1999 年浮出水面的纽约银行案。20 世纪 90 年代，纽约银行通过单一账户洗钱超过了 100 亿美元，其中包括俄罗斯犯罪分子贩运核材料、毒品、珍贵宝石以及偷盗艺术品和谋杀所得。这次调查导致另一个富有争议的人物塞米安·莫吉列维奇与阳光兄弟团伙的关系浮出水面，随后由塞尔吉·米哈尔霍夫（Serghey Mihailkhov）担任了团伙头头。

5.2 塞米安·莫吉列维奇与加拿大股票

俄罗斯标志性的传奇人物塞米安·莫吉列维奇是全球十大通缉犯之一。几十年来，莫吉列维奇一直是各国和社会组织的通缉犯。1998 年 5 月，纽约一家名为《乡村之声》（*The Village Voice*）的报纸首次公开介绍了莫吉列维奇的犯罪帝国。他的违法问题始于苏联时期，当时他享有一定的声誉。在 20

世纪 70 年代，莫吉列维奇的身份还仅仅是小偷和造假者；到了 80 年代，他从逃离苏联的犹太人手中赚了数百万美元。莫吉列维奇拿走了犹太人的艺术品、珠宝和其他贵重物品，并承诺会把它们卖掉，然后就把钱转给那些犹太人，但他自己却霸占了大部分收益。在柏林墙倒塌和苏联解体之后不久，莫吉列维奇开始在布达佩斯活动，在那里他在一个叫黑白俱乐部的露天酒吧里经营一家卖淫组织。尽管成长在共产主义社会中，但莫吉列维奇很快适应了商业交易方式。苏联解体后，他移民美国，在美国黑手党中逐渐声名鹊起。伴随着地域和政治环境的变化，他对一种新型犯罪——白领股票操纵产生了兴趣。

5.2.1 股票操纵活动

在 20 世纪 90 年代的牛市中，上市公司人为地抬高股价和榨取投资者，为犯罪分子提供了赚钱机会。莫吉列维奇在费城郊区成立一家名为 YBM Magnex 的公司后，开始进入北美股市挂牌交易。公司主要业务是在匈牙利工厂生产工业磁铁，后来又在肯塔基州的一家工厂生产。YBM 借壳了一家蓝筹公司，其财务报表由两家著名的美国会计师事务所负责审计。它发布了精美的年度报告，并建有自己的网站。所有这一切都成了对自身大规模洗钱行为的精心掩护。

根据犯罪稽查官员的说法，YBM 案是俄罗斯有组织犯罪团伙在金融市场上进行操纵和渗透的首次公开亮相。在谈判达成的协议中揭示了犯罪行为后，YBM 公司向费城联邦地方法院承认自己的证券欺诈罪行。事件发生后，莫吉列维奇被禁止进入美国，但他仍然可以用以色列公民身份在西方世界自由旅行，其他几位参与犯罪活动的知名俄罗斯人士也是如此。在英国和美国当局监控 YBM 公司的 3 年内，该公司在加拿大资本市场累计募集 1.14 亿加拿大元。受到销售和利润方面的追捧，YBM 公司的股价大幅上涨，莫吉列维奇和他的一些同伙则抛出股票，赚得数百万美元的利润。

这些股票在加拿大市场进行交易，吸引了一些美国投资者，而该公司正等待在美国纳斯达克交易所上市的批准。公司夸大了销售金额。虽然公司有真实的客户，但同时也有一部分虚构的客户名单。公司向供应商支付款项，但有些供应商公司是由莫吉列维奇的同伙实际控制的。YBM 公司的一些管理者和董事与莫吉列维奇串通一气，但其他人都以为自己是在从事合法业务。在 YBM 公司的整合过程中，莫吉列维奇利用离岸市场来对信息披露、复杂的金融交易和电汇方面进行保密，这样可以让他们得以快速转移资金，并躲过监管者的监管。

1991 年，莫吉列维奇在海峡群岛成立了一家名为 Arigon 的公司。最终，通过一系列复杂的交易和收购活动，Arigon 公司取得了 YBM 公司的控制权。为了助推 YBM 公司在加拿大首次公开募股，莫吉列维奇从海峡群岛的 Arigon 银行账户中拨出了 240 万美元。莫吉列维奇把 YBM 公司交给自己信赖的助手雅各布·博加廷（Jacob Bogatin）来打理。雅各布·博加廷于 20 世纪 80 年代移民到美国，最终成为美国公民，他曾在伏尔加格勒州立大学取得粉末冶金学博士学位。1996 年到

1998 年期间，他担任 YBM 公司的总裁兼首席执行官。该公司发布的利好声明推动了 YBM 公司股价从 1994 年首次发行时的几美分上涨到 1996 年初的 5 加元，两年后一度超过 20 美元。YBM 公司的股价在两年内呈指数增长趋势。

5.2.2 会计造假活动

例如，在 1996 年的年报中，YBM 公司吹嘘其销售额和利润都达到了创纪录的水平，销售额同比上年增长 79%。公司还声称其原油买卖收入从 1 360 万加元增加到 2 040 万加元。YBM 公司的财务报表由 Parente，Randolph，Orlando，Carey & Associates 在费城审计。该公司报告说，财务报表“在所有重大方面公允陈述”了该公司的财务状况。在 1997 年夏天，当 YBM 公司准备再次增发股票时，安大略省证券监管部门要求德勤会计师事务所组织实施“高风险”审计。在证券市场上，这种要求意味着当局表示怀疑，希望会计师事务所进行额外的审查和尽职调查活动。然而，德勤会计师事务所依然对 YBM 公司出具了运营良好的审计意见。一位加拿大分析师给出“买入”建议，指出该公司由于能取得德勤会计师事务所的审计意见，其前景乐观。1997 年 11 月，YBM 公司以每股 16.50 加元的价格完成了 320 万股的公开发行，累计募集了近 5 300 万加元的资金。

德勤会计师事务所强调，它按照适当的专业标准开展了审计，并为诉讼事项极力做辩护。1998 年 6 月，由于对“可能存在问题的交易”怀有顾虑，德勤会计师事务所放弃了 YBM

公司的审计业务。

5.2.3　洗钱活动

1998 年 12 月，加拿大证券监管部门对 YBM 公司提出质疑，YBM 公司聘请费博会计师事务所的米勒·科菲·泰特（Miller Coffey Tate）对公司的账目、年度报告、公开声明以及向加拿大监管部门提交的文件进行了审计。

米勒·科菲·泰特强调称，在 YBM 公司的活动中，洗钱和可疑交易最让人起疑。这些交易的中心点是一家名为联合贸易的公司，该公司注册成立在开曼群岛，由 YBM 公司首席运营官伊戈尔·费舍曼（Igor Fisherman）负责经营。费舍曼曾在俄罗斯乌法州立大学获得数学硕士学位，20 世纪 80 年代后期移居美国成为美国公民。有一次，他从一家立陶宛银行向匈牙利的一家联合贸易公司名下的账户汇款 320 万美元，随后这笔钱被迅速转账到位于布法罗的化学银行，并被打给六家表面上完全没有关联的公司。与此同时，联合贸易公司还打款到一名叫保罗·F. 法伦（Paul F. Fallon）的律师开在化学银行的账户。此外，参与交易的其他关联公司，如立陶宛、匈牙利和美国的公司，它们的联系地址也都是保罗·F. 法伦律师设在布法罗的办公室。至于 YBM 称石油销售业务为公司带来很大利润，实际上该公司从来没有卖过哪怕一滴石油。

YBM 案之后，莫吉列维奇在 21 世纪初就玩起了失踪。2009 年，他在莫斯科被捕，经过短暂的监禁之后于同年获释。他在莫斯科涉嫌与俄罗斯的一个主要犯罪集团阳光兄弟团伙有牵连，此集团涉及整个欧洲的金融犯罪和洗钱活动。

这些案件表明，犯罪集团有能力渗透到不同的技术领域和复杂的股票市场中，并有办法解决会计、企业融资以及监管等领域的问题。

6. 新一轮金融市场有组织犯罪

6.1 白领有组织犯罪

白领犯罪组织并不是严格意义上的犯罪集团。在某种意义上，其不同于墨西哥黑手党（La Eme）、意大利黑手党光荣会（'Ndrangheta）或日本极道（Yakuza）的含义。事实上，这类有组织犯罪行为主要出自没有任何犯罪记录的人、受过良好教育的人以及来自上层社会的人。然而，这类人在被授权代理金融机构与市场或客户进行互动时，确实会改变他们的行为模式，并倾向于实施非法活动。此外，在很多情况下，他们还会与其他公司的某些欺诈代理人进行交往，以维系他们的长期犯罪行为。而且，这种行为的模式被传递给新招募进同一公司部门的其他代理人。这种形式的犯罪行为，包括治理的持续存在，以及向新入职人员传播思想，都被归为有组织犯罪的必要条件。

最近的外汇操纵、伦敦同业拆借利率和欧洲同业拆借利率（Euribor）操纵的案例，涉及许多与这些犯罪企业相关的一些机构的交易商或经纪人。这些操纵团伙存在了将近十年，这些银行招募的新代理人与这种欺诈行为相互勾结。学者们对这种活动模式的研究较少，所以它是所有对有组织犯罪认知观点中的例外。

6.2　拉美地区贩毒集团

目前与金融市场关联较少的是，贩毒集团卷入了许多涉嫌洗钱丑闻的知名机构。由于其非法交易的规模巨大，最近被调查的美联银行和汇丰银行的案件都难逃干系。

• 2010 年，美国当局对美联银行提起了刑事诉讼①，诉讼理由是银行操作的可转账交易事后被证实与毒品走私活动相关。据悉，美联银行曾结算被没收的 1.1 亿美元。最终，银行由于未能有效监控用于运送 22 吨可卡因的资金流向而被罚款 5 000 万美元。更令人震惊的，也是更为重要的是，该银行因未能遵守反洗钱规定而被处罚，因为它将相当于墨西哥国内生产总值三分之一的 3 784 亿美元转入美元账户。

• 2012 年 12 月，欧洲最大的银行汇丰银行被指控未能监控超过 6 700 亿美元（几乎是美联银行洗钱案金额的两倍）的资金走向，在电汇中总额超过 94 亿美元的美国货币的购汇来自汇丰银行墨西哥分行。在达成和解后，该银行上交了 12.5 亿美元的罚款和 6.65 亿美元的民事罚款，创出了罚单的历史

---

① 《美国一家大型银行如何为凶残的墨西哥贩毒团伙洗钱数十亿美元?》，参见：http：//www.theguardian.com/world/2011/apr/03/us-bank-mexico-drug-gangs。

新纪录①。

很显然，这些案件涉及电汇和国际外汇交易，但是迫于对这类操作的防控压力，犯罪集团将来可能会通过更复杂的涉及证券或金融市场的手法来洗钱。

6.3 跨国有组织犯罪

2011 年 7 月 24 日，奥巴马总统发布了“13581 号行政命令”（阻断跨国犯罪组织资金流），旨在打击和破坏重要的跨国犯罪组织。2012 年，美国财政部采取了打击跨国集团的第一批措施，并明确“兄弟会”的黑社会性质犯罪集团的主要成员和联系人，包括日本极道、山口组在内的大型犯罪团伙及它们的两大领导人。美国财政部继续冻结特定人员在美国司法管辖范围内的所有资产，并禁止美国人与他们进行任何交易。在官方宣布之前，“兄弟会”是一个不为公众所知的名字。这是一个以贩卖武器、毒品和贵重金属为主的跨国犯罪组织，同时也涉足金融欺诈。这个组织的前身位于苏联，其业务主要在欧洲、亚洲包括中东运作。美国当局提到的“兄弟会”是一些犯罪网络的协调机构，在全球范围内指挥犯罪活动。这个圈子的领导层包括弗拉季斯拉夫·莱昂捷耶夫（Vladislav Leontyev）（一名来自诺夫哥罗德的俄罗斯罪犯）等核心人物。虽然专家

---

① 《汇丰银行法官批准 19 亿美元的洗钱协议》，参见：http：//www.bloomberg.com/news/articles/2013 - 07 - 02/hsbc-judge-approves-1-9b-drug-moneylaundering-accord。

们仍在讨论这个圈子的真实性和真正范围，但有组织的跨国犯罪已是现实。有关部门开始意识到这一联络组织能够牵涉到世界上最大的犯罪集团。所谓的“圈子”是由俄罗斯犯罪组织协调这一说法的出现并非偶然。事实上，这种协调可能具有财务内涵，因为俄罗斯犯罪组织被公认能够通过一些巧妙的方法，对资金进行跨国家和跨市场的转移。自由黄金公司就是这方面的一个例子，这部分内容将在后面的章节中讨论。

7. 展　望

> Tomita 和 Shiroyama，你们对期货交易、外汇和对冲基金都一无所知。
>
> ——摘自《极恶非道》(*Autoreiji*)

根据最近的案例，可以用三个趋势来描述有组织犯罪参与金融市场的特点。首先，金融体系将成为有组织犯罪的普遍目标，它不利于开展传统的敲诈勒索活动。因此，这些群体不仅是来自外部的威胁，也是来自内部的威胁。犯罪分子倾向于在监管力度较弱的地区并购或注册金融实体公司（如经纪公司、商品交易所或对冲基金公司）。其次，金融犯罪活动往往是跨国的，各种犯罪集团组合形成合资企业。此外，这些集团可能会勾结或参与银行的诈骗活动。与杰森・布拉德福德和伯尼・麦道夫有关联的暴徒会为自己所受的指控做辩护。最后，也是最重要的一点：金融创新的高杠杆效应，已经成为在全球范围内金融犯罪的传导媒介。

第三篇

典型的金融犯罪

第八章
内幕交易

1. 背 景

有效市场指的是借助公开和非公开渠道，通过价格信号就能获得特定资产全部信息的市场。因此，没有任何一个交易商可以从市场上赚到超额收益。然而，现实世界中，大多数市场都是缺乏效率的，最好的情况也不过是呈现弱有效或者半有效的状态。这意味着一旦出现新的公开信息，价格就会随即调整。因此，如果在特定信息公开之前某个经纪商抢先下单，那么他就可能会从中获利。如果这些交易影响了市场绝大部分流动性，进而影响到价格波动，那么这些交易会因为与市场形成的结构性关系而变得至关重要；当然，如果它们在市场份额中占比极小，对价格没造成任何影响，那么这些交易也就显得微不足道了。

图 8－1 描述了信息类型和交易之间的各种联系。如果经纪商掌握了非公开信息，并借机进行了大规模的交易，通常就会被视为进行了内幕交易，对市场价格会造成负面影响。如果经纪商大规模地进行结构性交易，那么在新信息真正公开之前，就会使价格变得十分敏感。如果结构性的非公开信息被公开，那么它也会随着交易的调整而最终改变当前的市场均衡局面。

经纪商可以通过散布虚假的谣言，或带有误导性的陈述来改变公开信息，而这么做会改变市场动量，因此，会被视为对市场的操纵。类似“哄抬股价，逢高出货”的证券欺诈行为就是典型案例，即人为地制造虚假的公开信息来操控市场价格走势。

经纪商也可以借助结构性的交易来改变市场价格，给其他市场成员造成一种有人拥有非公开信息的错觉。例如，以欺诈交易为例，交易员会报出几笔脱离当时买卖价格区间的订单，这种报价一定要能营造出故意买入或卖出的假象，并最终改变其他交易员对价格的判断。卖空正是这种推论的另一个例子。

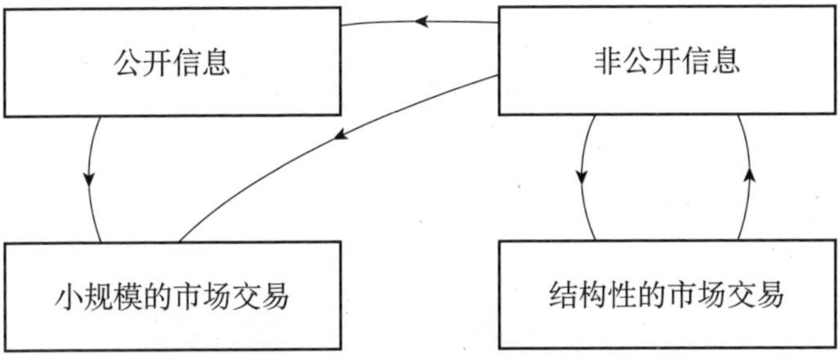

图 8-1　信息和市场交易

说明：如果经纪商利用非公开信息并操作了小规模的交易，则通常会被界定为符合内幕交易特征，但其对市场价格的影响并不大；如果经纪商大量操作结构性交易，在新信息公开之前就会导致价格变得十分敏感。结构性的非公开信息一旦公开，交易员的活动就会带动市场达到新的均衡水平。

2. 内幕交易概述

图 8-2 给出了美国证券交易委员会披露的内幕交易案件数量的变化。内幕交易是专有名词，特指某些人涉嫌不正当获取并利用信息的行为。它同时也包括特定类型的合法交易，如内部人员持有自己公司的股票或股票期权。内部人员还包括公司高管、高级职员、董事和员工，他们必须合法合规地利用公司的内部信息来决定是购买还是出售股票。通常，这种类型的交易应该向国内的监管部门报告。但是，实际上，这并非绝对规定。最可能的情况是公司内部员工在交易时比其他投资者掌握了更多信息，并借此牟取私利。2006 年，在欧洲飞机制造

商空中客车公司的董事会成员中就发生了这样的事件[①]。当高管们得知 A380 巨无霸客机的开发将延迟交付的信息时，在市场对这个信息还不知情的时候，他们立即提前卖出了自己名下持有的股份。

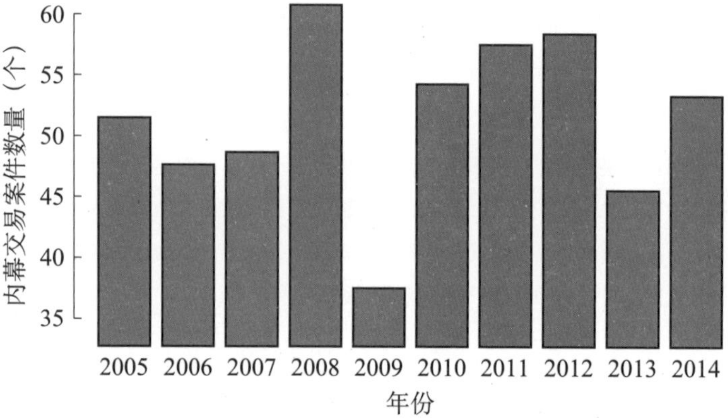

图 8－2　美国证券交易委员会披露的内幕交易案件的数量

空中客车内幕交易事件

事件描述

自 2014 年开始，前空中客车公司首席执行官诺尔·弗加德（Noel Forgeard）和现任飞机销售主管约翰·雷义（John Leahy）开始接受审讯。事件背景是 2006 年 3 月他们获知 A380 巨无霸客机的研发进程落后于预定时间且必须重新调整

① 《空客公司现任高管接受内幕交易审判》，参见：http：//www. wsj. com/articles/insidertrading-trial-opens-for-current-former-airbusexecutives-1412350420。

A350 远程客机设计，这时他们违反规定利用了这一内幕信息，卖出自己名下的空客公司股票。在这一举动发生后不久，空客公司正式公告推迟 A380 上市时间，6 月份该公司股价急剧下跌。

从交易量的角度来看，我们无法看出内幕交易在获取不正当收益上具有特殊优势。

处罚结果

法国监管部门对该内幕交易进行了调查取证，前后耗时超过 3 年，最终对当时被逮捕的 17 人全部提出了指控。

在目前的审判中，法国法院认定空中客车公司的高管人员和股东掌握了有关 A380 及 A350 项目出问题的敏感信息。为了摆脱内幕交易嫌疑，他们应该极力避免在这时抛售股票。

在法庭的刑事诉讼过程中，人们的关注重点在于高管人员是否知道 A380 和 A350 开发进度出现困难，以及这些信息是如何影响到其他投资者的传播过程的。最终，7 名受审人员被判处两年的刑期及高达 203 万美元的罚款。

美国证券交易委员会对于非法内幕交易做出专门定义。非法内幕交易是指拥有关于该证券的重要非公开信息，且根据这些信息做出买入或卖出证券的行为，违反了诚实信用义务或其他的信托责任。非法内幕交易也包括传播信息或“泄密”给其他人，使其得以利用该信息开展证券交易。尽管内幕交易的定义比较简单，但其实内幕交易所涉及的形式非常多样，形成动机的原因也是五花八门。是否存在实质性的非公开信息是决定是否构成刑事犯罪的关键因素。

这个定义纯粹是定性化的，尽管在判例中有许多参考准则，但对于这个术语的解释还存在较大的回旋余地。在一些案例中，只有在以这些内幕信息为基础来活动时，才能观察到利用内幕消息的实质性特征。例如，公司 CEO 的电子邮件签名中的颜色变化可能被认为是无关紧要的，但是，如果某个拥有非公开信息的交易员据此做了一些可以获利的交易，那么关于信息的实质性问题可能就是争论的焦点。实质性特征通常是在采取具体行动后才会表现出来。判定内幕交易的另一个关键点是，帮助交易员赚取利润的唯一要素是拥有非公开信息。根据非公开信息的走向可以辨别是否存在内幕交易事件。第一种情况是非公开信息被与相关公司或相关资产有直接联系的人所使用。在这类案例中，公司高管、董事或员工在获取涉及公司发展机密的重要非公开信息后，再买卖公司股票。此外，这些人可以通过间接关系来使用这些信息，包括将这些保密资料泄露给自己的朋友或家庭成员，通过他们的帮助来操作股票交易。第二种情况是过程中包括受到协议约束、必须提供特定服务但与公司没有直接联系的个人，包括律师、企业融资顾问、战略顾问、经纪公司和印刷公司人员等（他们在与拥有可交易证券的公司签订合约时都可能接触到这些机密信息），此外，还包括国家监管部门的所有雇员，或者是在政府机构工作、有权获得非公开信息的人员。

由于所提及的上述一些原因，真正因为内幕交易而被起诉的案例还是很少见的。如美国证券交易委员会这样的监管部门在制定法规时，试图使其更符合法院的已有判例结果。通常，内幕交易与公司内部的高级管理人员有关，但有时候可能存在相关人员担任的职务低微，甚至打印或联络人员也会卷入内幕交易的情况。一个相关的案例是，摩根大通公司文印室的一个员工将并购的机密信息传递给独立投资人，而该独立投资人利用此机密信息获得近 100 万美元的利润①。

犯罪活动的关键事实

里查德·约瑟夫（Richard Joseph）是在伦敦工作的独立交易员。2007 年 9 月至 2008 年 7 月期间，他利用所获得的并购交易的内部消息操作价差交易，并因此非法获利 100 万美元。2013 年，他被法院判定为犯罪。约瑟夫从在摩根大通公司文印室工作的埃尔辛·穆斯塔法（Ersin Mustafa）那里获取内幕消息。埃尔辛·穆斯塔法则出售自己在摩根大通公司文印室工作时接触的信息以及他的兄长在瑞银集团文印室所获得的其他信息，累计从约瑟夫那里取得了约 40 万美元的报酬。穆斯塔法以电子或纸质印刷件的方式，向约瑟夫提供了他在文印室里拿到的并购方案。

① 《前期货交易员因使用内幕消息而获刑 4 年》，参见：http：//www.bloomberg. com/news/articles/2013 - 03 - 11/selfemployed-trader-guilty-of-making-1-million-oninside-tips。

约瑟夫案件是在英国金融服务管理局（FSA）的“土星行动”中才被调查发现的，该调查直接导致在2008年金融危机高峰期间有八名男子被逮捕。2009年12月，埃尔辛·穆斯塔法逃离英国，传闻他躲在土耳其边界的北塞浦路斯。

花絮消息

对于自己受到的内幕交易的六项罪名的指控，里查德·约瑟夫对此拒不承认。20世纪90年代末，他曾经在伦敦金融业中的几家公司工作，并在业内作为一名债券交易员而闻名。2008年，时年不到40岁的他就宣布退休，当时他声称自己在银行里已经有350万英镑的存款。他身边的朋友们称，监管部门对他的监管过于严厉，因为他在城市中代表的是少数人群。他从没有在任何一家大型投资银行工作过。在自己是黑色人种和工人家庭出身的不利背景下，他靠自学掌握了所有知识，才最终拥有了当前的社会地位。因此，他本身代表了社会阶层向上流动的正面形象。

要监测内幕交易绝对不是件容易的事，那些常见的交易指标如价格、成交总规模等，很少能提供有用信息，或者说能帮助识别出异常的交易活动。在许多情况下，使用实质性的非公开信息后的交易并非市场的结构性组成要素，对市场均衡并没有太大影响。如果将等式中的价差交易和涉及标的证券的衍生品交易视为资产也纳入考虑的话，那么整个情况会变得更加复杂。想要监管违规的内幕交易活动，需要非常有技巧地向经纪商进行核实，并且与掌握内部信息的各家企业深入沟通。

一种方法是，在公司内部或承包商之间，建立一个针对可以访问机密信息的个人的社交网络。这个社交网络将对其中每个节点中所涉及的人物推出一项概览简介，包括他们的直接人际关系信息，如家人、同事、熟人等。社交网络的每个节点都应该知道涉及机密信息的所有交易、通信信息，或与其直接、间接相关的活动。一旦建立了社交网络，就可以在不同的机密信息与该网络中的人的行为之间建立起关联。

关于应用社交网络的一个例子是帆船集团，及其个性张扬的公司首席执行官拉杰·拉贾拉特南。2009 年，因为成立了一支卷入大型内幕交易案件的对冲基金，拉贾拉特南被逮捕[①]。帆船集团的投资者名单中有许多技术主管，包括麦肯锡总监阿尼尔·库马尔（Anil Kumar）和英特尔执行官拉吉夫·戈尔（Rajiv Goel）。2005 年，帆船集团被指控涉嫌非法卖空，在支付超过 200 万美元罚金后与美国证券交易委员会达成和解。

这一内幕交易案件就是犯罪者依靠广泛的公司内部人脉和社交网络，在 2006 年至 2009 年期间累计获利超过 7 500 万美元。该社交网络的核心涉及三个人：拉贾拉特南、戈尔和库马

---

① 《逮捕对冲基金的首要人物让整个行业感到不安》，参见：http：//www. nytimes. com/2009/10/19/business/19insider. html？hp&_r=0。

尔，他们都来自斯里兰卡，并且都毕业于沃顿商学院。被起诉的三个人在公司中的职位都比较高，他们或者是董事会成员，或者有在其他大公司的工作背景。例如，库马尔曾在高盛公司董事会任职多年，其社交网络还包含来自 IBM 和英特尔的首席执行官。

在此之后，2011 年拉贾拉特南被判监禁 11 年，罚款 9 200 万美元，这是当时内幕交易相关案件的最高罚款金额[①]。

上述案件描述了服务提供公司（财务顾问、咨询顾问）违反内幕交易规定的情况。奥古斯丁等发表的研究论文调查表明[②]：确实存在对于非预期的并购公告的知情性质的期权交易。在并购公告正式发布的前 30 天中，通过分析该公司股票期权的交易量以及隐含波动性，可以发现知情交易比我们预计的还要更普遍。

这里，我们建立了一个 Logit 模型，并用变量 Y 来描述那些被美国证券交易委员会提到的内部交易员在并购公告公布前买卖期权交易的动机。对于诉讼案件，Y 取值 1，其似然性表示为：

$$P(Y=1)=\frac{L}{1+\mathrm{e}^{-kx}}$$

$$\begin{aligned}x=&\beta_0+\beta_1 S+\beta_2 C1+\beta_3 C2+\beta_4 C3\\&+\beta_3 T1+\beta_4 P+\beta_5 C4+\beta_6 T2+\beta_7 F\end{aligned}$$

---

① 《法官判处拉贾拉特南 9 200 万美元罚款》，参见：http：//www. hindustantimes. com/world-news/Americas/Judgefines-Rajaratnam-92-million/Article1-766652. aspx。

② 研究表明，内幕交易比以前大家所想象的还要更为普遍。参见：http：//fortune. com/2014/06/17/insider-trading-study/。

$$+\beta_8 \text{Region} + \varepsilon_t$$

其中，ε_t 为残差，L 和 k 为 Logistic 函数的参数，β_i 为各种因素的敏感性。如果交易大于并购交易价值的中位数，则 S 取值为 1。$C1$ 表示的是现金融资收购，$C2$ 表示用于识别与第二投标人的交易，$C3$ 表示未操作的交易或失败的交易。$T1$ 表示投标人是否已经在目标公司中占有一席之地。如果收购方在完成收购标的的收购后将其私有化，则 P 为 1。$C4$ 识别有着 Collar 结构的交易。如果收购谈判失败，而该交易存在终止费用，则 $T2$ 取值为 1。F 表示交易态度，如果投标人是美国公司，则 "Region" 变量取值为 1。奥古斯丁等人发现，美国证券交易委员会内幕交易诉讼的驱动因素是交易规模，且由非美国投标人发起而完成的投标，其涉及诉讼的可能性更大。

3. 展　望

窃听、撒谎和内部人举报是导致人们在进行内幕交易时被逮捕的最主要原因，在此不一一列举。如果你要在这些灰色地带上行走的话，那么还是会有一些交易把戏值得你学习，比如：

- 不要在一个确定性事件上做任何期权交易，这是监管当局第一时间就会关注的地方。
- 除了内幕信息，最好能够有个纸质文件或者电子邮件记录你是因为何种原因才产生交易想法的。

• 买入超过你真实想要持有的份额，然后在公告之前少量出货。这样做可以掩饰你的真实动机，让监管者认为其实你并不知晓相关内幕信息。因为如果你知晓这个信息，你就不会做出任何卖出行动。

• 绝不要在白纸黑字上记载内幕信息，只能使用手机（当然，这种方法现在也逐渐行不通了）。

• 找到同样将受益于该信息的其他股票，并买入这类股票。

• 准备好接听美国证券交易委员会打来的调查电话。可以装傻充愣，但有话直说。

• 与其他员工讨论有关这种操作买卖的想法，但一定要对信息的来源保密。

• 要向为你提供了内幕信息的人支付可观的报酬。

以上引自帆船集团对冲基金的前交易员——特尼·达夫（Turney Duff）①。

内幕交易之所以有趣，在于这是一种金融犯罪，它与其他典型的有组织犯罪有着许多相同的行为特征：

• 内幕交易行为与典型的有组织犯罪往往都只是涉及内部人的小圈子，而这有利于信息的传递。

• 内幕交易人员，与其他任何罪犯一样，注意应避免

---

① 《内幕交易的真相》，参见：http：//www.cnbc.com/id/101586358。

留下任何痕迹或任何审计痕迹。因此，许多情况下，之所以能够开展调查，大都是依靠告密者的出现。

• 内幕交易人员，如同任何其他犯罪分子那样，都有完美的借口和种种不在场证明，用来证明他们没有参与不当行为。

因此，调查这类犯罪行为需要具有与调查其他诸如市场操纵罪行为有所不同的方式和手段。公司确实需要记录并留存交易员的所有对话，并对公司员工的手机和座机进行电话录音，以备调查。随着内幕交易案件调查数量的增加，许多投资贸易公司已经采取了使用第二部手机的做法。第二部手机往往由公司提供，但不对其录音，用于开展不需记录或处于灰色地带的话题的讨论。这使得调查工作变得更加困难，这就是对于内幕交易，监管当局需要针对特定的犯罪组织使用某些诸如窃听或布下眼线等技术手段的原因。

第九章
庞氏骗局

1. 背　景

麦道夫丑闻引起了社会公众的广泛注意，这是投资圈里的一个基于金字塔结构的古老骗局。通常来说，在具有多层金字塔的游戏或结构中，第 K 层个体的边际效用或增量收益来自新增的第 $K+1$ 层。不失一般性，如果每个个体具有相同的效用，则 K 层的个体数量应该多于第 $K+1$ 层的个体数量（$N_{K+1}>\kappa \cdot N_K$），其中 κ 是基于边际承诺收益大小设定的常数。

图 9－1 给出了一个金字塔式庞氏骗局的运作机制，新成员是老成员的收益来源。从宗教传教到多层级传销，以及从社会保障金系统到金融投资等许多社会分类中，金字塔结构都很常见。不过，在资产管理行业中，庞氏骗局则被视为非法行为，因为它通常会让投资者遭受巨额损失。

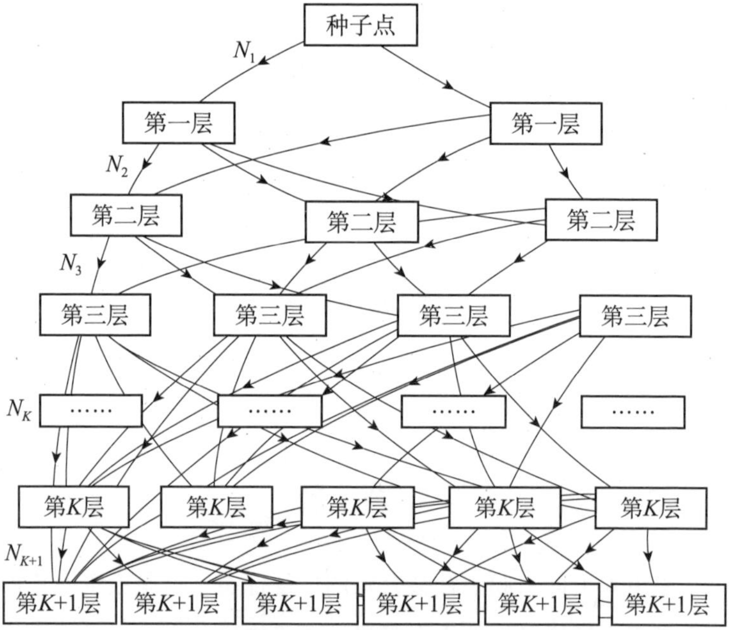

图 9－1　庞氏/金字塔骗局

说明：该骗局结构是建立在不断吸收新成员以及新成员的贡献不断增长的基础之上的。为了可持续发展，该骗局需要增加大量（无限多）的成员和大规模资金流入。

根据美国证券交易委员会的界定，庞氏骗局是一种投资骗局，其向现有投资者支付的收益来自新进投资者的资金。通常，庞氏骗局的组织者需要依靠强大的销售技巧来说服投资者，使其相信这是项低风险、高回报的投资，从而骗他们入局。一个成功的庞氏骗局，需要越来越多的投资者和越来越大的投资资金规模才能支撑。所以，人数和金额两者都至关重要。

纯粹的多层分布型金字塔诈骗和金融庞氏骗局之间存在一些语义上的差异。在分布型金字塔骗局中，新进入者会先预付一笔款项，然后通过发展下线成员成为产品分销商来赚取利润；庞氏骗局则是直接把新进入者的资金转变为老成员的收益，让其获取所谓的“高额投资收益”。

两种骗局具有共同特征：首先，它们所谓的投资标的或产品通常都是虚构的，或者说只能创造极低的利润；其次，两者都是基于新的下线成员进入来为上一层级成员贡献利润的。在金字塔骗局中，每个成员都需要负责开发下线；而在庞氏骗局中，这个过程则是集中型的。

此外，在初始阶段，庞氏骗局很快就能找到新的投资人来弥补之前的投资。在初始阶段，一旦投资人拿到高额收益，消息就会得到扩散。投资人数量能保持不断增长非常重要，因为随着这个消息在投资圈的传播，更多的潜在投资人就会产生兴趣。对于履行对上一层级投资人的回报承诺，不断攀升的资金规模显得至关重要。如图 9－1 所示，庞氏骗局需要无限数量的层级才能避免崩盘，但在现实社会中这显然是不可能的。因此，任何能够帮助引入新投资人，或者说服投资人将其收益重新投资于该骗局的手段都将会被拿来使用。对于更复杂的金字塔骗局，它们会使用杠杆来维持金字塔的稳定存在，或引入资金退出的限制措施。例如，根据最近一些研究，欧洲的社会保障金制度也涉及庞氏金字塔。在金字塔的衰退阶段和萧条阶段，避免崩溃的唯一办法就是发行新的政府债券，正如欧盟国家或日本现在所做的那样。

第一种大型金字塔诈骗是查尔斯·庞兹所为。20 世纪 20 年代，处于经济泡沫增长时期，他在波士顿设计了一种号称能在三个月内提供 100％回报的投资策略。那个时代最显著的特点就是，所有的事情都来得快、去得也快。到 1920 年夏天，骗局就破灭了，导致了相当于今天 2.3 亿美元金额的亏损。

庞氏骗局现身的地区多为新兴经济体，或正在经历政治动荡的国家。在这个意义上，苏联是一个很好的案例。20 世纪 90 年代的叶利钦时代，俄罗斯曾发生了一起著名的庞氏骗局。谢尔盖·马夫罗迪（Sergey Mavrodi）创立了 MMM 公司，他在媒体和电视上承诺能够获得 1 000％的股息。短短五年时间里，马夫罗迪至少从 200 万人手中拿走了至少 15 亿美元的资金。当警方逮捕他时，马夫罗迪试图说服投资者相信这是政府的过错，甚至宣称他可以当选俄罗斯杜马议员，从而获得司法豁免权。

1992 年至 1994 年间，俄罗斯南部的邻国罗马尼亚遭受了一场庞氏骗局的冲击，这是由源自特兰西瓦尼亚首府克卢日的

“博爱”骗局引起的。1994 年，骗局破灭，至少有 400 万人损失总计近 10 亿美元。

Ponzitracker. com[①]（专门收集 2008 年以来主要发生在美国的骗局的数据库）网站披露，自 2008 年麦道夫事件发生后，与金融市场相关的庞氏骗局确实出现爆发式增长。

在同一年，美国联邦政府又破获了一起造成 36 亿美元损失的骗局。骗局的核心人物是汤姆·彼得斯（Tom Petters），他曾经是著名品牌宝丽来的所有者。他的庞氏骗局最终造成了 36 亿美元的损失。表 9-1 给出了一些规模较大的庞氏骗局案例，其中最大的损失来自美国的这些骗局。亚洲国家的庞氏骗局呈现增长趋势，表现出涉及的资产更加多元化的特征（如大宗商品、加密数字货币等）。

表 9-1　　庞氏骗局的案例

年份	国家	发起者	工具	损失金额（百万美元）
1920	美国	庞兹	国际回邮代金券	265
2008	美国	汤姆·彼得斯	对冲基金	3 650
2008	美国	麦道夫	对冲基金	18 000
2009	美国	艾伦·斯坦福	金融服务	7 000
2009	美国	斯科特·罗斯坦	投资基金	1 500
2010	美国	内文·夏皮罗	投资基金	800
2011	美国	詹姆斯·弗里	投资基金	1 500

① Ponzitracker. com，参见：http：//www. ponzitracker. com/ponzi-database/。

续前表

年份	国家	发起者	工具	损失金额（百万美元）
2012	印度尼西亚	贾亚・科马拉	肉食贸易	600
2013	印度	苏迪普塔・森	房地产公司	335
2013	新加坡	李宋德	黄金	7
2014	美国	盖尔莫・格伦	投资基金	34.5
2015	中国	香港	比特币	390

说明：2008年以来，全球披露出来大量庞氏骗局，主要集中在美国，并造成了数十亿美元损失。

创新是推动庞氏骗局的一个因素。香港比特币交易之MyCoin[①]的失败就是个很好的例子。它拥有3 000多名客户，人均投资金额近13 000美元。MyCoin承诺给投资人的短期收益率超过100%，初始的最低投资金额为52 000美元。MyCoin的推广方通常选择在本地的豪华酒店举办各种活动。2014年12月，该公司修改了其出金规则，禁止客户完全提空自己账户的资金，除非他能够招募到更多的投资人。该公司的网站还把比特币定价为1.36美元/枚，而事实上2015年初比特币的市场价值大约每枚为218.28美元。

2. 定性评价

通过尽职调查，我们可以拿许多特征来对庞氏骗局做定性

① 《投资者向警察局反映戳穿MyCoin的比特币骗局》，参见：http://www.ibtimes.co.uk/investors-file-polica-complaints-alleging-mycoin-bitcoin-fraud-1487561。

评价。

一般来说，庞氏骗局式的投资都用高收益率来诱导潜在客户，而且承诺称有保障。高收益往往与高风险相关联，如果某项投资承担的风险较小或没有风险，那么人们就理应对此持怀疑态度。

正如麦道夫案所揭示的那样，不管市场整体走势如何，庞氏骗局的收益特征是有规律的、正向的，且与基本面走势几乎无关。投资上的收益，尤其是高收益率的回报，理应是起伏波动的，而且毫无规律可言，因为它们往往采用杠杆策略。如果投资业绩报告中给出的只是一种平稳的时间序列收益率的话，那么这些数据本身可能就是一个警示信号。

通常，诈骗者并不会把实现所承诺的回报的策略完全披露给受骗者，从而制造一些神秘色彩。骗子公司之间的关系总是非常神秘，这意味着只有很少或根本就不存在独立的审计师、托管（保管）人和资产管理人。往往只是诈骗者本人在从头到尾地操纵这一切。

当开始起疑时或入局一段时间后，投资者可能会希望收回其投资的本金和回报。这时候，最可能出现的结局是经纪商或基金销售人开始声称估值非常困难——需要大量的文书工作，并且会尽其所能地尝试鼓励投资者展期或续存他们的头寸。

通常，庞氏骗局与尚未在监管部门进行登记的投资人有关。这些策略的卖家也不是持牌的投资顾问或经纪商。大多数庞氏骗局都是由那些不受监管的中介公司在操作。

3. 定量特征

阿兹鲁尼（Artzrouni）曾做过一个直接的尝试来建立庞氏骗局模型。动态的庞氏骗局可以用一个一阶线性差分方程描述。该模型包括一个承诺利率 r_p、可实现名义利率 r_n、累进存款利率 r_i、赎回利率 r_w。假设所有利率保持不变，并且在任意时间 t 将赎回利率 r_w 纳入包含承诺利率的承诺累进资本中去，那么在 $t=0$ 时投资 K 的投资者，在时间 t 可以赎回的资金数量表示为：$r_w \cdot K \cdot e^{t(r_p-r_w)}$。我们假设在时间 u 投资 $s(u)$ 的投资者希望在时间 $t>u$、总量 $r_w \cdot s(u) \cdot e^{(r_p-r_w)(t-u)}$ 时赎回投资。

在时间 t 时，初始投资者和在 0 至 t 时间段内新增投资者的全部赎回等于 0 至 t 时间段内新增投资者的赎回加上早先计算的初始投资 K 的赎回，可以表示为：

$$W_t = r_w(K \cdot e^{t(r_p-r_w)} + \int_0^t s(u)\mathrm{e}^{(r_p-r_w)(t-u)}\,\mathrm{d}u) \qquad (1)$$

简单的假设动态现金流 s（t）符合指数方程：

$$s(t) = s_0\mathrm{e}^{r_i t} \qquad (2)$$

其中，r_i 为正表示现金流增加，r_i 为负表示现金流指数型衰退。基于此假设，t 时刻赎回的资金数量可以用下列解析形式表示：

$$W_t = r_w e^{r_p-r_w}(K + s_0\,\frac{e^{t(r_w+r_i-r_p)}-1}{r_w+r_i-r_p}) \qquad (3)$$

如果 S_t 是时间为 t 时庞氏基金的规模，则时间动态可以写为：

$$\frac{\mathrm{d}S_t}{\mathrm{d}t} = r_m \cdot S_t + s(t) - W_t \quad S_0 = K \tag{4}$$

阿兹鲁尼同样给出了所有在庞氏骗局中的动态变化，可以由近似的解析形式表示：

$$S_t = a \cdot e^{(b+r_m)\cdot t} + c \cdot e^{(d+r_m)\cdot t} + f \cdot e^{r_m \cdot t} \tag{5}$$

其中，a，b，c，d，f 均为基于 r_m，r_i，r_w，r_p 的常数。

通过庞氏骗局集聚资金的最大值［max（S_t）］以及达到这一最大值的时间（$t_{\max}$）可以表示为①：

$$\max(S_t) = a\left(\frac{-cd}{ab}\right)^{\frac{b}{b-d}} + c\left(\frac{-cd}{ab}\right)^{\frac{d}{b-d}} + f \tag{6}$$

$$t_{\max} = \frac{\ln\left(\frac{-cd}{ab}\right)}{b-d} \tag{7}$$

图 9－2 展示了庞氏骗局本身的动态变化过程，即在利润达到最高点后，开始走向破灭。这些结果与库尼亚（Cunha）等人的研究结论一致，他们提出一种对上述数学模型的计算方法。

帕罗蒂（Parodi）提出一种更为领先的模型，他为资本的指数型增长设计了庞氏几何布朗运动模型，用下列随机差分方程来表示：

$$\mathrm{d}S_t^{\mathrm{sto}} = [r_m \cdot S_t^{\mathrm{sto}} + s(t) - W_t] \cdot \mathrm{d}t + S_t^{\mathrm{sto}} \sigma \mathrm{d}B_t \tag{8}$$

---

①　两个条件需要满足：$\frac{cd}{ab}<0$，$\frac{1+cd/ab}{b-d}<0$。

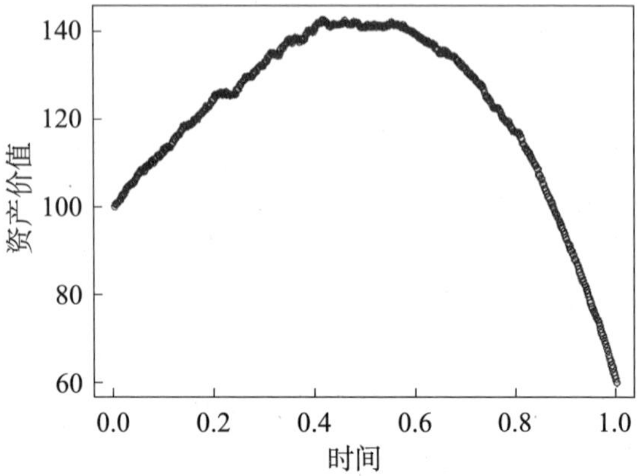

图 9-2　假设没有波动情况下庞氏骗局总资产的变化过程

其中，B_t 为扰动项。

该随机差分方程的解析式如下：

$$S_t^{sto} = \zeta_t S_0^{sto} e^{(r_m - 0.5\sigma^2)t + \sigma B_t} \tag{9}$$

其中，可以由以下方程得出 ζ_t，即：

$$\zeta_t = \zeta(t, r_m, r_p, r_i, r_w, \sigma) \tag{10}$$

在随机动态方程下，资产的期望值可以表示为：

$$\boldsymbol{E}[S_t^{sto}] = a \cdot e^{(b+r_m)\cdot t} + c \cdot e^{(d+r_m)\cdot t} + f \cdot e^{r_m \cdot t} \tag{11}$$

其中，a，b，c，d 和 f 如上文所述为常量，并且期望值可以表示为：$\boldsymbol{E}[S_t^{sto}] = S_t^{sto}(\sigma = 0) = S_t$ 。

基于等式 9，随机形式可以利用蒙特卡洛法通过模拟大量的轨迹线（N_{sim}）进行模拟，因此，在给定时间范围或总时间的情况下，骗局破灭的概率大小（PC，总资金变为零的概率）可以进行如下计算：

$$PC = \frac{(S_t^{sto} < 0)^*}{N_{sim}} \tag{12}$$

图 9－3 描述了波动率为 25%的庞氏骗局总资金的部分变化轨迹。具体结果将在下一部分再详细讨论。

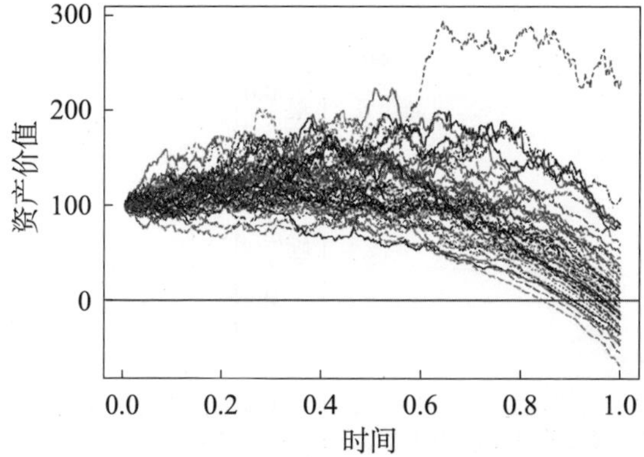

图 9－3　蒙特卡洛模拟庞氏骗局的资产变化情况

3.1　量是关键

庞氏骗局的一个重要特征是要有稳定的新的投资人源源不断流入。就像在每个投资行业一样，这些投资人的入局必不可少，而其发生的概率同样至关重要。像任何其他金字塔形结构一样，随着越来越难以发展新人，新的投资人的流入数量将呈指数级别下降。如果衰减率太高，则 PC 增加，骗局走向破灭的时间减少。要想使骗局得以维系，就要求投资人流入的增长率必须为正，才能避免骗局破灭和被人怀疑。图 9－4 列出了破灭概率和破灭时间与流入速率之间的关系。

流入速率越低，PC 就越高，破灭的时间就会越短。对于流入速率为负的情形（新投资额减少），骗局最终破灭几乎是必然的。

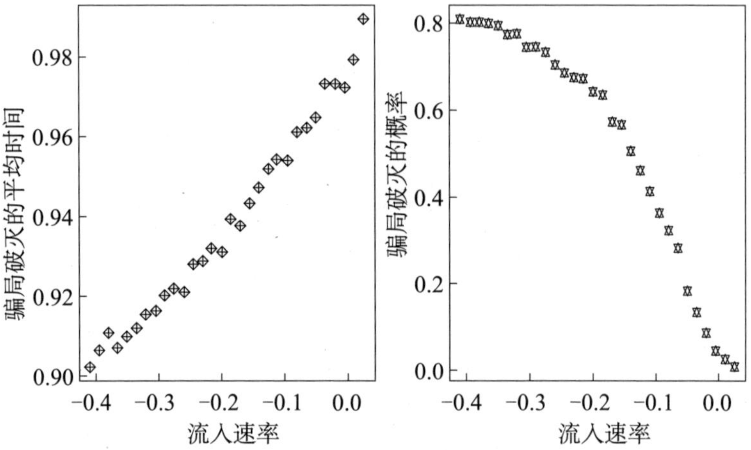

图 9-4　不同资金流入速率下的庞氏骗局

说明：流入速率越低，骗局破灭的概率越大，破灭时间越短。对于负的流入速率（即新投资额在减少），骗局破灭几乎是板上钉钉的事情。

3.2　无风险骗局

庞氏骗局可以选择将部分或全部项目投资于真实的资产，以获得无风险收益。然而，这将增强投资组合的波动性。在图 9-5 给出的模拟中，在超额回报波动率保持不变的情况下，我们对不同的收益—波动率组合进行评估。有趣的是，竟然没有发现庞氏骗局具有获取过高回报的动机。因为波动性越大，PC 越高，距离骗局破灭的时间就越短。

据称庞兹本人具有丰富的金融和投资策略知识，但是这并不能给他带来什么帮助。因为如上文所述，市场风险越低，庞氏骗局的生存时间越长（在麦道夫骗局下，结论亦是如此）。他根本没有像宣称的那样去纳斯达克中施展交易策略，这是因为纳斯达克市场的流动性太有限，根本没有报单有能力消化他名下管理的500亿美元资产的大单。

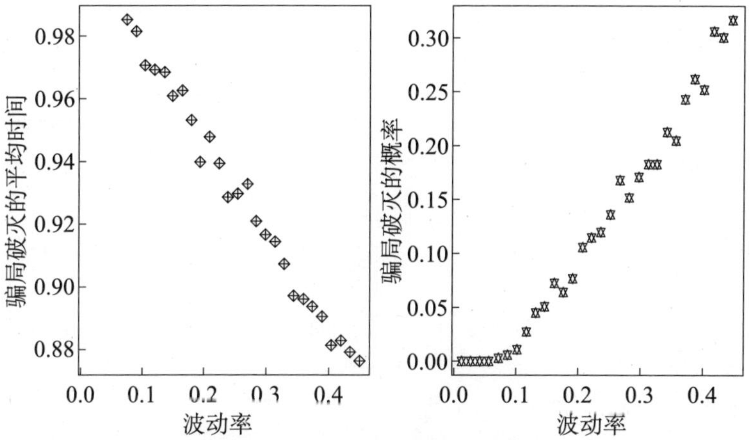

图9-5　庞氏骗局与波动率

说明：波动率越高，骗局破灭的概率越大，即使有更多的合法投资资金流入也无法挽回骗局的破灭。

3.3　退出问题

骗局面临的重大风险是客户突然要求赎回他们的资金。同样，我们用蒙特卡洛方法得出结论：随着赎回利率的升高，PC急剧上升；如果赎回利率高于承诺利率，则骗局破灭的概率趋于100%。从这些模拟中我们得出如下结论，即：随着时间推移，骗局会使赎回退出变得更加困难。它还会要求将初始投资人的回报进行再投资。许多庞氏骗局采取如下延迟付款方式的运作策略，包括增加转换投资公司的难度、需要进行大量文书工作等。图9－6刻画了骗局破灭的概率、时间与赎回率之间的关系。流动速率越高，PC越高，破灭时间越短。对于高流动率（即新的投资额减少），几乎可以肯定的是：骗局最终还是会破灭。

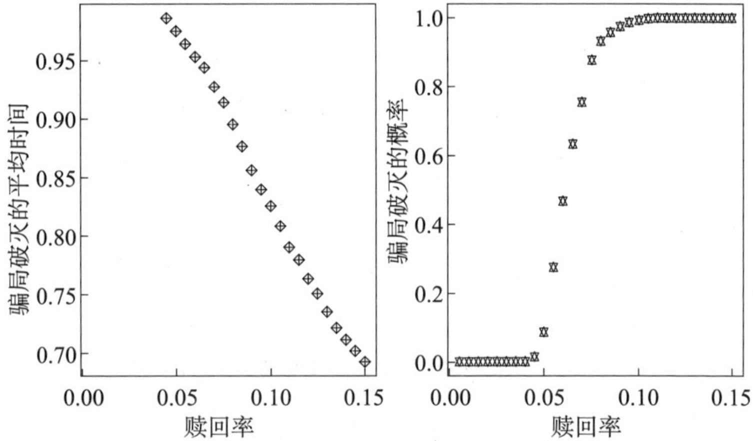

图9－6　庞氏骗局与赎回率之间的关系

说明：流动速率越高，骗局破灭的可能性越大，距离破灭的时间就越近。对于高流动率（即新的投资额减少），几乎可以肯定骗局会破灭。

3.4　庞氏骗局的统计性检验

检验一项投资是否是庞氏骗局的方法，就是评估其总资金的变化是否符合上一节所描述的轨迹。从统计方面，我们给出了基金总资产的离散时间序列 t_i，其中，$i=$（1，2，…，N）是基金业绩的报告日期，通常为月度：

$$\boldsymbol{E}(S_{t_i}^*) = a \cdot e^{(b+r_m)\cdot t_i} + c \cdot e^{(d+r_m)\cdot t_i} + f \cdot e^{r_m \cdot t_i} \quad (13)$$

假设对于一系列给定的基金，其预期价值可以用函数 $\Im(\theta)$ 表示，其中参数 $\theta=(a, b, c, d, f)$。我们可以通过最小化如下函数来估计参数 θ：

$$\boldsymbol{F}(\theta) = \sum_{i=1}^{N} \left| \frac{S_{t_i}^* - \Im(\theta)}{S_{t_i}^*} \right|^2 \quad (14)$$

如果在指定的置信区间内，参数 θ 并不显著（或 θ 未落入给定的置信区间内），那么相应的基金也不可疑。我们可以通过多种方法来分析评估参数的相关性，但这可能会导致许多误判。对参数 θ 的置信区间采用重抽样法具有两个优点。首先，它不会对序列的潜在分布做参数化假设；其次，它可以根据历史数据的不同部分来评估各种子样本。由于资产水平是变量，所以采样不能纯粹随机完成，时间序列问题也应该受到重视。因此，此处提出了一种修正的刀切法：

1. 将观察值“jackknifed”的百分数 h（h 约为 20%）放进资产价值 S_{t_i} 的时间序列里，保持其他顺序不变，从而生成新的序列 $S_{t_i}^{*1}$。

2. 通过最小化公式 14 中的函数来估计参数的值 θ_i^*。

3. 对大量模拟数据 N_t 重复第一步，生成参数集 θ_j^* 的分布，其中 $j=$（1，2，…，N_t）。

一旦找到参数估计的分布，我们就可以计算置信区间，并评估参数的相关性。

表 9-2 给出了对包含在巴克莱对冲基金数据库内的部分对冲基金绩效的检验结果。我们把检验结果符合庞氏模型的基金数和基金总数都列了出来。非常有趣的是，在那些缺乏监管的国家，例如避税国，可疑基金的占比普遍较高。

表 9-2　　庞氏模型检验结果

国家或地区	检验为正的基金数	基金总数	检验为正的基金占比（%）
澳大利亚	2	48	4.17
百慕大	1	51	1.96
加拿大	1	116	0.86
开曼群岛	4	61	6.56
法国	18	181	9.94
德国	4	360	1.11
爱尔兰	1	85	1.18
列支敦士登	1	10	10.00
卢森堡	2	156	1.28
荷兰	1	25	4.00
新加坡	1	45	2.22
南非	2	29	6.90
瑞士	8	712	1.12
英国	12	1 010	1.19
美国	71	2 397	2.96
瓦努阿图	1	1	100

说明：符合庞氏模型的基金数和基金总数均被列举。有趣的是，那些缺乏金融监管的国家，例如避税国，其可疑基金的占比较高。

4. 展　望

在查尔斯·庞兹欺骗波士顿的众多忠实投资人之后的近一个世纪里，许多类似的被冠以他名字的金字塔骗局依然屡见不鲜，骗取了众多投资人的资金。随着西方国家经济增长出现结构性问题，以及新兴经济体的增速放缓，可能更加容易滋生各类庞氏骗局，尤其是在那些很少或根本就没有监管的国家或市场里。在亚洲国家里，中产阶级人口不断增加，而投资领域普遍缺乏监管，更容易出现新的庞氏骗局。同样，类似于比特币的加密数字货币，或者不算复杂的数字货币，或者其他线上市场，都有可能为庞氏诈骗者们所利用。

第十章
证券市场操纵

1. 背 景

17 世纪晚期，约瑟夫·德拉维加把“证券市场操纵”描述为阿姆斯特丹证券交易所中的家常便饭[①]。随着时间推移，证券市场操纵逐渐演变出了众多形式和方法。从传统

---

① “在这部宏大的世界剧中，人们在不同部分扮演着不同的角色，最伟大的喜剧是在交易所上映的。在那里，投机者擅长技巧，他们做生意找借口。那里交织着隐藏地方、隐瞒事实、争吵、挑衅、嘲弄、闲谈、暴力欲望、勾结、巧妙的欺骗、背叛、作弊，甚至悲惨的结局。”——约瑟夫·德拉维加著《乱中之乱》

的股票和商品期货，到丰富的金融衍生工具，几乎所有的金融工具都被卷进市场操纵活动。在法律的视角下，操纵证券市场是指通过控制或者人为影响证券市场的方式蓄意诱导投资者。操纵手段多种多样，包括散布误导性信息、控制现有交易资产，或者通过投机交易制造虚假的证券供求关系。

表 10－1 为术语表，列出了证券市场上常见的市场操纵手法。就股票市场而言，最为社会普罗大众所知的就是市场逼空，其存在于股票和商品市场，往往散布某只股票的误导性信息，拉高出货是其最具破坏性的技术之一。安然事件可能是最典型的股价操纵案例。但是一般来说，这种操纵手段并不会指向巨头公司，大多数时候针对中型公司，或针对场外市场（即 OTC 柜台）交易的股票。

由表 10－2 可见，市面上存在多种类型的市场操纵。艾伦（Allen）和盖尔（Gale）曾提出一种更系统的分类，主要将市场操纵分为三类。而随着高频交易的增多，逐渐形成了第四种分类，使得这种分类变得更加完整。

- 基于行动的操纵活动。这是一类基于改变实物资产或价值预期的行为，例如美国钢铁操纵事件。当某一方减少或增加商品产量以达到改变该商品的市场价格水平的目的时，基于行动的市场操纵同样也可能发生在商品市场中。

表 10-1　**各类证券市场操纵手法的术语表**

序号	名称	描述
1	粉饰行情走势	为拉高股价或基准价格，某交易员制造交易假象并散播谣言。
2	抢跑交易	如果某交易员进行大单交易（报单）并且为其他交易员所知，那么他们会为了从大单交易员处获利而试图抢先下单。
3	匹配报价	某交易员知晓另一交易员报出的大单的报价后，为了占据有利的市场地位，而提前报出价格相近的报单。
4	洗盘交易	某交易员在某一经纪商售出证券后，为活跃交易和拉升价格，又通过另一经纪商买入该证券。
5	熊式重击	单独或者合谋利用大额抛售或做空，操纵并迫使股票价格下跌。
6	逼空	单独买入很大头寸的特定股票或商品期货，目的在于控制其供给以便于抬高价格。这种方式在现货市场和期货市场都存在。
7	收割空头	交易员在现货市场上掌控了大额头寸，挤压并迫使卖空者平掉自己的空头仓位。
8	虚假申报	交易员手持某只证券多头，下达一系列的申报指令并立即撤销，从而制造交易活跃和需求高企的假象以吸引其他人参与，来推动该证券价格上涨。
9	操纵收盘价	在市场交易临近收盘时段，交易员通过大量下单以拉升投资组合或基金的净值。

续前表

序号	名称	描述
10	煽动行情	交易员散布公司谣言，制造假象，或与其他交易员联合拉抬或者打压价格，使其呈单边走势。
11	釜底抽薪	一种操作手法，常表现为：在某衍生品临近到期日前，交易员大量买入对应的基础商品或证券。
12	拉高出货	交易员在小市值股票上建立多头仓位，并散布公司的虚假信息来哄抬股价。一旦达到目标价位，交易员会迅速出货。
13	浑水做空	交易员建立空头头寸，然后散布公司的虚假信息来打压股价。
14	高压销售	销售人员接触潜在客户，并用高压销售技巧说服其参与投资。

表 10-2　　　　操纵证券市场的实例

序号	年份	标的	事件概要
1	1863	哈林铁路	知名金融家（科尼利尔斯·范德比尔特）垄断了哈林铁路公司的股票交易。
2	1901	美国钢铁	公司董事会通过削减生产能力，来压低股价。
3	1994	委内瑞拉债券	一家对冲基金试图操纵债券价格，达到触发障碍期权的目的。
4	2006—2012	黄金和白银	部分银行合谋操纵国际黄金与白银价格。
5	2006—2008	LIBOR/EURIBOR	部分银行合谋操纵 LIBOR/EURIBOR 价格。
6	2008—2012	外汇市场	某些银行采取洗盘或者粉饰行情的手法，联合起来操纵货币交易基准价。
7	2014	纳斯达克股票	雅典娜资本（Athena Capital）是第一起涉及高频交易的市场操纵案件。

• 基于信息的操纵活动。这是一类基于向投资者群体散播虚假和误导性信息的行为。随着技术进步，用于散播虚假信息的手段也日益发达。最初，报纸和高压销售是操纵股价的主要工具。此外，与经纪商有特殊关系的人可能会向客户散播谣言，以获取来自庄家的高额报酬。而通过电子邮件和互联网能够向更多的人散播虚假信息，因此，电子邮件和互联网成为操

纵手段上的第一个技术性飞跃。垃圾邮件过滤器试图解决散播虚假信息的问题，但社交媒体和社交网络的出现使得虚假陈述同样可在脸书和推特上散播。自动运行型木马是一种在线创建和传播内容的自动程序，它的出现使得拉高出货的阴谋能够得到进一步升级。

• 基于交易的操纵活动。这是一种借助简单长线和短期交易达到目的的投机活动。它并不是采取公开行动来提升公司内在价值，也不会通过发布虚假信息以达到操纵股票价格的目的。逼仓行为和空头轧平都是这种基于交易操纵的典型例子，都是单纯以控制市场为目的的活动。

• 基于指令的操纵活动。这是一种基于已取消或非执行指令的操纵方式。单个或多个交易员可下达交易指令（限价指令）报单，以此来人为虚构股市走势图，或只是单纯地想要扰乱股票市场秩序。

判定市场操纵的另一特征根据是市场价格维持在“异常”水平的时间期限。这些操纵类型可以分为以下类别：

• 长期操纵（3 个月以上）：想要长期操纵价格，需要一套复杂的机制，这套机制应在分析师和投资者观察下才能实施。安然公司常年使用欺诈信息来把控市场方向，这就是长期操纵市场的一个典型实例。伦敦银行同业拆借利率（LIBOR）也是一个例子。2008 年金融危机期间，伦敦银行同业拆借利率长达数月被人为控制在较低利率水平上。

• 中期操纵（2 周至 3 个月）：指基于信息的操纵，例如操纵生物科技公司。发布的关于产品的虚假信息，会受到现有和潜在投资者的唾弃。

• 短期操纵（1 天至 2 周）：指涉及衍生品的操纵。当交易对手对冲其衍生品组合时，对冲交易活动则会对基础资产的价格产生重大影响。

• 日内操纵（少于 1 天）：日内操纵具有许多方式，例如“操控收盘价”，即利用暗池交易和典型高频交易的方式。该内容会在本书另一章单独讨论。

2. 基于交易的操纵经济学

在纽约禁赛期间，社会上非常流行猜数字游戏。在这个游戏中，众多玩家分别猜一个数，再从随机数生成器中选出一个最终赢家。那时猜中随机数的概率与在赛狗中获胜的概率相当。奥托·贝曼（Otto Berman）① 是一名会计，同时也是臭名昭著的匪徒达基·舒尔茨（Dutch Schultz）的手下，他能够根据数字游戏中出现的数字，心算出改变投注赔率所需的赌金。奥托·贝曼能够靠心算解决问题并提供无风险的策略。与这一轶事相似，艾伦和盖尔引入了基于交易的操纵经济学，由阿贾瓦尔（Aggarwal）和吴（Wu）进一步发展为包括以下三种投资者的模型：

① 电影《教父》中的经典台词“无关人品，只是生意”就来源于奥托·贝曼的原话。

1. 知情投资者：根据每只股票的最高价（S_u）和最低价（S_d），知晓未来股价上涨或下跌的信息。如果这类投资者在股价上涨时买入股票，他们则是善意投资者。但如果他们知道股价会下跌时长期持有股票，他们则是操纵者。

2. 寻求信息的投资者：试图根据历史价格及通过观察市场交易来确定自己的投资策略。

3. 信息匮乏的投资者：这也是为数最多的一类投资者。

图 10－1 展示了这种结构（configuration）[①] 的可能变化情况。根据阿贾瓦尔和吴的假设，知情交易员成为市场操纵者的概率是 γ，成为善意投资者的概率是 δ，而其不感兴趣并且不采取行动的概率是 $1-\gamma-\delta$。$t=1$ 时知情交易员建立头寸，在 $t=2$ 时卖出股票。如果是善意的投资者，价格可能以 S_u 或 S_d 结束。如果是市场操纵者，价格将以 S_d 结束。这个公式框架模型的关键在于艾伦和盖尔的假设，即不知情的交易员无法确定知情交易员究竟是善意投资者还是市场操纵者。这种集合假设有助于知情交易员在操纵经济中获利。

为确定操纵经济 S 的均衡状态，股票的市场价格与 Q 之间线性相关，需求量为：

$$S(Q) = c + s \cdot Q \tag{1}$$

其中，$Q<\frac{S_u-c}{S}$是与 S_u 价格相对应的在外流通股票总量。

① configuration 指的是一个有机分子中各个原子特有的固定的空间排列。此处是指整个投资结构中各个要素之间的关系。——译者注

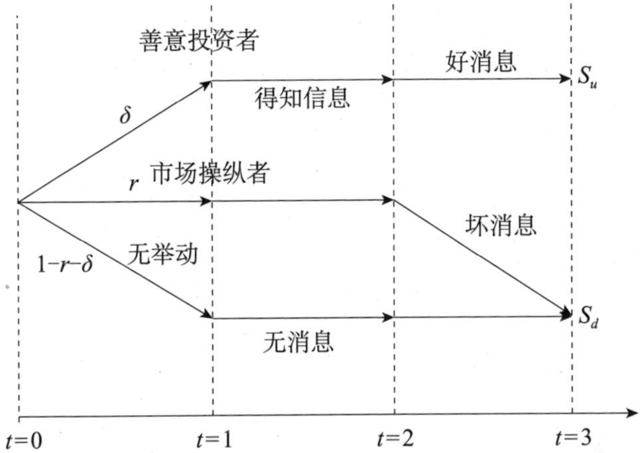

图 10－1　操纵过程

为实现理想的操纵收益，阿贾瓦尔和吴猜测，操纵者和善意知情方通过在时间 $t=1$ 时购买相同数量的股票并在时间 $t=2$ 时出售这些股票来实现他们的策略。

假设 N 个信息寻求者在时间 $t=2$ 时要求 q_2^{Di}，则各方的最终价格以及利润由每个信息获取者和知情方的最大利润所决定。而不知情的投资者未考虑最优性。优化方案应按如下所示满足各方的要求：

1. 知情交易员在 $t=1$ 时购买 q_1 股，并在 $t=2$ 时将其出售。收购价格取决于当时唯一买家的需求量：$c+s\cdot q_1$。信息寻求者根据知情交易员做出相应决策的趋势以及 $t=2$ 时的需求量决定股票售价。

2. 各个信息寻求者在 $t=2$ 时以单价（$c+s\sum_i q_2^{Di}$）买入数量 q_2^{Di} 的股票，单价（$c+s\sum_i q_2^{Di}$）可能为 S_u 或 S_d——具

体取决于知情交易员是合法的还是欺诈者。在 $t=1$ 时，单价靠近 S_u 的概率为 $\pi=\delta/(\delta+\gamma)$，单价靠近 S_d 的概率为 $1-\pi$。整体最优式如下：

$$\underbrace{\max}_{q_2^{Di}}\left\{(1-\pi)\left[S_u q_2^{Di}-\left(c+s\sum_i q_2^{Di}\right)q_2^{Di}\right]\right.$$

$$\left.+\pi\left[S_u q_2^{Di}-\left(c+s\sum_i q_2^{Di}\right)q_2^{Di}\right]\right\} \tag{2}$$

$$\underbrace{\max}_{q_1}\{(c+s\cdot q_2^D)q_1-(c+s\cdot q_1)q_1\} \tag{3}$$

当 $q_2{}^D=\sum_i q_2{}^{Di}$ 时，每个信息搜索者和操纵者的最优利润为：

$$\text{Profit}_i=\frac{[(S_u-c)-\pi(S_u-S_d)]^2}{(N+1)^2 s} \tag{4}$$

$$\text{Profit}_M=\frac{N^2[(S_u-c)-\pi(S_u-S_d)]^2}{(N+1)^2 4s} \tag{5}$$

从这一结果可以看出，相对于信息寻求者的利润，操纵者的利润随着投资者类别数量 N 的增加而增加。

这种模型框架会出现在许多操纵领域。一个很好的示例与高盛有关——华尔街的保尔森对冲基金和德国工业银行（IKB）的 Abacus 事件。该事件中，保尔森公司是知情交易员（善意的），它预测信贷市场将走向崩溃，高盛被指控为操纵者，德国工业银行则是信息寻求者。保尔森和高盛达成了一项联合策略，创设了 Abacus，该产品旨在从信贷市场的上涨中受益。在危机爆发之前，它们把该产品卖给了德国工业银行，德国工业银行做空信贷市场，并最终遭受了损失。

3. 暗池交易

如前几节所讨论的那样，当市场上的其他交易员得知存在大额报单交易活动时，大额报单交易员面临着诸如抢跑交易和报价匹配的操纵风险。在过去十年中，一些替代的交易系统已经出现，它们为大额报单的交易员提供流动性，从而避免发生上文所说的问题。实际上，通过交易所和场外柜台方式并非促成交易的唯一渠道。

图 10－2 列出了多种替代的交易渠道，包括暗池和电子通信网络（ECN）。作为一种替代交易系统，暗池交易以匿名和小单形式执行。使用暗池交易的主要是大单交易员，他们不愿因为大量订单冲击市场价格，从而对自己造成不利影响。电子通信网络可以在没有中间人的情况下，收集、展示经纪商和个人交易员的大额报价订单并匿名实现撮合成交。

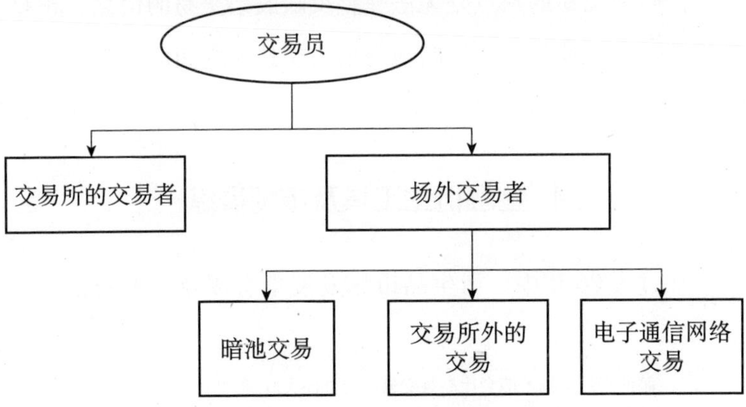

图 10－2　交易员交易渠道

2005 年以后，国家技术系统的新的市场管理规则鼓励更新、更快的电子交易中心与传统的交易所和经纪商进行竞争，暗池交易开始在美国股市占据一定的市场份额。同样，欧洲市场的发展也紧随这一趋势。

迈克尔·刘易斯（Michael Lewis）强调指出，暗池交易缺乏透明度[①]，并且通过暗池进行交易的通常是高频交易。毫无疑问，在价格发现过程中，预防大单交易员不受抢跑交易的影响这点并不完全正确。举个简单的例子，倘若一个交易员想要卖出大笔股票，那么他一定是得知了某公司经营不佳的信息；而如果他通过交易所或经纪商进行该交易，那么该公司可能遭遇财务困境的信息就会被散播给其他交易员，那么其他交易员就会以更低的报价竞价抛售。而如果是通过暗池交易来出售股票，由于是以匿名和小单形式进行交易的，这些信息并不会向市场公开，因此相比交易所场内的交易，卖家的出价会更高。但暗池交易的缺点是无法完整反映股票交易的信息。正是利用这点，交易员会控制暗池交易与交易所之间的信息流，从而形成新的市场操纵诡计。

4. 金融衍生工具及市场操纵

在过去 20 年中，衍生品市场发展卓有成效，投资银行也

---

① 《暗池交易市场可能会比高频交易的害处还大》，参见：http：//www. reuters. com/article/2014/04/07/us-markets-darkpools-analysisidUSBREA3605M20140407。

将期权业务视为新的商业机会。当衍生品上市时，承销商会采取套期保值手段。

委内瑞拉债券

1994 年 11 月，美国 LM 国际对冲基金为 Steinhardt Management（该对冲基金由 Michael Steinhardt 管理）向美林证券和其他交易商购买了价值 5 亿美元的“敲入”看跌期权，作为委内瑞拉债券资产。该“向上敲入看跌期权”的障碍水平为上涨 0.51 美元，执行价格为 0.45 美元。对于这种类型的期权（$K=\$0.45$，$H=\$0.51$），按如下公式计算期权的收益：

$$\text{收益} = (K - S_T)^+ 1_{\{\max_{0\leqslant t\leqslant T} S_t > H\}} \tag{6}$$

其中，S_t 是委内瑞拉债券的价格，t 是该期权的到期日。理想情况下，为使期权生效，对冲基金持有的委内瑞拉债券应上涨至 51 美分，而不应如下图所示低于执行价格 45 美分。

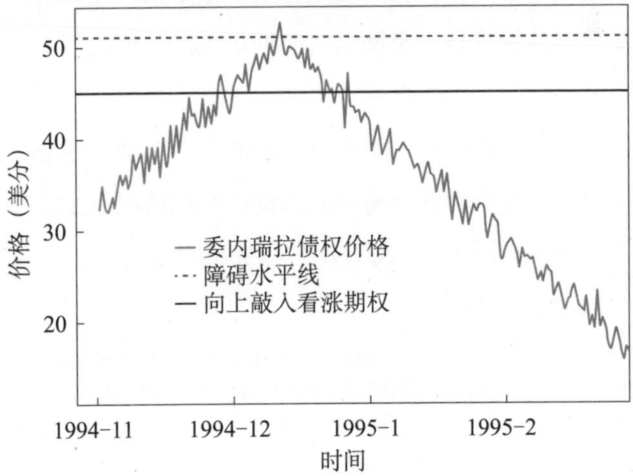

因此，在购买敲出障碍期权（barrier put）[①] 后，对冲基金试图通过购买看涨期权和标的债券提高价格。看涨期权的卖家需要购买资产以确保中性化对冲的风险。对冲基金积累的债券总额在 0.8 亿到 1 亿美元，占未清偿债券总额的 13%。12 月初，债券从 0.45 美元左右上涨至接近 0.51 美元。在那段时间里，市场的“投标”价格为 0.51 美元，但各经纪公司表示这是假象。

事件余波

1 月份，债券跌至 0.387 5 美元，因此看跌期权的价值有所下降。对冲基金和承销商（Merrill Lynch）就是否达到障碍水平产生了争执。证券交易委员会也开始对涉嫌价格操纵进行调查。

盖尔梅耶（Gallmeyer）和塞皮（Seppi）设计了一个简单易懂的模型，来模拟代理人通过将市价报单投入基础资产的市场从而暂时改变价格，来操纵对应的衍生品价值的行为。当操纵者在其他衍生品上下单时，迫使卖方将市价报单置于基础资产的市场上。Gallmeyer 和 Seppi 增加了一个动态价格 $S(t)$，其取决于以下所有活跃交易员的总资产变化情况（$\Delta\theta_t$）：

$$S(t, r_t, \Delta\theta_t) = S_F(t, r_t) \cdot (1 + g(\Delta\theta_t)) \qquad (7)$$

① barrier put 译为敲出障碍期权，是指当标的资产价格达到一种特定障碍水平时，该期权作废。障碍期权在其生效过程中受到一定限制，其目的是把投资者的收益或者损失控制在一定范围内。——译者注

其中，基础资产的价格 $S_F(t, r_t)$ 表达式为：

$$S_F(t,r_t) = S_F \prod_{s=1}^{t} (1+r_s) \quad r_s \in \{u,d\} \tag{8}$$

其中，S_F 是 $t=0$ 时的资产价格，r_s 是二叉树期权定价模式下的价格变化，其中期权价格随着回报 $\{u, d\}$ 上升或下降。风险中性假说意味着无风险利率是收益上下限的加权，即 $r_f = p_u u + (1-p_u)d$，其中 p_u 是价格上涨的概率。函数 $g()$ 描述股票价格与股票持有量净变化（net changes）[①] 之间的关系：

$$g() = \begin{cases} g_0 & \Delta\theta_t \geqslant g_0 \\ \gamma\Delta\theta t & g_0\gamma \leqslant \Delta\theta_t < -g_0 \\ -g_0 & \Delta\theta_t < -g_0 \end{cases} \tag{9}$$

为说明这种操纵类型假设，一个向下敲入看涨期权（执行价格为 K_e，障碍水平为 H）买方为改变价格而进行操纵，同时他也会向制造商和经纪商购买一只执行价格为 K_v 的普通期权来减少市场资产[②]。操纵者的目的在于发现看跌期权的真实数量，以确保其能获利。尤其对于障碍期权，执行价格 K_e 为 80，敲入临界值 H 为 70，而普通期权的执行价格 K_v 为 100，则该期权价值 $S_0=100$。操纵者的目的在于将价格拉低至障碍水平，使其障碍期权升值。最初，障碍期权非常廉价，因为它

---

① net changes 即净变化。它源于净改变法，净改变法是系统只对订单中的部分进行局部修改，一般改动量较小，如只变动部分产品结构、需求量、需求日期等。——译者注

② 关于障碍期权，著名的投资家乔治·索罗斯（George Soros）断言道：敲出期权与普通期权的关系类似于毒品和可卡因的关系。

是虚值期权。另一方面，看跌期权作为平价期权，能够最大限度地增加卖方为了对冲而力图减少的现货数量。如果看跌期权的数量足够多，那么套期保值行为将按照方程式 8 推动价格下调。此外，操纵者也会为了增强看跌趋势而减少资产。在期权 T 到期时，操纵者交易的最终价值为：

$$V(T)=\beta\max[K_v-S(T,\Delta\theta_T),0]+\max\{S[T,\Delta\theta_T]-K_e,0\}1_{\{S_t<H\}}-P_v(0)-P_e(0)+\Delta\theta_0^m[S_{t^*}-S(0)]$$

其中，β 代表操纵者购买看跌期权的数量，$\Delta\theta_0^m$ 代表操纵者减少的资产数量，$t^*=\min_{0\leqslant t\leqslant T}S_t<H\quad \underbrace{\min t}_{\{0<t\leqslant T;S_t<H\}}$ 代表跌至障碍水平的时间。$P_v(0)$ 是看跌期权的购价，$P_e(0)$ 是障碍期权的购价。

这个操纵阴谋背后的经济学原理在于，发现看跌期权的待买入数量以及空头数量，以使投资组合在到期时达到最优化：

$$\underbrace{\max}_{\Delta\theta,\beta}E[V(T)\mid\Delta\theta,\beta] \tag{10}$$

当价格达到障碍水平时，会出现次级影响，并且障碍看涨期权的德尔塔值会增加，因此，障碍期权的卖方将开始购入份额，从而推动价格上涨。然而，看跌期权的卖方会降低对冲头寸。因此，障碍期权将为正收益。

通过运用蒙特卡洛方法可模拟价格和数量用于优化方程式 10。图 10－3 展示了取决于看跌期权数量的操纵利润的价值，从中可看出，在盈亏平衡点处出现了从亏损到盈利的骤增，而这将推动看跌期权的价格达到障碍水平。

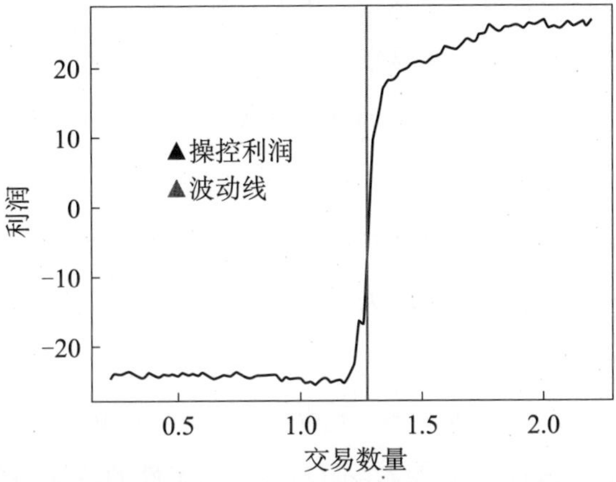

图 10-3　操纵利润的价值取决于所持有的看跌期权的数量

如果操纵失败，障碍看涨期权的价值一直保持在低水平，而看跌期权的价值将在价格进入看跌区域后停止变化。根据假设，资产价格的不稳定性是由操纵造成的，操纵者的损益在期权价格水平零值附近波动。

如果操纵成功，障碍期权的价格将持续增长。当现货价格达到障碍水平时，障碍期权的德尔塔值将骤增。因此，敲入期权的卖方将会开始对冲交易，即购买现货并支持价格信号；而普通看跌期权的价格会下降，最终以虚值期权的价格告终。

在伽马值附近同样会有巨大的波动。如果持有看涨期权的承销商通过买卖普通期权而对冲伽马风险[①]，试图达到伽马中性[②]，那么该行为也许会对普通衍生工具的市场产生影响，并绝对会影响隐含波动率水平。因此，建立以上模型的进一步措施是在隐含波动率水平将期权交易数量的影响考虑在内。在以下方程式中，波动率水平的动态性表达为：

$$\sigma(t,\Delta\theta_t^0) = \sigma_F(t) \cdot [1 + g_\sigma^0(\Delta\theta_t^0)] \tag{11}$$

其中，$\Delta\theta_t^0$ 代表普通期权数量的变化，$g^0()$ 反映了波动率水平和期权数量变化之间的关系。基础波动率 $\sigma_F(t)$ 根据以下随机过程而变化：

$$d\sigma_F(t) = a[t,\sigma_F(t)]dt + b[t,\sigma_F(t)]dB_t \tag{12}$$

其中，$a[t, \sigma_F(t)]$ 和 $b[t, \sigma_F(t)]$ 是动态性的特征函数。

霍斯特（Horst）和纳约凯特（Naujokat）为非流动性市场对该模型进行了扩展，可能会激励期权交易员通过利用其对资产动态的影响来增加其投资组合价值。应谨记的是，法国兴业银行的魔鬼交易员杰洛米·科维尔（Jerome Kerviel）曾作为涡轮期权的做市商，利用其在欧洲股票指数中的巨大头寸，来改变期权以实值告终的可能性。

克拉夫特（Kraft）和库恩（Kühn）指出，如果基于传统的布莱克-肖尔斯价格进行价值评估的话，大单交易员可能会有动力去创设期权。如果价格具有负面影响，那么大单交易员

---

① 伽马风险指的是标的资产在临近到期日前的微小波动便会对期权价格造成极大影响。——译者注

② 伽马中性，是从不确定角度考虑的一种形容个体行为的方法。——译者注

会做不足额对冲，从而操纵期权收益；而如果价格具有正面影响，大单交易员将对期权头寸做超额对冲（overhedge）①，从而在超过完美对冲的股票头寸中创造出额外利润。

5. 展　望

不管我押注了什么，生活是注定的。但置你于绝境的通常不是某个点，而是十分重要的某个方面。

——《弗拉基米尔中心》，

迈克尔·克鲁格（Michael Krug），俄罗斯诗人和作家

不可否认的是，证券市场操纵活动会改变金融市场的价格，这个过程将会导致市场效率降低。随着时间推移，操纵手段已经演变为利用互联网和社交媒体等最新创新型技术，从而对市场操纵理论做出最新演绎。

汇率操纵案足以说明，传统外汇交易中的大单交易员也存在弊端，因为知情交易员可以通过抢跑交易而从市场可预见的大报单中获利。广泛使用暗池交易模式，也为我们研究一些还没有认知的操纵方式提供了新途径。

当前，人们对于衍生品市场操纵活动的紧迫性关注较少。而市场运行的高效率，并不意味着与其对应的衍生品市场就一定也是高效率的。衍生品通常在场外市场交易，并且

① overhedge 指的是在投资时，之前已经特意抵消掉某类投资风险，在此基础上再抵消另外一种风险。——译者注

可以在现货市场采用德尔塔套保。因此，如果出现巨大的衍生品工具头寸，可能会引发资产价格的大幅变化。此外，如果特殊衍生品的卖方对伽马风险、相关系数或跨资产风险进行对冲，同样可能对例如波动率和相关性等市场参数的采样值产生影响。

第十一章
魔鬼交易

1. 背　景

魔鬼交易员，是指金融机构中那些在未获授权的情况下为客户或自营账户执行独立的交易决策进行金融工具买卖的交易员；或虽在授权范围内采取行动，但却通过建立过高的风险头寸以期获取短期高额利润，采取冒险行为的交易人员。魔鬼交易员往往通过方向性交易持有大量的投机头寸，同时隐藏其真实交易账户。

可根据交易员是否有犯罪意图以及是否有交易掩饰行为对

魔鬼交易进行分类（详见表 11－1）。绝大多数已公开的魔鬼交易案件中，例如尼克·李森案，交易员利用虚假账户或伪造虚拟头寸来掩盖真实的风险敞口，这类虚假账户的伪造或操纵也是风险敞口不断累积的一个重要原因。而在那些不涉及账户操纵的魔鬼交易案件中，例如臭名昭著的“伦敦鲸”布鲁诺·伊克希尔案，即便交易是在银行的授权范围内，但当市场形势变幻之际，仍能给银行造成巨大的风险暴露。

表 11－1　　魔鬼交易分类

特征		掩饰交易	不掩饰交易
犯罪意图	有	科维尔、李森	伊克希尔
	无	阿多博利、滨中泰男	亨特

有一个中性的案例是，交易员拒不承认自己涉嫌账户操纵或者欺诈，但他会设法给内控营造一种自己的持仓在规定限额以内的假象。例如，一个交易员在期货市场原先持有大量多头仓位，但在日终时通过建立空头仓位来轧平头寸。内控在审核交易清单时，只会发现账上很小比例的真实风险敞口。交易员可以每天重复此类操作，平掉空头头寸来重建真实风险敞口。如果风控经理不能有效识破此类骗局，那么采用这类交易手法的魔鬼交易员就很难被发现。

关键问题是，魔鬼交易能否被定义为犯罪。像尼克·李森、阿多博利和杰洛米·科维尔，尽管他们一开始不是为了给银行谋利，也不是为了搞破坏，他们甚至并未从那些未授权的交易中牟取自身利益，但他们均被指控犯罪而被判入狱。当然，也有一部分魔鬼交易案中有着明显的犯罪动机，交易员通过实施犯罪行为向自己间接输送非法利益。

“锤子”[①] 交易案就是一起典型的刑事犯罪案例。滨中泰男（Yasuo Hamanaka），又名“百分之五先生”[②]，前日本住友商社的明星铜交易员，他通过在铜现货与期货两个市场上同时操控大量头寸来操纵市场，成功地使得铜价多年保持高位运行。虽然官方宣称住友商社管理层对此并不知情，但传闻称铜价操纵早已得到住友商社的默许。后来，随着铜价的见顶下跌，住友商社遭受了巨大损失，随即宣布解雇“百分之五先生”。在一个交易员具备犯罪意图但没有进行会计掩饰的犯罪案例中，大名鼎鼎的明星天然气交易员布莱恩·亨特（Brian Hunter），在操纵北美天然气市场的期货交易中，让 Amaranth 亏损超过 60 亿美元，最终 Amaranth 被迫宣布破产。

2. 案件回顾

1995 年，据大和银行魔鬼交易案主角井口俊英（Toshihide Iguchi）供认[③]，在未经授权的交易案件中，被报道的数量占比

---

① 滨中泰男（Yasuo Hamanaka）因名字 Hamanaka 发音和 Hammer 很像，被外界冠以“锤子”的绰号。——译者注

② 滨中泰男之所以被称为“百分之五先生”，是因为他所在的住友商社有色金属交易部掌控了全球铜交易量的 5%之多。——译者注

③ 《前大和交易员称绝大多数非授权交易被隐藏了》，参见：http：//www.bloomberg.com/news/articles/2014 - 04 - 30/ex-daiwa-rouge-trader-says-bulk-of-unauthorized-trades-hidden。

可能不到5%。一般能报道出来的案例都是亏损金额达到一定门槛的，如亏损数十亿美元以上的案例是很难被掩盖的，但为数众多的亏损数额较小的案例很容易被隐瞒而不为外人所知晓。

在过去20年的交易亏损排行榜（详见表11-2）中，导致巴林银行破产的李森案仅排在第12名，摩根士丹利的信用产品交易部（credit desk）（因2008年金融海啸冲击产生巨额亏损）成为榜单“亏损王”。举世瞩目的法国兴业银行科维尔案在魔鬼交易中排名居首。榜单表明，无论是合规交易还是魔鬼交易，多数案例均发生在2008年金融危机时期。

真正的问题随之而来：

(1) 如果算上那些亏损金额仅几百万美元的交易，魔鬼交易的真实总规模到底有多大?

(2) 如果算上那些盈利的交易，魔鬼交易的真实频率又到底是多少?

2012年，美国罗奇代尔证券公司[①]（Rochdale Securities）倒闭是众多小额魔鬼交易的典型案例之一。事发之前，罗奇代尔证券公司是一家仅有60名员工的小型交易商，交易导致的损失超过500万美元，虽然规模不及科维尔案的千分之一，但远超公司自有资本的风险承受能力。在苹果公司宣布其2012年第三季度财报前数小时内，大卫·米勒（David Miller），作为

① 《摩根士丹利因摩鬼交易被罚400万美元》，参见：http://dealbooks.nytimes.com/2014/12/10/morgan-stanley-pays-4-million-fine-in-rogue-trader-case/?_=0。

表 11－2　　交易亏损排行榜（魔鬼交易字体加粗显示）

序列	魔鬼交易	损失金额（亿美元）	国家	机构名称	交易资产	时间	交易员姓名
1	否	86.7	美国	摩根士丹利	信用违约互换（CDS）	2008	豪伊・许布勒（Howie Hubler）
2	**是**	**69.5**	**法国**	**法国兴业银行**	**泛欧股指期货**	**2008**	**杰洛米・科维尔**
3	**是**	**66.9**	**美国**	**不凋之花顾问公司**	**天然气期货**	**2006**	**布莱恩・亨特**
4	否	58.5	美国	美国长期资本管理公司	利率和权益衍生品	1998	约翰・梅里韦瑟（John Meriwether）
5	**是**	**58**	**英国**	**摩根大通**	**信用违约互换（CDS）**	**2012**	**布鲁诺・伊克希尔（Bruno Iksil）**
6	**是**	**34.6**	**日本**	**住友商社**	**铜期货**	**1996**	**滨中泰男**
7	否	24.3	巴西	阿拉克鲁斯	外汇期权	2008	艾萨克・扎格里（Isac Zagury） 拉斐尔・索特罗（Rafael Sotero）
8	否	23.8	美国	奥兰治县	高杠杆债券投资	1994	罗伯特・西特罗（Robert Citron）
9	否	22.8	德国	德国金属公司	原油期货	1993	海因茨・希梅尔比施（Heinz Schimmelbusch）
10	**是**	**18.3**	**英国**	**瑞银**	**股票 ETF 和 Delta 1**	**2011**	**夸库・阿多博利**
11	否	18.2	中国	中信泰富	外汇交易	2008	荣明方（FrancesYung）
12	**是**	**17.8**	**新加坡**	**巴林银行**	**日经指数期货**	**1995**	**尼克・李森**

续前表

序列	魔鬼交易	损失金额（亿美元）	国家	机构名称	交易资产	时间	交易员姓名
13	否	17.4	美国	德意志银行	衍生品	2008	博阿兹·温斯坦（Boaz Weinstein）
14	否	15.6	奥地利	奥地利劳动经济银行	外汇交易	2000	沃尔夫冈·弗洛特尔（Wolfgang Flottl） 埃尔默特·埃尔斯纳（Helmut Elsne）
15	**是**	**15**	**日本**	**大和银行**	**债券**	**1995**	**井口俊英**
16	否	14.6	英国	索罗斯基金	标准普尔期货	1987	乔治·索罗斯
17	**是**	**10.6**	**法国**	**法国松鼠储蓄银行**	**衍生品**	**2008**	**鲍里斯·皮卡诺-纳克奇（Boris Picano-Nacci）**
18	否	10.5	巴西	巴西食品公司	外汇和利率期权	2008	艾杜安奴·费雷拉（Ferreira） 阿尔瓦罗·巴列霍（Álvaro Ballejo）

罗奇代尔证券公司交易员，买入 162.5 万股苹果公司股票。结果，年报公布后，苹果公司股价下跌，致使罗奇代尔证券公司蒙受重大损失，被迫终止业务。面对法庭问询，大卫·米勒承认了自己的欺诈操作手法：在苹果公司财报披露前，他借用客户账户偷偷大量买入苹果公司股票。财报披露后，如果股价上涨，他将与同伙瓜分盈利；而如果股价下跌，造成的损失则归咎于交易失利。最终，大卫·米勒被判处 30 个月的监禁。作为罗奇代尔证券公司的上级交易商，摩根士丹利则因未严守客户每日交易额度不得超过 2 亿美元的限制性约定，而被罚款 400 万美元。紧接着，作为华尔街巨头，摩根士丹利将每日交易额度放宽到 7.5 亿美元，这意味着，魔鬼交易员将有更多的机会参与市场投机。

这个案例表明，魔鬼交易的形式多样，其引发损失的严重程度和频率难以掌握。

3. 杰洛米·科维尔欺诈案

法国兴业银行交易欺诈案是已知的记录最详尽的魔鬼交易案例之一。2008 年 1 月，在交易欺诈案浮出水面后，法国兴业银行随即向公众披露了一份名为《绿色行动》（*Green*）[①] 的

① 《绿色行动》，参见：https：//www. societegenerale. com/sites/default/files/20%20F%C3%A9vrier%202008%20Rapport%20d%27%C3%A9tape%20du%20Comit%C3%A9%20sp%C3%A9cial%20du%20Conseil%20d%27administration%20de%20la%20Soci%C3%A9t%C3%A9%20G%C3%A9n%C3%A9rale. pdf。

内部审计调查报告，详细披露了欺诈案瞒天过海的交易细节。

杰洛米·科维尔是法国兴业银行的股指期货交易员，在Delta One部门[①]负责权证[②]交易。《绿色行动》报告将杰洛米·科维尔持续多年的魔鬼交易持仓全程披露并划分为以下几个阶段：

（1）初始阶段发生在2005至2006年。从2005年6月至2006年2月，杰洛米·科维尔主要在股票市场开展欺诈交易，头寸在1 500万欧元内。自2006年2月起，交易头寸暴增至1.35亿欧元。

（2）第二阶段从2007年1月下旬起始。杰洛米·科维尔做空股指期货。到同年6月30日，空头仓位逼近280亿欧元，最终为法国兴业银行赚得近15亿欧元的利润。

（3）最后阶段从2008年1月2日至1月18日，杰洛米·科维尔选择做多股指期货。1月20日，东窗事发时，账面持仓金额近490亿欧元。随即在1月21日至1月23日，法国兴业银行实施了紧急平仓。事件导致法国兴业银行总亏损近64亿欧元，净亏损49亿欧元。

有趣的是，就在黑幕被揭发前几周，杰洛米·科维尔还被人们吹捧为投资界的“英雄”或“楷模”。惊天亏损案曝光后，

---

① Delta One部门的任务是通过其他工具（Δ=1）构建组合头寸跟踪标的资产，通常与ETF和掉期有关。Delta One部门交易一篮子产品，例如外汇、股票、利率及商品期货。

② 科维尔负责该产品的delta对冲，银行在涡轮权证上开展做市交易，卖出带已知出局障碍的看涨期权。

他便迅速从“英雄”沦为“恶魔”。

由于曾在中后台管理部门工作过，杰洛米·科维尔对银行内控管理流程极为熟悉，因此得以巧妙运用多种技术手段来隐瞒自己的巨额仓位。这主要包括：

（1）编制“虚假交易”记录，隐瞒头寸并隐匿欺诈性交易所赚得的利润；

（2）通过虚构数量相同、方向相反且价格偏离市场的股票交易隐匿其真实利润，同时不增加方向性头寸；

（3）虚编“备用现金流”，包括篡改前台部门盯市的估值模型。这类手法通常是用来调整估值模型偏差的。在 Delta One 部门，产品组内仅助理交易员有修改偏差的权限，而交易员自己原本是不能修改的。

欺诈案事发之前，其实早就有各种迹象，但都被银行的内控部门和科维尔的主管经理无视了。

第一个迹象来自初始保证金和保证金追加。众所周知，在期货市场上大量开仓需要增加巨额的资金来满足初始保证金要求。2007 年，欧洲期货交易所（EUREX）中的一家交易所曾经就科维尔的交易持仓头寸发函，但不知何故被法国兴业银行忽视了。图 11－1 展示了法国兴业银行在 Fimat 期货经纪公司的结算资金的变化情况，清晰反映了科维尔持仓占用头寸额度与法国兴业银行总额度的对比变化。2008 年 1 月后，法国兴业银行向 Fimat 期货经纪公司支付的资金中有很大比例用于填补科维尔的追加保证金。

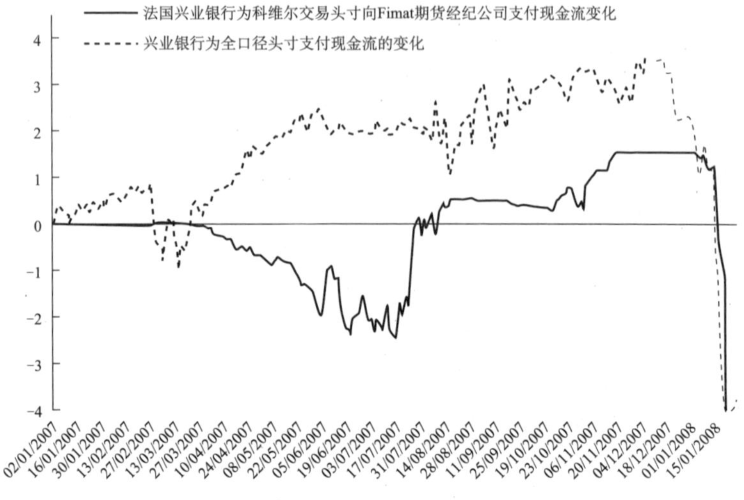

图 11-1　法国兴业银行在 Fimat 结算资金的变化

资料来源：法国兴业银行《绿色行动》专项报告。

第二个迹象是风控经理曾就科维尔交易损益的原因和日终盯市估值亏损的变化提出质询，但不知为何没有对其做进一步详细审计。每月科维尔都会为自己的虚拟头寸找出各种理由来搪塞中后台。2007 年 12 月 31 日，风控经理向科维尔发送了一封标题为“Valuation JK＋EUR 1,464,129,513”的邮件，内容包括最终实际利润的数额（图 11-2 中 2007 年 12 月的持仓盈利情况）。尽管科维尔的欺诈交易为银行带来了 15 亿欧元的盈利，但紧随其后在 2008 年 1 月他便将法国兴业银行拖入深渊。图 11-3 列出了科维尔虚拟头寸的盈利变化情况。科维尔用虚拟盈利来弥补自己的未授权交易，掩盖交易真实头寸。科维尔选择逆势做多股票市场，然而此刻，市场正因感受到

“金融风暴”将至而变得异常悲观。如果不是 2008 年初股票市场暴跌，继而引发巨额的保证金追加要求，人们可能还不会发现科维尔的魔鬼交易，他甚至有可能继续拿到丰厚的奖金。

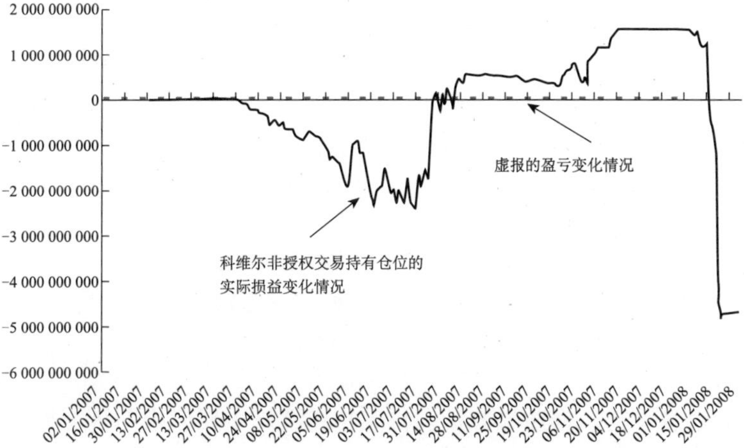

图 11－2　科维尔非授权交易持有仓位的实际损益变化情况及虚报的盈亏变化情况

说明：官方盈利远低于实际头寸。

资料来源：法国兴业银行《绿色行动》专项报告。

3.1　巨亏 70 亿美元，但与科维尔无关

法国兴业银行的审计报告表明，2008 年 1 月 24 日该行因科维尔损失近 49 亿欧元，占法国当年国内生产总值（GDP）的 0.25%。些许不同的是，在报告披露前一周，科维尔已经被禁止进入银行从事交易活动。实际亏损的“导火索”是事发当周，法国兴业银行突然决定将科维尔越权买入的股指期货全

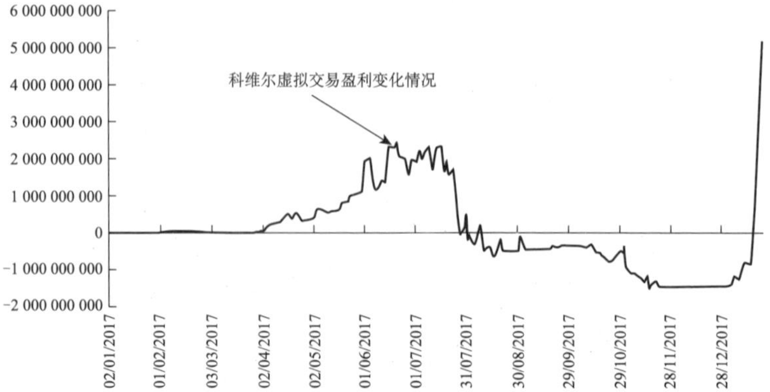

图 11-3　科维尔虚拟交易盈利变化情况

说明：科维尔用虚拟盈利来补偿非授权交易，掩盖交易真实头寸。

资料来源：法国兴业银行《绿色行动》专项报告。

部紧急平仓。据业界分析，科维尔在欧洲主要股指期货上拥有大量多头仓位，例如占德国 DAX 指数期货将近 20%的市场仓位。当法国兴业银行突然决定平仓时，引发价格急速下跌，导致平仓价连连下跌。许多分析师认为，法国兴业银行的举动是非理性的，如果能够减少参与平仓的交易员数量并且延长平仓操作时间的话，就不至于产生 49 亿欧元的巨亏。在法国兴业银行紧急平仓的过程中，欧洲主要股指期货——欧洲 STOXX50、英国 FTSE、法国 CAC40 及德国 DAX 等指数期货价格急速下跌。近 490 亿欧元的名义风险敞口，哪怕仅挽回 1%的损失，实际金额也将近 5 亿欧元。因此，科维尔的律师强调，在科维尔被解除交易员职务时，盯市的账面亏损远低于银行 1 月 24 日统计的 49 亿欧元。科维尔的律师还进一步指控，称法国兴业银行在事件处理中同样涉嫌操纵市场。

4. 应对魔鬼交易

每当金融机构由于非正常事件遭受巨大损失时，机构里的人、系统或流程通常能够保存非正常事件的相关记录。并且在大多数的著名魔鬼交易案例中，机构已经在一定程度上意识到事件的发生，但没能从全局高度去审视，没有充分认识到其严重性，从而有效评估其风险。受制于管理体系、公司治理、业务流程的结构性缺陷，部分机构无法及时预防魔鬼交易。如同科维尔一案，魔鬼交易的相关信息散落在不同的业务单元和系统内，金融机构内部缺乏一个特定部门来整合监控这些异常信息，以防范违规交易。围绕风险管理和内部控制等问题，金融机构需要打造一套有效的治理体系，一方面保证日常运营能够正常进行，另一方面同步监测核心交易部门的损益报告，及时识别违法违规的异常交易。接近前台交易员的风险控制部门常常受限于眼界与能力的不足，往往难以甄别魔鬼交易的"阴谋诡计"。因此，若要在整个组织体系内杜绝魔鬼交易的发生，金融机构需要设置专业职能单元并配备恰当的工具。

图 11－4 反映了法国兴业银行紧急平仓后的市场反应。巨额抛售导致欧洲全部主要股指遭遇技术性大跌。事实上，市场突然放量导致股指期货价格暴跌也放大了科维尔的亏损。

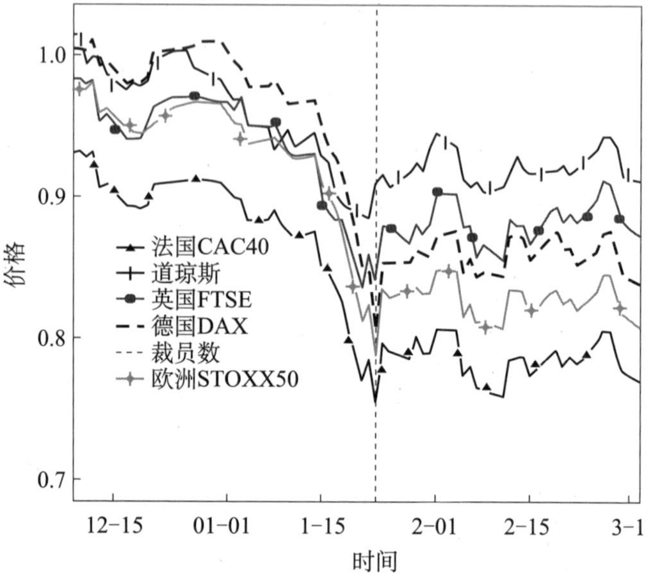

图 11-4　法国兴业银行紧急平仓后的市场反应

资料来源：法国兴业银行《绿色行动》专项报告。

过去，机构的内控和监督程序没有包含那些会导致魔鬼交易的环节。事实上，交易台的不同职能部门都是以“交易员”为核心的，这种观念使得交易员能够肆无忌惮地扩大其对中后台部门的影响与控制力。对比其他领域的组织，例如军事或航天领域，其岗位和职责都是被严格划定的，目的就是防止个人干扰组织流程，避免发生间谍泄密案。而在投资银行中，类似制度却并未得到采用，很多案例表明金融机构严重依赖少数人来对接客户、负责制定策略和防范风险。因此，针对魔鬼交易的防范，我们的建议是严格划规范客户、策略和风险三个方面，具体操作中应掌握如下几条原则：

（1）开发组织和业务部门的系统和分析工具。

为了维系巨额的仓位，科维尔需要不断补充初始保证金，因为这个才引起了交易对手风险管理部门的关注，从而让法国兴业银行得以发现这些违规交易。因此，一套汇聚风险数据、交易行为数据（如交易撤单数量、账户外部登录次数）、业绩表现的监控系统，可以帮助银行更好地解决这个问题。为了包含所有的可用信息，在监控系统的基础上，银行应该构建一个分析框架。初始阶段，聚类分析法不仅能够有效定义信息归集，还能借助同行对比帮助我们识别出行为异常的交易员。目前，在银行中已经广泛应用 Actimize、BAE Systerms、SAS 及 IBM 提供的系统解决方案。

（2）实施科学恰当的监控程序。

魔鬼交易案曝光后，银行引入了名为“二周假”的强制性离岗休假制度。交易员休假期间，由其他交易员来接手其工作，这样有助于及时监测并上报可能存在的违规交易。同样，需要更认真地评估撤单的交易指令与每日对账，它们一向被视为欺诈交易的先行指标。然而，最根本的改变可能是应该调整交易员的薪酬。目前，许多国家已经大幅削减交易员个人奖金中的现金比例，剩余部分通常采用递延 2 年发放的形式予以支付。

（3）建立专门的治理体系。

为应对日常运营，独立的治理中应该包含有专门职能。这种职能对于实现跨部门分析工具系统的有效运用非常有必要，同样也有助于有效执行特定流程。在职能转变过程中，应该对风控经理赋予重要角色。

5. 展 望

> 我怀着无比巨大的压力写下这封邮件。首先，你在账簿系统里看到的 ETF（交易所交易基金）交易并不是与我之前所报告的交易对手达成的（其实另有其人）。我用做假账的方式来掩盖我表外交易所造成的真实亏损金额。
>
> 摘自魔鬼交易员奎库·阿多博利事发前
>
> 写给部门经理的邮件

夸库·阿多博利案简直就是科维尔案的翻版。两人都是年轻有为的交易员，同属于 Delta One 部门，均接触股票和 ETF 市场，都有能力直接管理大额资金交易。可能有很多小规模的魔鬼交易的操作手法与科维尔在 2005—2006 年的操作手法类似，这些小规模的魔鬼交易已经混入金融机构的交易部门内，并未被发现，或者并没有向公众公开。2008 年后，魔鬼交易引发的问题集中体现在两个方面。

一是从行为角度来看，需要理解为什么年轻交易员能从过去很普通的部门进入这些高度竞争性的岗位。为什么这些拥有高学历和社会上层背景的人，肆意传播谎言、伪造或歪曲自己所做的工作，投身高风险的交易，却并未为自己谋得半分私利？这个问题背后的答案可能已经超越了银行业本身，要从现代社会的发展趋势中寻找。

二是从技术角度来看，金融机构，尤其是商业银行，有必要改变对交易场所的风险评估模式。为了便于内控部门人员监控所有部门，银行要从制度、分析工具和流程等方面不断进行全面管理。

第十二章
欺诈发行股票

1. 背 景

对于有意公开上市的私人公司，资本市场是最具吸引力的流动资金来源之一。公司股票上市后，可以在资本结构中引入社会公众的股权，这不仅是技术性的变化，还涉及企业文化的转变。图 12－1 显示了首次公开募股（IPO）的数量和全球募集资金量的演变。2000 年互联网泡沫破灭以后，爆发的两次危机和信贷紧缩都对股票公开发行的数量和融资总金额造成了重大影响。

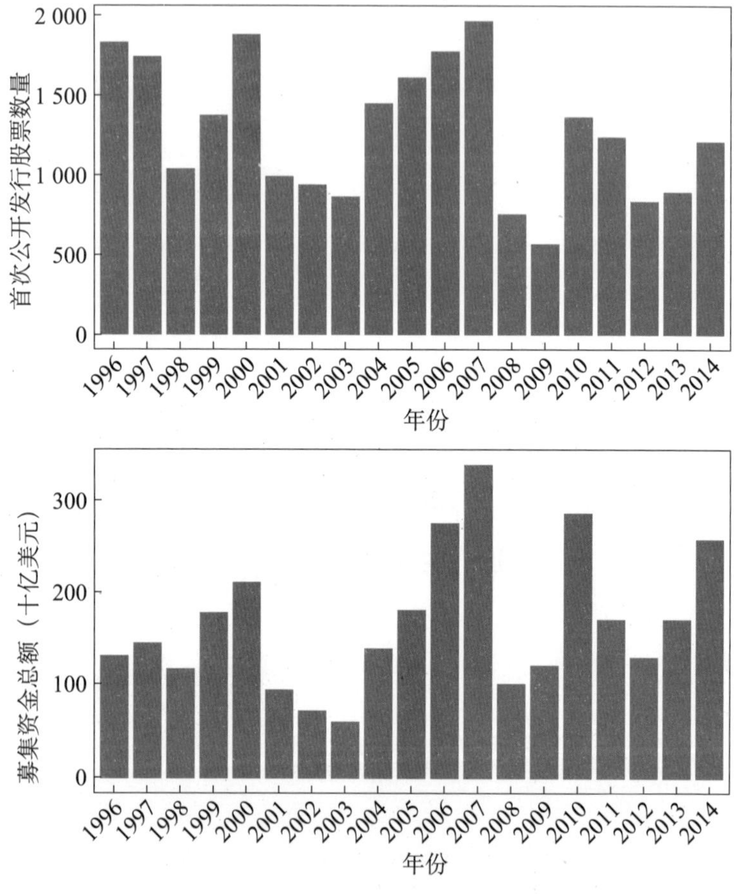

图 12－1　全球范围内 IPO 数量及筹集金额变化情况

说明：2000 年互联网泡沫破灭以来的两次危机和信贷紧缩对公开发行的数量和金额产生了巨大影响。

资料来源：《安永事务所年度 IPO 趋势报告》。

图 12－2 从公司数量和募集资金额两方面，给出了全球 IPO 的地域分布情况。在资金募集规模方面，北美洲地区处于

领先地位；而亚洲区域的香港、上海和东京的交易所，上市公司数量呈强劲增长态势。

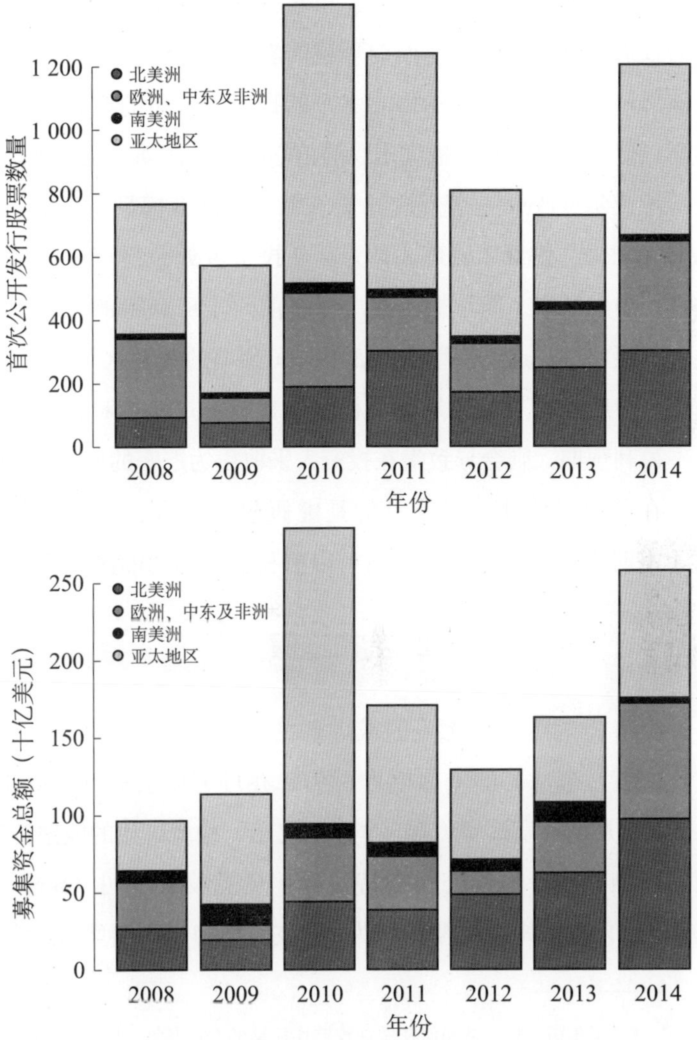

图 12－2　IPO 公司的数量和募集资金额在地域上的分布情况

资料来源：《安永事务所年度 IPO 趋势报告》。

从投资者视角来看股票发行的话，IPO 欺诈具有特定的表现。那些“热门”IPO 会因某种原因被视为采取了获取高于平均水平的收益的投资手段。在上市时公司具有欺诈的冲动，会因为投资者对其所在行业商业环境的看法而变化。随着投资者对该公司所在行业前景的信心水平的提高，公司的欺诈倾向会提高，但当投资者具有极度乐观的信心时，欺诈动机就会下降。

鲍威尔（Povel）等人设计了一个“两制度模型”（two-regime model），解释了管理人员为了从投资者处获得资金而采取欺诈行为的概率。欺诈概率取决于事前对于可获得的超额平均盈利的预期。在这个模型中，如果公司预期的获利水平非常高，那么其在后续的 IPO 中欺诈的概率会比较低；而相对合理的高水平盈利预期，则会导致潜在投资人采取更为严密的监督举措。

在 IPO 欺诈中，最常见的是虚假包装上市、涉及承销商的上市前欺诈行为，以及公司上市前和上市期间的虚假陈述。

2. 上市造假

上市公司将完全无关的或虚假的业务作为卖点来吸引客户，这就是最常见的上市欺诈行为。乔丹·贝尔福特（Jordan Belfort）是斯科塞斯所著的《华尔街之狼》中所讲述的股票经纪商的原型人物，他的公司斯特拉顿·奥克蒙特公司（Stratton Oakmont）也涉嫌此类欺诈行为①。该公司曾试图将柔道学校、

① 《“华尔街之狼”是如何在做这种欺诈活动的?》，参见：http：//www.wsj.com/articles/SB10001424052702303453004579290450707920302。

百吉饼干生产商、最新式净水器制造商，甚至还没完全醒酒的酗酒鞋匠等包装上市。这种欺诈行为的一个重要组成，就是斯特拉顿·奥克蒙特公司并没有真正向公众出售由其承销的上市公司股票，而是卖给了公司自己。

证券法禁止像斯特拉顿这样的承销商超过特定比例购买自己发行的 IPO 股票。为规避这一障碍，斯特拉顿·奥克蒙特公司将其承销的首次募股上市的股票先卖给它的关联公司，然后再以较高价格回购，从而为股价造势，这种手法也确实吸引了不少没有经验的投资人。

3. Pre-IPO 欺诈

Pre-IPO 项目投资是指在公司真正公开上市前就买入它的股票份额，这可能会使不够谨慎的投资者面临多种风险。在科技领域的初创公司中，该类型的投资较为常见。针对社会公众的上市前投资活动，通常都涉嫌欺诈，大多是非法行为。这是因为许多兜售此类方案的经纪商并未向任何监管机构注册，其实际身份也是虚假的。因此，投资人买了之后钱都会全部打水漂。此外，当这些经纪商受到监管时，他们可能会因自身持有股票份额的时间长短限制，而去兜售未经登记的极度滞销的证券。Pre-IPO 投资最大的风险实际上是公司上市失败的风险。

2012 年，Facebook 首次公开募股，这一事件吸引了众多投资人的兴趣，也激发了无数骗子的想象力。截至 2013 年，美国证券交易委员会的执法部门已起诉佛罗里达州金融家、前俄勒冈州州长候选人克雷格·伯克曼（Craig Berkman），指控其涉嫌欺诈，原因是他制造了庞氏骗局计划。伯克曼向投资者承诺可以帮他们低价买到 Facebook 及其他科技公司——诸如 LinkedIn、Groupon 和 Zynga——上市前的股票[①]。打着这个幌子，伯克曼共从 120 名投资者手中骗取了 1 320 万美元，并主要用于他个人消费。

在上市前投资的欺诈行为中，承销商也扮演着至关重要的角色。阿加沃尔（Aggarwal）等人根据承销商的额度分配方法及其操纵行为，解释了 20 世纪 90 年代后期互联网泡沫时期首次公开募股的高抑价现象。有学者解释称，企业采用折价发行来作为对未来诉讼成本的一种保险。那些具有较高诉讼风险的公司，往往倾向于 IPO 折价发行，并且折价程度较高。

在首次公开募股过程中，承销商最常见的违法活动有两类：钓鱼行为和造梯行为。

钓鱼行为是指承销商将热门的 IPO 公司的股份分配给公司高管，以影响他们在选择经纪商时的决策或自己公司 IPO 的定价；造梯行为是指投资者承诺公司股票上市后会在二级市场购买指定公司的股票，以换取承销商允许其以初始发行价购买 IPO 股票的权力。承销商所从事的业务是向客户兜售 IPO 股票，同时还会附带一个默认的协议，即会在首次公开募股成

---

① 《美国证券委员会：佛罗里达投机分子利用 Facebook 上市前的狂热欺骗客户》，参见：http：//www. forbes. com/sites/steveschaefer/2013/03/19/florida-financier-charged-with-using-facebooks-pre-ipo-frenzy-to-swindle-clients/。

功后购买更多股份，这将创造一个微小的泡沫，从而为双方都带来巨大收益。一旦公司上市后股价上涨到一定水平，“内部人士”就会抛售股票并获利。

4. 新兴市场交易所

有的公司选择赴亚洲地区交易所首次公开募股，主要是因为香港和上海两地挂牌公司的数量越来越多，该现象引起了外界对这些地区 IPO 程序严谨性的怀疑。作为最大的 IPO 市场之一，中国在这一方面存在一定的问题。2011 年，中国证券监督管理委员会（CSRC）向民生证券公司开具罚单，金额高达 326 000 美元，原因是其在 2011 年山西天能科技股份有限公司上市过程中所做的尽职调查完全失职。同样，2012 年南京证券在对广东新大地生物技术公司的上市辅导中出现类似违法行为，而中国证监会只给予该券商以警告处分。这两起 IPO 自暂停后都未能予以恢复①。

在一些公司受到欺诈指控之后，2005 年中国证监会曾中止公司上市发行审批近一年时间。2012 年发生同样的事情，中国证监会暂停上市公司发行审批，一直持续到 2013 年底，以至于形成了累计不少于 800 家拟上市公司的排队名单。由于中国的严格监管，一些有瑕疵的中国公司通过“走后门”，不合法地获得

---

① 《中国监管机构因 IPO 中欺诈丑闻处罚两家券商》，参见：http://www.reuters.com/article/2013/06/01/us-china-brokerages-idUSBRE95002X20130601。

进入美国资本市场的机会，或者通过收购上市公司实现借壳上市。

5. IPO 与诉讼风险

在 IPO 欺诈案例中，某初创公司会声称拥有能够治愈某种罕见病症的独家专利，或独家拥有某种能源发电技术，这些都是司空见惯的现象。伴随互联网泡沫经济退潮，出现了与在纳斯达克上市的科技公司相关的一系列诉讼案件。

由于希望借助 IPO 募集到更多资金，公司往往会采用夸大经营收益情况的手法，这种错误陈述带来的后果之一就是上市后遭遇集体诉讼。如果上市后股价没有达到预期目标，投资人往往会把这归罪于对公司真实情况做了虚假陈述的公司管理层。理论上市场存在的欺诈，也为集体诉讼提供了法律支撑。随着新的科技股泡沫的出现，上市公司如 Facebook 或 Groupon 已经日渐成为 IPO 集体诉讼的对象。

斯坦福证券集团诉讼清算中心（Stanford Securities class action clearing house，SSCAC）提供的上市公司集体诉讼数据库显示，自 1997 年以来累计约有 414 起集体诉讼。由肯尼（Kenney）和巴顿（Patton）以及 IPOScoop. com 提供的其他 IPO 相关样本数据库，使我们能够构建一个遭遇 IPO 集体诉讼的上市公司样本库。肯尼和巴顿提供的信息非常具有价值，如发行价格和股票折价的数据。数据库 IPOScoop. com 提供独立的 IPO 在线评级服务，给出了有关股票开盘日表现的详细信息。通过股票挂牌前 100 个交易日的时间序列数据，可以得到 2 551 个上市数据样本。图 12 - 3 给出了首次公开发行的股票中遭遇诉讼和非诉讼的公司的各种特征。

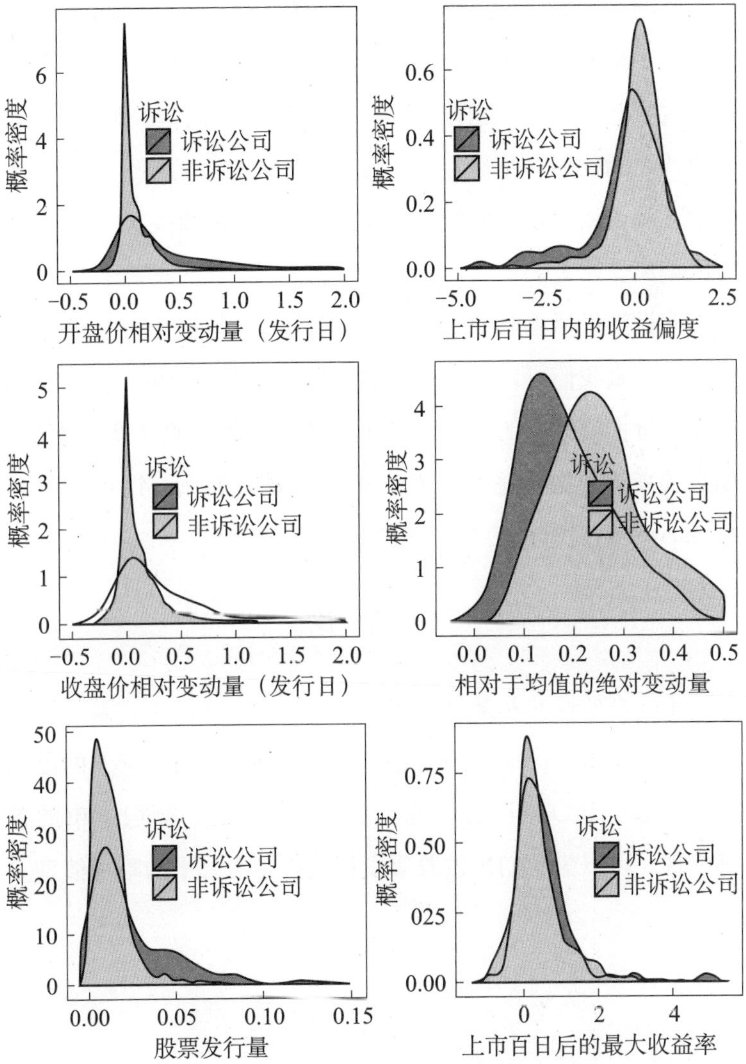

图 12 - 3　诉讼和非诉讼公司 IPO 股票的各种特征的分布情况

有趣的是，向公众提供的股票占总的未偿还股数的比例似乎有一个显著的特征，即诉讼公司要比非诉讼公司的比例更低。对两类公司来说，IPO 挂牌首日收益率（开盘价和收盘价）似乎也有所不同。令人惊讶的是，从总体上来看，100 日的最大收益率的分布相同。上市 100 日的收益波动率与样本的中位数之间的绝对差额，也体现了某些差异性特征。这种波动率度量基于波动是均值回归的概念，可以捕捉到它对于长期趋势的偏离。

假设诉讼风险代表了 IPO 的风险，或是欺诈行为的代理变量，那么我们可以构建一个数理模型。模型结果显示，挂牌首日股价大幅跳水的话，与其可能遭遇诉讼的概率更高有关。如果较高的开盘收益率与发行折价相关，那么，这可能是对 Aggarwal 研究结论的又一支持论据。

6. 结　论

市场有效性并非某种既定的静止状态，实际上它是一种动态过程。上市冷静期内的信息传播以及承销商对投资人的影响作用，都是 IPO 透明度问题下的重要关注点。新股上市的首日表现，可以为我们提供股票发行过程是否公平的暗示信息。

第十三章 不当营销

1. 背 景

不当营销是指机构或个人在向投资者解释产品和服务的特点时，出现故意歪曲或误导客户的现象，这是违反职业道德的行为。在结构化产品的销售过程中，不当营销行为尤其值得引起注意。有时候，尽管有一系列的风险提示要求，但是营销机构还是会试图说服客户确实很有必要配置该产品。

在金融危机爆发之后，这种不当营销行为往往与包含有衍生产品的结构化产品密切相关。结构化产品市场的发展（可抵押债、目标利率达成偿还型票据、结构性信贷等）反映了银行客户需要合适的产品来满足他们套期保值和风险预测的特定需求。然而，在购买结构化产品的时候，销售人员往往会因低估市场上的不利因素变动，或者说不能正确地对产品做风险评估，最终导致低估了该产品的违约损失金额或者损失概率。

类似于衍生产品的复杂性，非金融机构、小型的区域性银行和市政当局在风险评估方面同样会面临许多困难。投资者参与金融交易，已经不满足于原来的无风险投资的目标，进而转变为追求资本性收益。

20 世纪 80 年代初，一系列衍生品（包括利率看涨期权、利率看跌期权、利率互换等）的发展使得公司能够更好地管理利率风险。在互换的情况下，很容易理解，如果具有固定利率债务的公司进行了利率互换，利率水平的任何下降都将对公司有利，而当利率上涨到超过固定利率水平时对公司就是不利的。这些产品合同的本意并不是为了“盯市”，但其实际结果却改变了企业的融资成本。利率看涨期权和利率看跌期权的作用则类似于保险产品，确保公司的融资成本不会超过合同签署时刻确定的阈值。

但是，结构化产品的复杂程度要更高，通常是通过组合衍生产品来构造的，此类衍生产品的风险特征表现为一个非线性函数。从理论上讲，任何衍生工具的价格都等于其未来预期收益的折现值。对于所投资的那种期限较长（10～40 年）且缺乏流动性的衍生工具，它们的估值则更加复杂。并且，使用经典的估值假设模型，比如 Black-Scholes 模型，其作用也是极为有限的。

一般来说，《国际会计准则》中提出了“公允价值”概念，并不适用于这些缺乏流动性的产品。因此，利用复杂概率模型所算出的公允价值，让客户认为其购买的产品具有“商业价值”；换句话说，让客户认为该产品的价格是可以接受的。重要的是要记住，这种类型的产品的退出成本很高，而且在大多数情况下，此类产品设计的初衷就是希望能让投资者持有到期，而不是在市场上中途“套现”，因此，任何提前退出都可能需要额外支付成本。

最近的一些法院判例，如德意志银行因不当营销行为被卡尔斯鲁厄联邦法院公开谴责，也表明：金融机构与客户之间存在的信息不对称，往往正是引发道德风险的关键因素。

2. 涉及金融的衍生工具

不当营销主要是指向客户销售了不适当的产品。也就是说，营销人员采用违规或者违法方式误导消费者，以达到销售产品的目的。在不当营销行为方面，衍生产品的销售活动尤其应值得关注。

施利特（Schilit）在金融领域做出过开创性贡献，他曾指出，使用衍生品可以帮助实现粉饰资产负债表或平滑收入的目的。安然公司滥用衍生工具来模糊财务报表，是该领域最好的案例。下面，我们举个例子对这些情况加以说明。

2.1 平滑收入

自 2000 年以来，美国会计准则开始执行 SFAS 第 133 号要求，这意味着，金融市场中对衍生品的估值，会给资产负债表和收益带来更大的波动。然而，许多公司还是会使用衍生工具作为平衡盈利的一种方法，以此给投资者和市场营造一种公司是在稳定可持续运营的印象。一个例子是 Freddie Mac 公司，在 2000 年至 2002 年期间，该公司曾经利用利率衍生工具把很低的净收入粉饰成拥有近 45 亿美元的净利润！

2.2 套期保值与投机业务

企业主要是想要利用衍生品来对冲市场不确定性。例如，把法国干红葡萄酒出口到美国的话，会间接受到欧元/美元汇率的影响，因为干红的成本是以欧元计价的，收入则以美元计价。因此，法国生产商可以使用互换合约或其他衍生工具来对冲，以确保其经营利润。同样，家在肯塔基州的生产商向日本出口小麦的话，以年平均价格做结算，他应该使用远期或亚式期权来对冲日元波动的风险敞口。如果套期保值无法完全覆盖自己的风险敞口，这时候人们便应该考虑套期保值所具有的投机特点。

Schilit 列举了 2002 年发生在泛电公司的案例。2002 年，该公司曾经过度使用对冲工具，即公司过度地使用互换手段来对冲未来发行的商业票据的利率风险。根据会计准则 SFAS 第

133 号的规定，公司理应在其账务报表中记载其对冲结果，否则可能会被罚款 2 亿美元。然而，为了避免这种处罚，该公司捏造了一种新的会计方法，但几年后，证券交易委员会对其做出会计欺诈处罚。Schilit 还指出："当某家公司报告中说自己从套期保值中获得较大收益时，投资者应该谨慎行事，因为这些毫无效果（有时称为经济的）的套期保值在本质上可能是不可靠的投机交易行为，在未来可能很容易造成巨大亏损。此外，投资者应该找出那些根本没用处的套期保值，以获得超过损失的收益。"事实上，现实情况要复杂得多，每家使用衍生工具做套期保值的公司都会不由自主地参与投机。例如，一家从事批发业务的小麦经销商为了抵消采购价格的上涨，会认购一项小麦价格的期权。然而，卖出该期权的银行除了通过 Delta 中性策略来覆盖原有价值外，还要再购买 0.5 个份额以推动市场。此外，许多公司的风险都源于自身的投机交易头寸。内部交易员将操控一定的风险，以预测市场的走势。因此，该公司的风险将不会被完全对冲，而是又出现新一轮与 Delta 相关的风险。

2.3　公共债务的违约行为

希腊和欧元区危机的遗留问题已经表明，一种简单的类似特洛伊木马的衍生工具就可以在欧盟公共账户里引发蝴蝶效应。这里的"特洛伊木马"是指货币互换组合。21 世纪初期，希腊政府从高盛公司获得了双重收益，以缓解其在现实当中面临的债务困境。当欧盟正式确认这个消息时，市场立刻陷入红色警报状态，认为该国的经济已经进入长期衰退阶段。

因此，希腊和高盛公司之间达成了货币互换协议，希腊以美元计价。由于货币互换协议需要支付利息，希腊以欧元向高盛公司支付利息和名义费用，而高盛公司需要向希腊支付美元利息。因此，希腊的债务现在以欧元计价。货币互换的结果是形成了名义汇率。实际上，高盛公司还进一步提出了一种美元兑欧元汇率，这使得希腊通过不当行为实现了债务规模的缩小。在互换时，汇率为 1 欧元兑换 1 美元。高盛提出 1 欧元为 0.9 美元（上一年度）。一般在互换协议启动时是市场的零点，但在这种情况下，希腊的掉期合约对市场具有正面作用，涉及的账目金额约为 100 亿美元。高盛公司已经支付了 10 亿美元的现金，相当于互换溢价。尽管如此，在 10 到 15 年期限的互换期限中，希腊不得不偿还 120 亿美元（包括利息）。因此，带有溢价的货币互换可以掩盖其真实债务水平，因为 10 亿美元的溢价最终并没有出现在希腊的国家财政报告上。

3. 次级贷款产品

2008 年信贷危机之后，欧元区危机和经济危机重创了美国，许多州和特区的银行贷款都是由次级衍生品构成的结构化产品。例如，在法国，至少有 5 500 个城镇（包括圣特罗佩）已经从各银行中拿到次级贷款，包括已经破产的法国-比利时德克西亚银行、英国银行、苏格兰皇家银行和法国兴业银行。

在没有办法解除这笔债务，也没有能力偿还债务的时候，这些城镇政府转而向中央政府寻求紧急救助。仅法国涉及的次级贷款总额就接近 600 亿美元。许多城镇已经处于破产的边缘，根本没有能力偿还如此昂贵的债券。因此，投资银行提出利用加杠杆的带有衍生工具性质的贷款，来减少这些债务的方案。

4. 结构化投资产品

在法院审判中，有时候会涉及的另一类结构化产品（承销商使用结构化投资与令人眼花缭乱的收益率算法）使得投资者根本无法完全了解产品的真实动态。曾有投资者向法院起诉 ICICI 银行的不当营销行为，指称该银行给其造成了 3 200 万美元的损失。该银行出售的金融产品，包括雪球式利率互换、TARN 期权和票据选择权（套期权）等。在过去 20 年中，金融产品销售机构（银行等）向投资者推荐的常见的结构化产品是权利金逆向双向票据（PRDC）。

类似 20 世纪 90 年代中期欧盟和美国的情形，日本国内也出现了利率下行的状况。例如，长期利率从 6%的高点下降到近 1%，短期利率则趋于零。因此，日本投资者会寻求比日元利率收益更高的结构化产品。投资银行看中了这个在利率市场存在着显著差异的国外市场，于是产生了 PRDC①，它也可以

① 关于估值定价公式，译者做了删减。——译者注

被看作在未来预期的汇率下，国内货币不会升值的一种判断。

这种产品的估值是使用蒙特卡洛方法来做的，导致普通投资者没办法搞懂这些产品的定价。这一产品的诉讼问题的根源在于投资者与承销商之间的信息不对称。对于长期的 PRDC 来说，市场上的这些产品极度缺乏流动性，而市场上的承销商也是同一家银行，因此，这些衍生产品的价格直接受到 PRDC 销售量的推动，从而引发了与产品估值相关联的其他问题。

5. 从结构化产品到零售商

因为违规将结构化产品卖给城市、城镇政府的丑闻，银行试图将这些产品也推向零售市场，包括中小型企业。在 2014 年，英国金融行为监管局宣布，包括巴克莱银行、苏格兰皇家银行、劳埃德银行集团和汇丰银行在内的九家银行向部分中小企业支付了 24 亿美元的补偿金，以补偿向这些中小企业违规出售利率互换协议所造成的损失。此事件所涉及的其他银行，也同意重新审查自己从 2001 年以来对成熟客户的 IRHP1 的销售情况。

6. 评估问题

从会计准则角度看，上述结构化产品可以归纳为三级，这意味着存在几乎所有此类金融工具所特有的问题，即参数估值存在的不可观察性。实际上，许多因素共同作用影响，最终导致结构化产品的估值不透明，进而导致不当营销行为。

• 市场的不完整性：这些结构性衍生品是在不完整的市场上被买卖或被对冲的。在这些市场中，由于估值的方法不同，估值产生的价格也就不同。即便三名评估员使用相同的参数，他们也很可能会给出不同的估值结论。因此，在模型中，公允价值的应用使买方和卖方之间产生了价格差异。

• 模型风险：产品的衍生品属性越强，对模型假设前提的依赖就越大。例如，障碍期权的估值与资产价值增长与否就是高度相关的。利率产品中，各种远期利率与收益率曲线的相关性是模型的重要参数，假设的不同就可能对估值产生完全不同的影响。此外，一些无法观测到的参数，都需要交易员来主观设定。而这些基于主观判断的参数往往正是产品估值出现一系列问题的根源所在。例如，当银行向客户推荐互换类衍生品时，从一开始银行和客户之间就存在着信息不对称性。

• 市场操纵：回想一下，许多上述结构化产品都使用了 LIBOR、EURBOR 利率或外汇利率作为投资收益率的计算和参照基准。实际上，所有上述市场都受到卡特尔式组织的主要商业银行的操纵。调查显示，在银行向客户出售衍生品的同时，往往就会发生许多市场操纵行为。

7. 结　论

尽管金融危机中存在结构化产品的因素，但是在有效管理的前提下，结构化产品也可以发挥其在经济发展中的重要作用。这一管理措施就包括为参与主体（银行、投资者、审计人员等）制定一套明确的行为准则。这对于客户来说尤为重要，只有在客户能够理解、评估和管理产品及其风险的前提下，客户才能参与此类交易。有必要反复强调的是，许多实体，包括市政府和中小企业，它们之所以购买此类衍生品，只是为了美化自己的财务报表，因而，它们并不会真的对结构化产品做动态管理和风险评估。

为了避免这种情况，应该制定一些规则。因此，必须根据客户的风险承受能力/风险配置来设计结构化产品。当然，这要求客户在认购产品时能够单独或通过第三方代理机构对产品进行估值，并且了解市场变化会对产品价值造成的动态影响。最后，客户应该能够很好地管理该类产品，能够应对其对资产负债表和损益表造成的会计影响。

对于使用复杂的结构化产品可能产生的道德风险，监管机构应有权监督投资银行等市场主体。通过二十国集团的努力，全球监管机构的作用和责任正在不断得到加强，在全球范围内建立了协调而有力的会计准则，这将为政府当局、银行、企业创造一个更加良好的外部环境，并在其面临危机时给予必要的支持。

第十四章
金融市场的洗钱犯罪

1. 背 景

洗钱是指将来源于犯罪的非法所得投入合法经济体系，使非法资金转化为表面上合法的资金的过程。该过程通常分为三个阶段：放置阶段、离析阶段和融合阶段。

第一阶段是放置阶段，指的是将非法所得现金引入金融系统。在某些特定情况下，证券公司允许客户通过现金方式入金到资金结算账户。但一般而言，由于证券公司和监管机构的严格监管，很少出现使用现金来入金的情形。然而，现在的新型犯罪很少涉及现金，更多的使用电子货币，所以放置阶段的定义有所改变，指任何将非法资金或者流动资产引入合法经济体系的过程。

第二阶段是离析阶段，是指将非法引入的资金从一个账户转移到另一个账户，改变资金的初始性质，以达到隐藏犯罪资金来源和切断与犯罪分子联系的目的。金融市场中尤其需要重点关注这一阶段，因为通过金融市场可以实现价值在同类资产、不同资产、不同国家及交易对手之间的转移，包括资金的转移。通过金融市场转移资金并不需要实物货币的真正转移，相较于其他离析方法，具有独特优势。

最后阶段是融合阶段，是指将非法所得投资于合法经济领域，并使非法资金产生合法利润的过程。一旦成功，非法资金与合法投资有机结合，调查难度加大。融合阶段可以在金融市场使用很多投资工具，包括结构化衍生品、债券、众筹和私募基金等。

20 世纪 90 年代末，金融市场上出现了洗钱行为。例如，英国警方曾发现有犯罪分子利用伦敦交易所进行洗钱。美国也发出提示：犯罪分子把场外交易系统（OTCBB）作为洗钱的工具。

2. 洗钱行业

犯罪行为和犯罪所得分离已成为全球犯罪的一大趋势。在当前的环境下，犯罪分子明白自己迟早会面临正义的审判。因此，犯罪分子不得不考虑如何与法律诉讼程序打交道。那些被提起刑事诉讼的犯罪分子，他们完全可以预见到判决结果对他们非法所得的影响：法院的判决结果可以调整，但冻结的资产不能再被解冻①。没收犯罪所得并摧毁其经济基础是世界通行的打击犯罪的有效手段之一。所以，犯罪分子自保的最优手段就是让引发刑事诉讼法律程序的犯罪行为与产生的违法所得分离。基于此，洗钱行业独立于上游犯罪行为，这导致对犯罪行为的调查工作变得困难，法院难以通过一次判决就对涉及的犯罪行为予以处罚。仅依靠开展调查难以摧毁洗钱平台及背后的上游犯罪行为。这也意味着从证券欺诈交易中获取的资金可以不用通过金融市场清洗，街头犯罪获得的非法资金也不一定要在比萨店或烤肉外卖店清洗。事实上，犯罪活动与洗钱行为之间的联系越松散，调查人员就越难发现二者之间的关联。因此，涉及税务犯罪的资金可能最终流向泽西岛空壳公司的场外衍生品，信用卡诈骗资金可能最终流向比特币或被用于操纵西班牙房地产。洗钱犯罪分子解决了之前犯罪所得面临的被没收的问题，犯罪行为与犯罪所得之间的联系被消除，且资金可以根据需要不断转换，以规避调查。

金融犯罪和洗钱犯罪形成的资金喜欢流入严格遵循为客户保密原则的国家或地区，表 14-1 显示了部分国家或地区在遵循银行保密要求方面的排名，尽管传统上人们认为瑞士的银行

---

① 引自 Michele Scarcella，意大利普利亚乌真托的圣冠联盟（Sacra Corona Unita）的前任当家人，原话是“I processi si aggiustano，le confische no”。

保密程度很高，但它只排在第24位，这个名单上的国家或地区基本上都是加勒比海和太平洋岛屿国家或地区。

表14-1　严格遵循银行保密制度的国家或地区排名

2013年度排名	国家或地区	保密评分
1	萨摩亚群岛（南太平洋）	87.6
2	瓦努阿图（西南太平洋岛国）	86.67
3	塞舌尔	85.23
4	[北美洲] 圣卢西亚	84.4
5	文莱达鲁萨兰国	84.13
6	利比里亚（西非国家）	83.23
7	[大洋洲] 马绍尔群岛	81.63
8	巴巴多斯岛	81
9	[北美洲] 伯利兹	80.4
10	圣马力诺（意大利半岛东部的国家）	80.13
11	毛里求斯（非洲岛国）	80
12	安提瓜和巴布达（加勒比海背风群岛北部的一个国家）	80
13	巴哈马群岛	79.93
14	百慕大群岛（北大西洋西部群岛）	79.87
15	[北美洲] 圣基茨和尼维斯	79.57
16	马来西亚（纳闽岛）	79.53
17	马尔代夫（群岛）（亚洲岛国）	79.47
18	（中欧国家）列支敦士登	79.27
19	阿拉伯联合酋长国	79
20	瑙鲁（岛）（西太平洋岛国）	78.93
21	黎巴嫩（西南亚国家）	78.87
22	直布罗陀	78.6
23	多米尼加（西印度群岛岛国）	78.53
24	瑞士	78.4

说明：《财务保密指数》，参见 http：//www.financialsecrecyindex.com/。
资料来源：《财务保密指数》。

3. 洗钱市场机制

金融危机发生之后，金融市场的流动性不足，金融市场非常脆弱，而洗钱犯罪分子可以向金融市场快速注入流动性，这使得金融市场面临较大的洗钱风险。

利未（Levi）是发现金融市场上的洗钱行为涵盖多种类型的少数研究学者之一。他发现，从简单的非注册登记证券到复杂金融衍生品都有可能成为洗钱工具。利用金融市场洗钱与其他洗钱方式相比的主要优势在于法务会计难以有效监测其中的洗钱行为，尤其是涉及复杂产品时。因此，在调查过程中了解背景和资金流动机制就变得至关重要。

不记名证券可作为证券可能被用于洗钱的例子。不记名证券是指在发行人登记处未登记其所有人姓名的股票或债券，但持有人或出示人拥有证券上赋予的权利。在一些欧洲国家可以购买到这种类型的证券，不同于记名证券，其所有人信息不会出现在任何文件中。

彭伯顿（Pemberton）发现了更为复杂的手法，并将其命名为“挪用模型”（Misappropriation Model）。通过该手法，犯罪分子可以将海外的赃款汇回国内使用，同时规避支付所得税。

境外账户上拥有巨额资金的犯罪集团购买并控制上市公司作为其空壳公司，该公司可以是技术公司或无实际业务的空壳公司。犯罪集团在接管和控制公司多数控制权后，犯罪分子可以直接担任或者任命同伙（大部分情况下）为董事和高级管理人员。他们散布公司开发新产品、创新研发新技术、开展重大业务等虚假消息，目的是把这个公司转手卖给其实际控制的匿名离岸公司，转移离案公司控制的原始所得资金。此类计划常常与市场操纵、市场欺诈有关，且该类股票通过特殊的金融产品向公众发行，如美国发行的带有“S”或“D”标识的限制性股票。

3.1 关注金融衍生产品

当前，金融衍生产品在洗钱过程中发挥的作用鲜为人知，这方面的研究也较少。基本的洗钱手法是通过经纪商执行同一资产的多头头寸和空头头寸（买入和卖出同一期货合约、同时买入看涨期权和看跌期权、同时买卖掉期）。在合约结束时，执行有利的合约，不利的合约则不执行。执行有利的合约，可以获得正常收益，未执行的合约亦不会有交易记录。通过这种方式，客户需要支付交易费用和经纪商的保证金，但这样可以使得资金表面看来合法。

国际商业信贷银行（BCCI）——国际金融史上首例洗钱案

背景

1972 年，巴基斯坦银行家阿迦·哈桑·阿贝迪（Agha Hasan Abedi）创立国际商业信贷银行（Bank of Credit and

Commerce International，BCCI)[①]，这是当时最大的私人银行，美国银行是其主要股东。BCCI 注册地在卢森堡，经营地却在伦敦和卡拉奇。从 20 世纪 80 年代开始，这家银行成了全球洗钱的主要平台，受到了许多监管机构和执法人员的严密监督。

衍生产品和洗钱

利用衍生产品洗钱的著名例子是由 BCCI 与其自身的衍生产品部门之间进行的交易。1988 年，衍生产品部门 Capcom 的领导赛义德·齐亚丁·阿里·阿克巴（Syed Ziauddin Ali Akbar），向来自美国海关总署的卧底罗伯特·马祖尔（Robert Mazur）披露了洗钱手法。马祖尔在证词中描述了阿克巴如何通过对敲交易来清洗巨资。对敲交易涉及由同一人控制的两个账户，银行从一个账户中购入合约，同时从另一个账户中售出相同金额的合约。由于两个账户由同一个人控制，收益和损失可以相抵。这种洗钱策略有一个主要的优点是损失很小，并且在大量合法交易中难以有效监测，资金流向难以追溯[②]。

其他事项

1991 年，国际商业信贷银行被关闭，在这之前该银行服务了许多独裁者和犯罪集团，包括伊拉克前总统萨达姆·侯赛

① 关于 BCCI 的成立和早期历史，参见：http：//fas. org/irp/congress/1992_rpt/bcci/03hist. htm。

② 关于利用衍生品进行洗钱的案例，参见：http：//www. wolfgang-hafner. ch/media/Geldw%C3%A4sche/ARIF%20Money-laundering. pdf。

因和麦德林卡特尔贩毒集团。美国中央情报局也拥有该银行的账户，为阿富汗对抗苏联军队（现代塔利班组织的前身）提供资金支持。

对敲交易适用于相关规定中确立的衍生品捆绑订单。衍生品捆绑订单指的是由同一客户经理输入，合约捆绑为同一合约执行，以提升合约执行效率，在合约执行完毕后再向客户分配合约订单。商品期货交易委员会（CFTC）条例 1.35(a1）允许衍生品经纪商在捆绑订单交易期间无须识别客户的身份。在没有具体规则约束的情况下，经纪商可以在后期交易中对敲。这一具体规定可能导致金融衍生品领域的各种不当行为，包括洗钱。

2012 年，美国法规发生了变化，商品期货交易委员会对衍生品捆绑订单增加了时间限定，要求在交易执行之后尽快分配订单，还规定了强制分配的截止期限。对于清算交易，必须在订单执行完毕之前全部完成分配，以确定每个交易的最终客户。禁止客户经理给予任何账户相对于其他账户来说持续有利或不利的待遇，以减少对敲交易的风险。

如果场内衍生品市场能够严格监控其参与者的活动，那么洗钱者将会转向场外衍生品市场。

3.1.1 场外（OTC）衍生品

场外衍生品交易是指两个交易对手之间的双边协议，不在交易所交易或执行。在某些情况下，场外交易可能会在交易所里注册，但没有保证金机制。与标准化的场内衍生品相比，场外衍生品是根据交易双方的需求而量身定制的。需要关注以下情况：

• 场外衍生产品的特征与场内交易有很大不同。交易时的远期升水并不真正代表看多市场。美国高盛集团向希腊政府提供的互换业务就是衍生工具用于舞弊的一个例子。实际上，场外衍生产品交易背后可能隐藏了涉及洗钱的其他资金交易。

• 衍生产品交易缺乏合理的经济目的。例如，一家位于威尔士的小型零售企业，所有成本和收入以英镑计价，在场外开展日元/加元外汇远期交易。在这种情况下，偶尔开展的场外衍生品交易可能是正常的。本应是偶发性开展的交易，却在需要转移资金时频繁做交易，这种情况就需要关注。

• 衍生工具的价值评估非常复杂，往往使用模型计量，且没有参考价格，而是依托交易双方的认可（第三层次的资产）。例如，一家瑞士贸易公司和俄罗斯的金属出口商在场外针对金属铬价格开展累计期权交易[①]。由于铬的市场流动性不强，上市的衍生产品很少，所以对这种产品进行定价几乎是不可能的。价格基准不清为这两家公司之间开展任意规模的资金转移提供了理由，因此可能被用于洗钱。

图 14－1 反映的是一个利用场外衍生品市场洗钱的简单案例。犯罪集团利用非法所得设立公司，并通过该公司投资其他

① 指的是一种常规的远期合约，此类合约的名义价值取决于期权的存续期限。

从事专门业务的公司。从事专门业务的公司不必是一家金融公司，可以是一家贸易公司或进出口商。被投资的公司购买场外由离岸公司发行的国外衍生产品。由于缺乏市场价格，只能按照理论价格把资金转移到离岸公司。离岸公司与另一个由犯罪集团控制的交易对手开展背对背场外衍生品交易，不同的是犯罪集团控制的这个交易对手是“完全遵纪守法”的，基于同样的估值方法将资金转移，从而实现了洗钱目的。目前，企业也在使用相同的方法来规避高税率国家的税收。

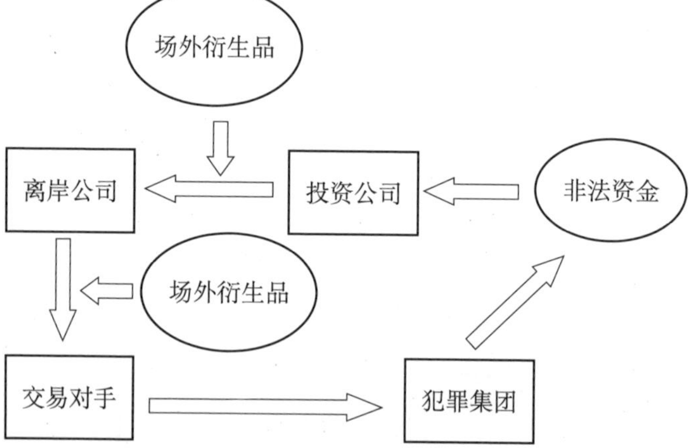

图 14-1 场外衍生品的洗钱流程图

3.2 私募股权投资和风险投资

金融监管机构对私募股权投资公司和风险投资公司的监管相对不那么严格。美国的《爱国者法案》和其他国家（地区）的相关规定（即金融行动特别工作组的建议）要求监管机构加强监管，了解资金来源和客户。近十年来，私募股权投资行业变得越来越全球化，涉及的跨国流动资金也越来越多。

金融危机之后，银行承受了巨大的监管压力，开始减少向实体经济发放贷款，跨国交易数量减少，因此，私募股权投资公司在经济总量中的作用开始凸显（见图 14－2）。自最近一次危机以来，私募股权投资行业所管理的总资产已经增加了25％以上。

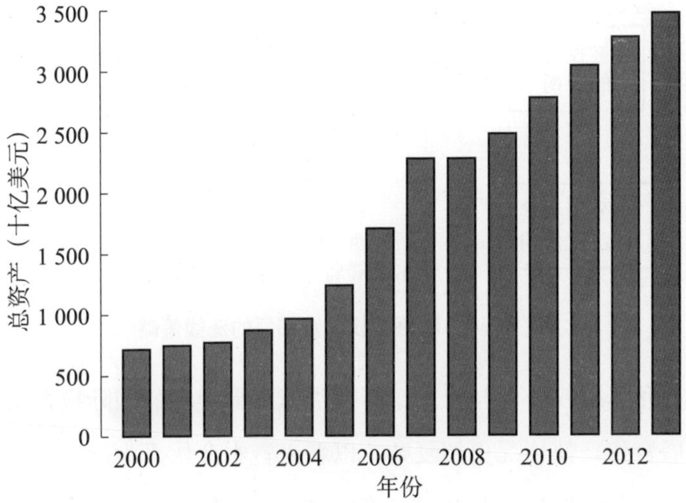

图 14－2　私募股权投资行业管理总资产的变化

资料来源：《2014 年普瑞奇全球私募基金报告》。

在图 14－3 所示的例子中，来自香港的非法资金投资于伦敦一家离岸私募股权投资公司。此阶段代表洗钱过程的放置阶段。在离析阶段，私募股权投资公司投资了一家美国的初创型科技公司，这家初创公司有分支机构或者与中国的一家公司建立了合同分包关系。最后一个步骤代表融合阶段，资金通常流向最初将资金投资到私募股权基金的个人。这样，资金循环得以完成，这个循环正是洗钱的路径。

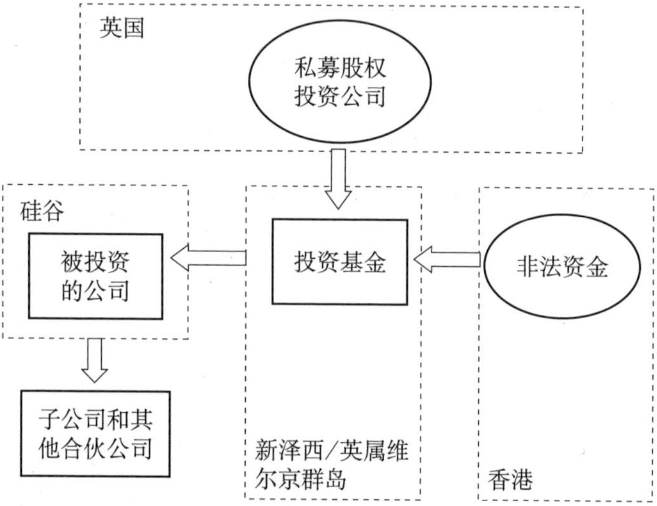

图 14－3　私募股权投资部门的洗钱策略

私募股权公司与开发银行或类似世界银行的国际投资机构开展合作，使情况更加复杂。以新兴资本合伙人为例，这家在英国国际发展部支持下成立的私募股权基金，2012 年受到欧盟和尼日利亚反腐败机构的刑事调查，原因是涉嫌欺诈和为尼日利亚三角洲（该洲石油资源丰富）前州长詹姆斯·伊波里（James Ibori）洗钱，金额高达数百万美元[①]。这一丑闻的影响

① 《英国发展基金卷入洗钱活动调查》，参见：http：//www.globaljustice.org.uk/news/2012/apr/16/uk-development-fund-implicated-money-laundering-investigation。

很大，原因在于这家私募股权基金与世界银行的国际金融公司合作，也是首家参与世界银行发起的私募股权非洲气候变化投资支持计划的公司[①]。此外，世界银行发起了1 000亿美元的项目，用于投资第三世界国家，以应对气候变化。这些都告诉我们在全球化背景下，私募股权基金行业所面临的风险。

4. 金融工具创新与洗钱

4.1　众筹

众筹的意义在于将创业者从残酷的私募股权、风险投资及杠杆收购融资中解放出来。众筹旨在通过各种网络平台（包括社交网络平台）吸收众多参与者投入小额资金，来为初创型公司融资。

因其本身属性，众筹容易被犯罪分子滥用，或者成为洗钱的工具。为了让更多投资者能够买得起，众筹的单笔资金金额较小，且发行不需要注册，缺少专门的监管。存在以下两种洗钱方式：

• 一家由犯罪分子控制的公司出面，并专门筹集来自违法犯罪活动产生的非法所得。

• 一家由犯罪分子控制的众筹平台，将各类资金引入各个

① 《IFC的私募股权基金引发争议》，参见：http：//www.brettonwoodsproject.org/2012/02/art-569564/。

项目中，完成洗钱的最后一阶段。

4.2 结构化产品

结构化产品是针对特定投资者设计的场外交易的金融工具。一般而言，结构化产品是已经嵌入了金融衍生品的嵌套衍生品，它面临与场外交易的金融衍生品相同的问题。对于结构化产品承销商来说，他们可以简单地重新评估产品价格，使得向投资者划转大笔资金变得合理化。此外，许多结构化产品的投资者为了追求收益最大化，在“避税天堂”达成交易，这些使得结构化产品更为复杂。

4.3 数字货币和加密货币

数字货币和加密货币在带来诸多优势的同时，也带来了许多威胁。数字货币和加密货币是非中心的分布式系统，完全不同于现有的银行系统，正在成为许多洗钱者的首选。自由储备公司（Liberty Reserve）这一曾经规模最大的洗钱平台之一，及当下对比特币的监管，都说明投资者需要关注洗钱行业开展的创新。

5. 卷入重大案件的知名机构

正如其他金融犯罪一样，洗钱活动也涉及大型金融机构。其一，大额资金的有效转移需要依靠大型银行来完成。其二，考虑到信誉，调查人员会认为知名度高的金融机构更加合规，正如来自摩根银行这样的知名机构的转账资金肯定会比来自瓦努阿图某银行的转账资金更可靠。其三，即使犯罪分子想要避开知名银行，也应该清楚小银行通常与大公司有往来，而一旦发生国际转账，大银行同样会参与交易。

在过去的几十年，很少有大型银行或者知名金融机构被卷入洗钱案件，但还是有或多或少的证据表明犯罪分子利用大型银行或者知名金融机构进行洗钱。接下来的案例用以证明以下观点：

每当有大规模的犯罪（无论金融犯罪发生与否）发生时，为了清洗犯罪收益，必然有跨国的大型金融机构参与。

论证：第一是代理行。从理论上来说，大型银行往往拥有遍布全球的众多代理行，蕴含各种风险。如果一个客户通过小银行向国外汇款，他将间接与大银行的代理行打交道，并从中获得汇款服务。容易被犯罪分子用于洗钱活动的银行包括：在任何国家都没有实体为客户提供服务的空壳银行，拥有牌照且仅限于与许可范围外的客户进行交易的离岸银行，反洗钱监管力度薄弱地区的银行。

2001 年美国参议院报告解释称，在美国银行业的通行原则就是：只要持有国外管辖机关签发的有效牌照，就可以为其开立代理行账户，因为牌照本身可以被认为是良好信誉的证明。然而，美国的银行常常未能有效执行对外国客户的尽职调查，包括外国银行的管理情况、财务状况、监管环境以及反洗钱执行力度等信息。

第二是小银行或者离岸空壳银行处理复杂交易的能力有限。通过复杂的方案，例如融合金融衍生品、结构化产品、私募股权或汇兑业务，更容易掩盖洗钱行为，而这些方案往往只有大型金融机构才有能力提供一揽子服务。

5.1 梵蒂冈银行

1978年，在位仅33天的罗马天主教教皇约翰·保罗一世（Pope John Paul Ⅰ）去世以后，有关他和梵蒂冈银行的故事、电影和书籍就接连不断涌现。20世纪80年代，好莱坞拍摄了不少该主题的电影，展示了意大利西西里黑手党、美国黑手党、意大利政治人物及共济会黑手党之间的错综复杂的关系。由于贷款给拉丁美洲公司的13亿美元成为坏账，意大利安布罗西亚诺银行倒闭，而宗教事务银行，即梵蒂冈银行与该银行的倒闭有着千丝万缕的关系①。

2010年，执法机构的调查使得教皇本尼迪克特六世（Pope Benedict Ⅵ）及梵蒂冈银行再次陷入丑闻旋涡。梵蒂冈银行是其俗称，更正式的名称应该是宗教事务银行或教皇资产管理处。1942年6月27日，教皇庇护十二世（Pope Pius Ⅻ）在梵蒂冈城成立宗教事务银行。这个新成立的宗教事务银行继承了由教皇利奥十三世（Pope Leo ⅩⅢ）于1887年2月11日

① 梵蒂冈银行是安布罗西亚诺银行的主要股东。有一部意大利电影《上帝的银行家》，就是以该破产案件为背景拍摄的。——译者注

创建的教皇资产管理处的职能。最初，教皇资产管理处的职能就是集中管理教皇国破产后的剩余财产。

2010 年，时任宗教事务银行（即梵蒂冈银行）董事长埃托雷·哥迪·泰尔代基（Ettore Gotti Tedeschi）及总经理保罗·奇普里亚尼（Paolo Cipriani）因涉嫌洗钱被调查①，他们将超过 3 000 万美元的资金从宗教事务银行账户转向意大利银行的代理行账户，这引起调查人员的关注。由于宗教事务银行缺乏透明度，包括摩根大通在内的主要金融机构中止与其的业务往来。之后，为了恢复梵蒂冈的金融秩序，2013 年教皇本尼迪克特六世免除埃托雷·哥迪·泰尔代基的职务，新任命德国银行家恩斯特·冯·佛瑞博格（Ernst von Freyberg）为宗教事务银行的董事长②。但到了 2014 年，梵蒂冈的情况似乎更为恶化，当时梵蒂冈前主教拉斯卡诺神父试图携带 2 000 万欧元现金（均为 500 欧元的大面额支票③）出境，因涉嫌洗钱而被捕。仔细阅读宗教事务银行的 2012 年年度报告④，你就会发现与实际发生的情况有所不同，该银行的客户数量由 2011 年的 21 000 个减少到 18 900 个。宗教事务银行的总资产

---

① 《洗钱案调查波及梵蒂冈银行》，参见：http：//www.nytimes.com/2010/09/22/world/europe/22vatican.html? _r=0。

② 《涉嫌洗钱的梵蒂冈变得清白》，参见：http：//www.thedailybeast.com/articles/2014/05/19/the-money-laundering-vatican-bank-comes-clean.html。

③ 《被捕的梵蒂冈主教再度遭到洗钱罪名控诉》，参见：http：//www.reuters.com/article/2014/01/21/us-vatican-bank-monsignor-idUSBREA0K0DE20140121。

④ 《2012 年年度报告》，参见：http：//www.ior.va/Portals/0/Content/Media/Documents/AnnualReports/425x00sc399T！/IOR _ RapportoAnnuale _ 2012.pdf。

49 亿欧元，净资产 7.69 亿欧元，营业利润近 8 700 万欧元，仅相当于德国一个中型商业银行的分支机构规模，人们竟然认为高达数十亿资金在通过该机构被清洗。那么，问题来了，这么一个总资产额尚不足纽约银行 1990 年洗钱金额的小机构，为什么会经常成为金融犯罪的关注焦点呢?

从宗教事务银行的年报来看，从教皇本尼迪克特六世开始施行革新，教皇佛朗西斯（Pope Benedict）时代继承这些改进措施，这些似乎使得梵蒂冈金融活动的透明度有所增强，但遗憾的是，在解决重要问题上他们并没有给媒体和调查人员一个满意的答复。自 20 世纪 80 年代以来，梵蒂冈、意大利红衣主教和梵蒂冈银行屡次因为丑闻而成为关注焦点。

我们无法忽视这样的重要事实：在两千年的天主教传播延续过程中，积累了散布各大洲的财产。这些流动资产和不动产的总值远高于宗教事务银行资产负债表上的几十亿欧元。而天主教及这些财产涉及的其他机构的运作和管理方式，依然不够透明。

5.2 纽约银行

1999 年，美国司法部门对纽约银行涉嫌参与俄罗斯高达 70 亿美元的逃税案件开展调查。起初，纽约银行被指控协助俄罗斯公民逃税而将资金转入美国。在欧洲有关国家参与调查后，发现该案件其实涉及的是俄罗斯犯罪组织的洗钱活动，而叶利钦时代是俄罗斯有组织犯罪活动最猖獗的时期。纽约银行丑闻及其他许多案件都指向一个叫塞米恩·尤德科维奇·莫吉列维奇（Semion Yudkovich Mogilevich）的人：20 世纪 90 年代末，这个人在加拿大证券交易所操纵股市、参与洗钱。

纽约银行丑闻暴露了银行系统中代理行账户存在的漏洞，代理行以其他金融机构的名义进行业务交易、提供服务、接受存款以及收集资料，犯罪分子可以利用小型代理行将资金转移至美国。此案件中，还有多家公司（主要注册在法国及意大利）专门为这个俄罗斯犯罪团伙提供洗钱服务。

5.3　汇丰银行

汇丰银行案件最引人关注。在过去五年，这家著名的英国银行发生了一系列丑闻，几乎覆盖其所有的业务领域。表 14-2 罗列了该银行被调查的主要案件。其北美分支行与南美贩毒集团的洗钱丑闻，是汇丰银行最棘手的问题，为此汇丰银行花费近 20 亿美元才得以在美国法院结案。

表 14-2　　汇丰银行接受调查案件情况表

年度	不合规/违法行为	处理结果
2015	操纵金银价格	调查中
2014	操纵铂钯价格	正在被共同起诉
2012	不当销售金融产品	罚款 23 亿美元
2012	操纵银行同业拆借利率	调查后未罚款
2013	操纵欧元银行同业拆借利率	调查后未罚款
2012	洗钱	罚款 19 亿美元
2015	逃税	审查中
2014	操纵汇率走势	罚款 6.18 亿美元

汇丰银行未能识别出其墨西哥分支机构的电汇业务交易（超过 6 700 亿美元）和外汇业务交易（超过 94 亿美元）涉嫌洗钱，因而受到指控。正因如此，在 2006 年至 2010 年间，墨西哥锡那罗亚贩毒集团（Sinaloa Cartel）和哥伦比亚北河谷卡特尔贩毒集团（Norte del Valle Cartel）通过汇丰银行的美国网点转移资金累计超过 8.81 亿美元。

上述指控涉及的业务并未波及金融市场，只是其分支机构的外币兑换业务。汇丰银行是外汇市场的重要参与者，尽管指控中涉及资金较大，但还不太可能给市场上其他银行的活动带来影响。此外，汇丰银行在外汇市场作为重要参与者，其地位举足轻重，而涉及洗钱的外币兑换业务占比相对较小，往往不会引起关注。

汇丰银行的案例不仅警示我们要提升认识，更是告诉我们银行可能会因为规模过大、经营业务过于多元化、过于全球化而不能做到统一管理，可能会出现局部失控的局面。

5.4 瑞士宝盛银行

因涉嫌洗钱和逃税，瑞士私人银行被公众认为处于灰色地带。已经有不少研究和调查评估了瑞士银行的逃税机制及其对各国造成的损失，但关于其在金融市场领域的洗钱还没有公开案例。

2014 年，媒体报道的一个案件牵扯到瑞士宝盛银行，其知名的私人银行受到调查，原因是其对开立的一个账户未充分履行客户身份识别义务，存入了一笔增值税资金（这笔资金涉嫌欺诈，违反了欧盟碳排放体系相关要求）[1]。

在另一章，我们还讨论过在碳排放市场中利用金融工具进行欺诈的一个案例，涉及逃税、洗钱及网络犯罪。在几乎所有涉及犯罪集团的案例中，都有大型金融机构的参与，才得以实现资金转移。有德意志银行及瑞士宝盛银行这样的机构直接或者间接参与，欺诈涉及的大量资金转移变得更加容易。

6. 展　望

> "好的，总共 16 000 美元，洗钱费用 75 折，再扣掉我的劳务费 17%，最后还能剩下 9 960 美元。恭喜你，你可以给家人留下一辆二手斯巴鲁。"
>
> ——索尔·古德曼，美剧《绝命毒师》

虽然洗钱与金融市场的关联已经引起很多人的警觉，但其仍未引起调查人员、监管当局和研究人员的足够重视。目前，洗钱活动的研究范式依然来源于传统的蓝领犯罪，即获取的非法现金收入需要投入合法经济体系中去。现代犯罪分子深刻改变了洗钱的流程。洗钱已经成为一个独立的行业，可以服务于不同类型的上游犯罪——从传统犯罪到现代的白领犯罪。放置

---

① Swiss bank Julius Baer says cooperating in EU carbon market tax fraud probe，http://www.reuters.com/article/2014/09/30/julius-baer-carbontrading-fraud-idUSL6N0RV55Z20140930.

阶段不仅涉及现金，还涉及来自离岸银行的存款、电子账户(PayPal)、证券或数字货币等。在这种情况下，金融市场可以成为更为高效的洗钱工具，因为金融市场具有全球化的特点，交易速度快且结构更复杂，相较于传统的房地产洗钱方式，其更易于隐藏黑钱。在很多情况下，场外衍生品和结构化产品的估值都是基于交易员的主观评估的，有利于洗钱融合阶段的完成，因而对洗钱犯罪活动非常具有吸引力。加密货币与洗钱之间的关系需要予以特别关注。目前，比特币和其他类似的数字货币的接受程度尚不足以支撑清洗巨额非法资金。但是，如果有一天这些得到广泛推广，之前清洗巨额犯罪所得必须有大型金融机构参与的假设可能就要被改写了。

第四篇

现代金融骗局

第十五章
对冲基金的金融犯罪

1. 背　景

目前，不管是投资者，还是基金管理人员，都面临着沉重的监管负担。在这种环境下，我们很难准确定义对冲基金，很难区分它与传统基金，甚至是基金中的基金（FOF）的差异。不过，在华尔街人士的眼中，对冲基金被普遍认为是指能够构建复杂投资策略，利用国内国际市场、杠杆、做多或者做空、衍生工具等手段，平均创造高达两位数收益率的那一类基金。大多数对冲基金是以私人合伙制的形式组织的，直到最近才受到监管。最重要的是，出于规避税负的原因，许多对冲基金会注册在避税天堂，比如塞浦路斯、百慕大等地。对冲基金行业的起源，往往与阿尔弗雷德·琼斯（Alfred Jones）的形象有关，但类似对冲基金活动的最早起源可以追溯到大萧条之前。对冲基金存在的理由是，它能够找到一种致力于服务高净值客户的工具，因为只有高净值客户能够理解并预见到这种投资方式的优势与风险。对冲基金的交易策略不同于普通基金，它会在期货市场做多或者做空，也会参与到天气衍生品等流动性极差的市场。随着时间推移，这个理由也变得越来越另类，因为越来越小众的更高身价的高净值客户，会要求对冲基金创造更高水平的收益率。因此，许多养老基金、公积金和主权基金也就会开始购买对冲基金产品，主要是为了使自己的投资组合更为多样化。

图 15-1 所示是对冲基金和围绕着它的许多行为主体，这些行为主体都直接或间接地为投资过程做出了贡献。

从进入市场的第一步来看，最重要的角色是主经纪商。鉴于基金经理人投资策略的复杂性，尽管其会参与很多个完全不同的市场，但对冲基金经理仍与主经纪商做交易。主经纪商的角色是提供全球服务，包括与所有经纪商的订单、交易和结算等种种服务，这就使得主经纪商能够掌握汇总对某个行业和市场走势的看法。通过这种观点综合，主经纪商能够利用所持有的抵押品和借入的证券对外提供金融服务。主经纪商可以提供其他许多服务，如风险管理、咨询、技术服务和托管等。然

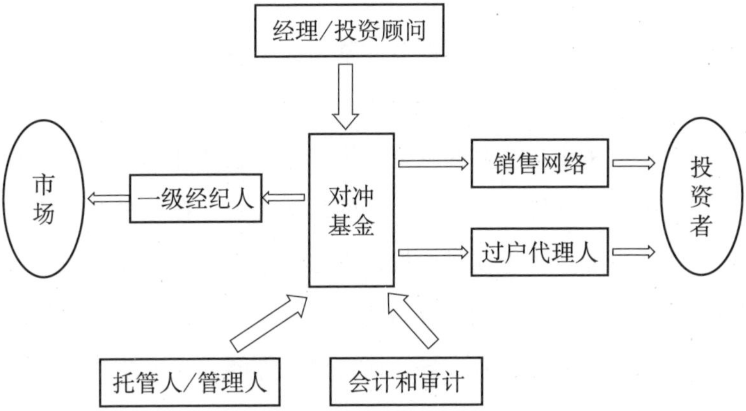

图 15－1　对冲基金产业概貌：行业里的服务提供商

而，在此之上，只有中央对手方清算服务和融资融券服务，才能让主经纪商和对冲基金的关系变得更为特殊。在遭遇极大风险时，主经纪商可以给予对冲基金额外的信用支持额度，或者可以直接切断融资。

图 15－1 中的另一个要素，是存托和对冲基金资产的保管机构，它们负责保护对冲基金的资产，并向对冲基金提供估值服务。这项服务可以由独立公司来提供，也可以由主经纪商独立提供，甚至可以由对冲基金的内部部门来做。基金的资产净值（NAV）及其随时间变化的调整是评估对冲基金业绩的关键指标之一。与其他传统投资工具相比，对冲基金并不经常对外披露自己的财务信息。

外部审计机构会独立评估对冲基金及其账户的业绩。在这方面应该重点强调以下两点。第一，从基金公司内部的账务来看，当出现策略较为成熟、结构复杂的对冲产品时，现有的会计制度是否具备能够捕捉到对冲基金业绩表现的能力。关于银行资产负债表中三级资产估值的问题，将在另一章再做讨论。这同样也适用于一些对冲基金。第二，基金经理和审计师之间存在信息不对称性，并且对市场的认知理解存在差异。策略的复杂性，可能意味着在对假设还无法验证时，就要立即记增当期利润。除了那些重点投资高流动性资产的基金外，大多数基金参与进入的都是利基市场，而这对于那些非专家的人来说是很难理解的。

即使会计师能够充分理解上述这些功能，由于公司的价值指数是建立在许多随机参数上的，这种反映这家公司的静态的资产负债表的准确性又有多少呢?

回到全球对冲基金行业的发展情况，过去 20 多年里，对冲基金行业管理的资产类别又增加了十多种。近期的金融危机导致行业管理总资产规模大幅减少。雷曼兄弟事件爆发以后，FOF 的资金来源受到的影响最大，它们所管理的资产呈负增长趋势。对于固定收益资产以及多策略基金来说，它们还算保持了稳定的新的资金流入水平。

在收益率方面，与其他传统基金相比，对冲基金还是获得了更高回报。尽管如此，金融危机发生以后，前提假设发生变化，业绩表现开始雷同。例如，相对于标准普尔 500 指数的总回报率，巴克莱对冲基金指数的表现还要差一些。此外，即使从对冲基金多空指数或全球宏观指数来看，在历史上它们的回报也没有受到危机影响，但是其表现还是逊色于股指走势。

除了业绩方面的变化外，在资本市场的活动和作用影响下，对冲基金行业遭遇了更为重大的变化。

在 2008 年危机之前，对冲基金行业为另类投资提供了工具，能够研发出适合某些类型投资者的收益/风险组合，或者适合保守风格的投资者的多元化策略组合。

市场上的许多违约事件及其后果，强调的是对冲基金的大量资金流入行业和滥用杠杆的结果，因此对冲基金成为系统性风险的集中者。

事实上，在雷曼兄弟破产事件爆发之前，在某些情况下对冲基金被视为严重危害了实体经济。由于它使用杠杆和特定策略，比如卖空，使得对冲基金对上市公司股价、外汇、商品甚至政府（如果我们考虑到对冲基金在阿根廷政府违约中的作用）造成了极大压力。处理重大流动性，对冲基金可以轻易对市场或资产产生影响，从而根据其策略诱发看涨或看跌的惯性。有些法规试图解决这一问题，但其异质性使事情愈加复杂，实际作用甚微。

在危机后的时期，对冲基金的作用和地位开始演变，主要是由于出现了新的监管浪潮。由于对冲基金自身的审慎性要求较低，因此它承接了许多银行的功能。事实上，在 2009 年以后，由于在商业贷款和资本投资方面对银行的资本金要求呈指数级增长，限制了它去介入一些有利可图的业务和活动。

例如，结构化票据交易代表了产品结构复杂性的高峰和盈利能力，在投资银行几乎不再参与的同时，它在对冲基金行业里却浮出水面。随着对交易对手方风险（XVA，CVA-VAR）和市场风险（VAR 压力测试）新规定的出台与收费要求的出现，银行收缩了此类专有性的交易和盯市活动的空间，而在对冲基金行业中此类业务的规模却不断扩大。

但传统银行业务的活动行为模式发生了变化。随着《巴塞尔协议Ⅲ》的出台，由于从事贷款业务的资本金负担较高，银行拒绝为经济提供资金融通。因此，对冲基金开始向中小企业发放商业贷款。由于不存在审慎性要求，对冲基金能够为行业提供更好的服务。

点对点贷款（P2P 贷款）是商业信贷方面的主要创新之一，通常会有专门的对冲基金从事这一业务。P2P 贷款提供了一种独特的工具，可以介入和管理资金供应者与信贷需求者之间的互动。对冲基金选择可能的资产作为一种投资组合，并向资金供应方提出此提案。资产证券化交易建立在这些贷款的基础上。不同于传统银行，在对冲基金的领域内，基金持有人并不受法定的银行存款计划的保护。他不被视为存款持有人，而被视为投资者，从而也就要承担此业务带来的风险。

通过投资或者向对冲基金提供融资，银行可以从这些活动中获取收益，却不用履行在资产负债表上与这些业务相关的所有监管义务。

2. 对冲基金行业的起源

之所以说1998年很重要，并不是提醒大家记得这一年法国夺冠世界杯足球赛，或者俄罗斯叶利钦时代的黄昏，而是要大家知道，正是这一年爆发了长期资本管理公司（LTCM）破产事件。长期资本管理公司是一家知名的华尔街对冲基金公司，曾经聘请了两位诺贝尔获奖者（Scholes和Merton）。非常具有讽刺意味的是，正是在基金公司破产的前一年，他们刚刚共同获得了诺贝尔经济学奖。

长期资本管理公司破产及其对金融市场的负面冲击，暴露了对冲基金在市场均衡中发挥的结构性作用。许多对冲基金经理喜欢执行参与流动性差的市场或产品的策略。例如，有的基金经理人专门从事虚值期权衍生产品或相关一揽子衍生品交易。如果按照会计准则分类，许多这类产品只能归为三级工具，其估值取决于管理层对估值参数的判断。因此，在一些市场或市场的某个板块中，对冲基金扮演着非常重要的角色，因为它们是作为流动性提供者，甚至是以做市商的身份而存在的。一个很好的例子就是相关性产品。这些产品暴露于两个或更多个组合的相关性，因为它们的收益取决于某些相关资产的价格走势。一般来说，即使在像外汇或利率相关产品这样的市场中，它们也是缺乏流动性的，很难复制或对冲。在最高水平的复杂程度上，投资银行会大量参与固定收益和信贷市场的结构化产品。它们大量依靠对冲基金市场，获得这些产品或各种套期保值的价格。在危机之中，就会发生非常微妙的情况，市场的巨幅波动会使得银行或对冲基金不愿意再为这些类型的产品提供报价。在处置效率低下和流动性差的市场里，对冲基金也就成为制造金融犯罪的完美候选者。控制和监督对冲基金的策略会变得越来越困难，甚至于几乎是不可能的。2006 年，美国对冲基金 Amaranth 由于天气预报的不利事件而破产，暴露了主经纪商在与对冲基金的关系中所发挥的关键作用。在分析行业中的一些重大破产和欺诈案件之前，将资金定位在全球背景下的投资过程非常重要。

传统上，对冲基金存在两个收入来源，也以此对自身及基金经理人做业绩评估：

• 一部分资产，一般为资产管理规模（AUM）的 2%。

• 基金产生的净利润的百分比约为 15%～20%。

正是由于这种激励设计结构，对冲基金存在最大限度提高两种收入的冲动，这是大多数欺诈案件的起源。首先，对冲基金有助于提高其管理资产的最大限额。这也是实现最佳规模并能够适当地进入市场的结构性原因。主经纪商普遍更为喜欢大规模的资金，以及知名金融机构的支持。另外一个重要原因，就是需要产生高回报，以增加基金管理人的薪酬回报。这两点对对冲基金行业的欺诈风险至关重要。主要问题是涉及对冲基金业绩报告的真实性，以及如何歪曲、操纵或欺骗，以吸引更多投资者的资金进入，或人为地夸大基金经理人的投资回报。在没有获取高于市场平均回报的情况下，对冲基金可能会转向其他形式的非法活动，比如参与洗钱或市场操纵。

对于参与欺诈或不当行为的对冲基金，可分为三种类型：

（1）白色基金：合法对冲基金成立的白色基金，严谨的基金管理人员会采取合理和透明的策略。在转折点处，他们倾向于采取不当行为，以消除亏损、欺骗或伪造业绩，来让公司持续运营。在单独的章节中，会将道德风险的作用作为犯罪传播载体，其在这些情况下是至关重要的。

（2）黑暗基金：注册实体从一开始就是为了操作或者拓展犯罪活动。其目的是为犯罪集团提供投资工具，以确保与法定合规经济的接触或进行欺诈性交易。由于对冲基金行业所受监管较少，利用它们介入金融市场往往是成本效益最为显著的犯罪手段。

（3）灰色基金：被确定为可以自愿或非自愿参与金融犯罪或不当行为的合法活动。非法活动是抵押品，对冲基金重点关注其合法业务。从经济和法律角度来评估的话，这种类型是最复杂的。

3. 对冲基金的风险评估

不同于其他金融机构，对冲基金是在异质性和不太严格的监管框架下运作的。在美国，相对于 1933 年《证券法》、1940 年《投资公司法》和 1940 年《投资顾问法》，对冲基金则得益于“安全港”。主要后果是对冲基金只是被要求提交很少的抵押品，履行的记录保存要求也很少。在资产管理领域，对冲基金行业获得了大幅增长，而由于其缺乏透明度导致的欺诈行为也在增加。因此，2006 年，美国证券交易委员会（SEC）通过了对于对冲基金的第 203(b)(3)-2 条规则，增加审慎监管框架，并对其提出了更高的透明度要求。

在识别内部欺诈活动时，可以拿来就用的对冲基金预警指标非常有限。长期来看，如果对冲基金的业绩表现异常强劲，回报的周期较短，可能就是存在不良行为的最有力指标。由于基金经理并不对冲，而只是单纯在投机，从而意味着风险承担策略可能导致高亏损，因而在许多方面，使用对冲基金①这个词语都是不太合适的。在其存续期间，大多数对冲基金都会出现一些亏损，这是其使用杠杆策略的正常结果。

较短时间内的卖空操作是大多数对冲基金的另一个预警信号。典型的欺诈行为，就发生在基金的某个股票空头头寸里，并且配合性地散布关于该股票的毫无根据的或实质上是完全错误的负面信息，以此来重创股价，最终使得基金在空头头寸所进行的种种活动能够获利。负面信息并不总是需要借助常见的支持举动来进行传播的。比如，只需要一个经理人或一批经理人开始集中买卖这个股票，同时报出许多看跌的报单，只要给人营造一种这只股票已经失去价值了的印象，这样就已经足够了。操纵股价，并不需要真正地做出什么举动，而只需要营造

① 在法国，对冲基金被翻译成“受偏爱的投机基金”（投机基金），强调这类基金喜欢采取冒险策略。

一个极度看跌的环境就足够了。因此，与卖空有关的犯罪行为，往往是调查员所面临的最为复杂的情形。

人们很难审计和监管那些专门投资于非流动性资产的对冲基金，因为它们的估值取决于不可观察的参数。因此，基金经理具有一种嵌入式自由裁量的选择权，帮助自己高估资产价值，以此来给自己创造更高的绩效和业绩奖励。此外，基金经理人也会选择使用关联方为自己管理的基金估值，以便能够影响资产净值。

如果对冲基金的活动无法复制，或未经过独立的会计师事务所审计，那么这可能是可预见的存在欺诈行为的一个主要信号。例如，许多欺诈性活动都是由与基金管理人有关联的会计师在做审计，一个最好的指标就是看审计费用在基金总的管理费用中所占的比例。

如果对冲基金经理与市场准入业务提供者（经纪人、经纪商或主经纪商）走得太近，表明基金可能缺乏独立性，同时也增加了共同策划参与欺诈活动的可能性。投资者的诉讼事件，或卷入以前的诉讼案件，是基金可能涉及欺诈活动的对外警示标志。

4. 粉饰基金资产

亚洲的私人投资者拿钱去买香港的对冲基金，对冲基金宣称是在乌兹别克斯坦投资了伏特加州的伏特加州炼油厂，但是投资人却从未获得任何收益，这可能是最常见的对冲基金诈骗事件。这种欺诈行为包括从公司抽离资金，或将其用于各种服务支出，然后通知客户投资失败或申请破产，再或者就是简单粗暴地卷钱跑路了。

由于对基金资产的极尽粉饰，这类骗局经常被定义为庞氏骗局或虚假的业绩陈述。事实上，庞氏骗局的结构或欺诈行为是由基金管理者操纵来拖延时间，从投资者那里募集到尽可能多的资金的。然而，这一切的最初和最终目标都是从公司抽离资金。

这种类型的欺诈最终会演变为特定场景下的操作风险，那就是钱被基金公司的高级经理人窃取。在这种情况下，基金公司和投资者都成为欺诈行为的受害者。一个经典的例子就是对冲基金的首席财务官从公司那里窃取资金，然后拿去参与赌博活动①。

5. 虚假陈述基金收益

一些对冲基金顾问，会故意向他们的客户歪曲对冲基金的业绩表现，对委托人的业绩做“摘樱桃”（即总是挑好的樱桃来摘）式的描述。一些投资顾问，也变更他们在基金运作中的证券价值的评估方法。最近，美国证券交易委员会对投资行业的调查显示，美国证券交易委员会合规监察与考试办公室对外

---

① 对冲基金的前任执行官，承认为赌博习惯而去盗窃，因此拒绝被宽大处理。参见：http：//www. nj. com/business/index. ssf/2012/06/judge _ denies _ leniency _ to _ ex-he. html。

披露，超过 200 个对冲基金顾问的材料中包含了虚假陈述。虚假陈述包括下列示例中所描述的三种类型：

• 对冲基金经理/顾问更改基金的业绩表现指标，包括夏普比率和阿尔法。如以下章节所示，为了更好地对外呈现自己的业绩，传统的风险度量指标可以很容易地被人为粉饰。美国证券交易委员会的调查披露[①]，纽约的对冲基金公司 Think Strategy Capital Management LLC（5.2 亿美元的资产）及其唯一的董事总经理凯坦·卡普尔（Chetan Kapur）被控欺诈，这是由于卡普尔对外歪曲其公司管理的两个独立的对冲基金的业绩表现，以巩固其业绩记录、扩大其资产管理规模和提高其资信程度。

• 当对冲基金所投的资产流动性差时，基金经理可能会与经纪商或估值公司等第三方机构相互勾结，歪曲对这些资产的估值。2011 年，美国证券交易委员会调查部门揭穿了一项涉及千年全球新兴信贷基金管理公司前投资组合经理迈克尔·巴尔博厄（Michael Balboa）和两家欧洲经纪商的计划[②]。他们通过操纵其对外宣称独立的估值方法，来夸大基金的每月收益报告和资产净值。至少从 2008 年 1 月至 10 月期间，巴尔博厄向经纪公司暗中提供的基金自身持有的两类低流动性证券的估

① 《思考战略资本管理》，参见：http：//www.sec.gov/litigation/complaints/2011/comp22151.pdf。

② 有关千年全球新兴信贷基金，参见：http：//www.sec.gov/litigation/complaints/2011/comp-pr2011-252.pdf。

值是虚假的，并将其通过经纪公司转达给基金公司的外部估值代理人及审计师。该计划使得该基金在 2008 年 8 月持有的这些证券价值被大幅高估，估值高达 1.63 亿美元。受益于此基金报告对外披露的每月收益被夸大，营造出了每月都有正收益的假象。通过夸大基金的收益和总体的资产净值，巴尔博厄至少为新基金多吸引了 1 000 万美元的资金，并推迟了约 2.3 亿美元的正常赎回，也因此多获得了数百万美元的管理费和不菲的业绩提成收入。

• 经理可能会向客户展示一项具有特定业绩收益的策略，但实际上却会执行一项具有更多或不同风险的截然不同的策略。最终的资金投向可能是与基金经理具有直接利益的公司或一组公司。

2011 年，针对 G. 鲁尼的起诉案件是：Solaris Opportunity 基金公司作为投资顾问，存在欺诈性滥用有限合伙人资产的行为[①]。鲁尼基金严重违反基金营销材料上的约定，其投资策略发生了根本性变化。鲁尼拿全部资金投资了一家陷入财务困境的小盘股公司——Positron 股份有限公司。自 2004 年起，鲁尼担任 Positron 股份有限公司董事长，自 2005 年 9 月起就从 Positron 公司收到工资报酬和股票期权。他滥用了 Solaris 基金公司的资金，通过场外交易和公开市场操作累计买入了超

① 有关 Solaris 管理有限责任公司，参见：http：//www.sec.gov/litigation/complaints/2011/comp22167.pdf。

过 360 万美元的 Positron 公司股票。

6. 洗钱活动

由于在另类市场上做投资受到的监管较少，加上有时对冲基金公司注册地选在避税天堂，这使得对冲基金公司成为执行洗钱或恐怖主义融资计划的不二选择。如图 15－2 所示，过去 20 年来，避税天堂国家里对冲基金行业的规模大幅度下降。目前，只有不到 5％的对冲基金总资产是由注册在避税天堂国家的基金管理人所管理的，相比之下，20 年前的占比约为 15％。

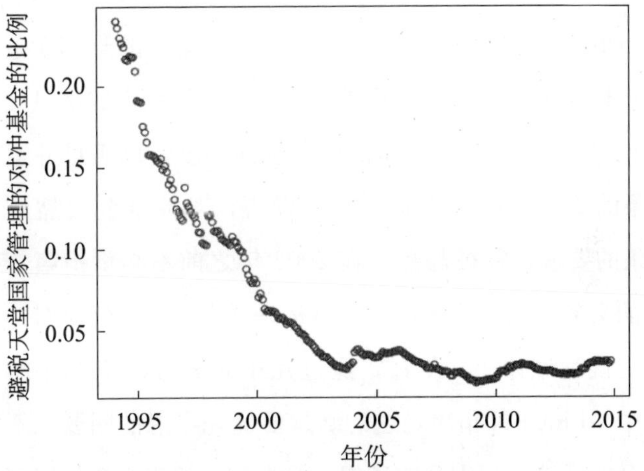

图 15－2　避税天堂的对冲基金

说明：不到 5％的对冲基金资产是由在避税港运营的基金经理管理的，而 20 年前这一比例超过了 15％。

避税天堂的监管压力在加大很可能影响到这一趋势。如果对冲基金受到一定程度的监管审查，投资者就会拒绝出资发起成立基金，这就是洗钱计划的盲点。因此，对冲基金运作了很长时间，但是始终没有出台关于它们的反洗钱要求的任何规定。

在“9·11”袭击事件之后，美国国会通过了《爱国者法案》，该法案将恐怖主义的融资活动作为优先关注事项，并赋予了其广泛的职权。《爱国者法案》包含的“国际反洗钱和反恐怖主义融资法案”，规定了金融机构应履行的大量反洗钱义务。第三卷通过修改原有法规改变了现行法律的优先级，实现了在其中纳入相关规定，如 1986 年的《洗钱管制法》明确洗钱活动构成刑事犯罪，1970 年的《银行保密法》（BSA）则针对银行的报告义务做了规定。《爱国者法案》的第 326 条要求金融机构应从寻求开立账户的实体单位收集指定的信息。金融机构也必须在 2002 年之前执行反洗钱制度，以满足并遵守第 352 条的要求。进一步研究可以发现，对冲基金被豁免了第 326 条的要求，并被豁免：在 2002 年之前不必承担第 352 条规定的义务。当时法案设想的目标是要设定专门针对对冲基金的反洗钱管理体系。不过，经过几年的努力，2009 年的一些提案中，FinCEN 指出，这的确是要优先考虑的问题，不过对冲基金的反洗钱规则目前还根本没有列入优先立法的序列。因此，目前美国的对冲基金行业，依然缺乏解决洗钱风险的明确管理框架。

图 15-3 给出了涉及对冲基金资金的反洗钱管理框架。在

放置阶段，黑钱可以直接或通过第三方投资人进入金融系统；在离析阶段，对冲基金的资金可以将流动性引入基金，这借助于投资的资产来实现；在融合阶段，投资活动可以是由非法组织所有者控制的独立资产（如小盘股股票）实施。基金从基金经理人那里拿到干净的钱，通过支付咨询费的形式来实现，就像是基金本身的收益那样，或者从幕后操盘人所控制的最终资产中扣减而作为利润拿出来。非法资金可以直接或通过第三方投资者间接进入该系统。对冲基金的基金可以通过投资的收益向它们的基金引入流动性。投资可以是独立资产，也可以由非法组织的所有者控制（就像小盘股股票）。基金要么以咨询费的形式拿到回报，要么从基金经理的业绩或由作案人控制的最终投资中取得回报。

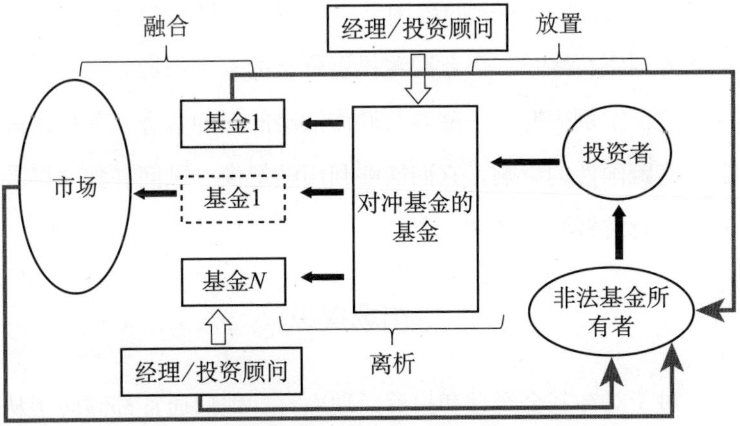

图 15－3　对冲基金的洗钱基金

说明：黑色箭头表明非法资金的流入。灰色箭头反映了干净资金的动态。

2009 年出现了一个小规模洗钱的案例。佛罗里达州和内布拉斯加州联邦调查局对德国对冲基金公司 K1 集团的两名金融专业人士的涉嫌行贿行为开展了国际调查①，K1 基金公司集团主要是投资其他对冲基金的，在导致巴克莱银行、摩根大通、法新社和法国兴业银行等四大机构出现约 4 亿美元贷款损失后遭遇了国际调查。K1 的创始人赫尔穆特·基纳（Helmut Kiener）以诈骗和违反信托责任的罪名被调查。鉴于这种情况，美国检察机关对与 K1 相关的斯蒂芬·瑟斯（Stefan Seuss）和托马斯·迈耶（Thomas Meyer）两人提起了洗钱罪的起诉。两名专业人士达成一致，承认其曾于 2007 年协助一名离岸人员转移了约 50 万美元。而实际上这名离岸人员是一名联邦卧底特工。斯蒂芬·瑟斯经营了一家注册在迈阿密的名叫 Seuss and Partners 的咨询公司，用来帮助客户开设离岸公司和外国银行账户，以此隐藏投资资金的真实来源。

这个案例表明，一些参与欺诈活动的对冲基金，其在国际上具有跨国性的影响，它们能够利用经纪商、顾问和独立推荐人来进行洗钱犯罪活动。

7. 市场操纵

对于对冲基金经理和投资经理而言，他们通常都倾向于从

① 据说 K1 对冲基金与 FBI 的洗钱行为有关联。参见：http：//www.bloomberg.com/apps/news? pid=newsarchive&sid=a.i0Az7wASBw。

市场上寻找便于操纵的股票。当经理人可以配置使用几亿美元的资金时，他可以投向这类市场，即市场的开放性利益与这笔资金相比会无限大，或者只需这个金额就可以在市场上有所作为。因此，几乎股票市场中所有类型的市场欺诈，都可以很容易地被少数对冲基金拿来操纵股价。即便是大盘股，也不免会成为对冲基金的操纵标的。很多分析师和投资者会积极买卖大盘股，这一行为表明此类股票甚至会变成操纵者的某种竞争优势。

操纵策略可以从使用基金中的大笔资金直接裸卖空股票开始，或者从会影响股票价格的操作开始。如果目标是小盘股，即使是很小的卖空头寸，也可能对其股价构成看跌压力。当价格被打压到足够低时，对冲基金再以低价买回股票；之后当市场纠错时，它们能以更高的价格出售股票实现获利。

对于中等盘子的股票或者大盘股，股价操纵机制的开始环节也很类似，但会有不同于其他投资的行为表现。许多主动管理型基金经理都会在头寸上设有触发信号和止损单。如果在一段时间（交易日）内观察到股价有较大的反向变化，则会启动止损触发机制。如果做空的卖出方设法让股票跌破触发点，并启动止损订单，许多投资者将会自动削减头寸，抛售股票，从而给该股票带来额外的打压和负的股价漂移偏差。后来，当市场机制纠正这种错误时，对冲基金再以较低的价格买入该股，并赚取利润。在小盘股中也可能出现拉高出货的场景，对冲基金也可以采取这种操纵手段来获取利润。

案例研究

CNBC主持人吉姆·克莱姆的诱导交易事件

事件背景

2009年，CNBC曾报道了一个非常富有争议的故事。吉姆·克莱姆在《疯狂金钱客》节目上对外大爆料，抖搂出他以前通过对冲基金操纵股票市场的一些欺诈手段。[①]

股票操纵

克莱姆解释了他如何通过空头持仓来影响期货市场。“很多时候，当我作为对冲基金的空头时，我的持仓就是空头，这意思就是说我需要的是市场下跌。因此，我会预先采取一系列的行动，以推动市场走势如我所愿那样发展。”

吉姆·克莱姆举了一个卖空案例，以此解释他所做出的市场操纵行为，旨在制造股票下跌压力。他把它定义为煽动，“你不能煽动，这是违规的……但是你可以变着法子来做，因为美国证券交易委员会并不清楚你到底在干什么”。他进一步补充说：“当你有六天时间时，你可能会因为账户里股票业绩表现很差而受人质疑。所以，我认为这会让煽动活动显得尤为重要。”

---

① 《克莱姆股票做空事件》，参见：http：//www.huffingtonpost.com/2009/03/11/jim-cramer-shorting-stock_n_173824.html。

克莱姆解释的最重要的事情是，如何避开第三方会承认自己采取了不当行为的可能性。对冲基金模型中，最重要的是你永远不要去做任何未来会成真的事情，因为现实会完全背离你的看法。吉姆·克莱姆建议说，重要的是要主动创造一个新的真理来延续传奇，切忌去冒任何风险。

争议

2006 年，美国证监会调查了吉姆·克莱姆和他的研究公司——TheStreet. com，指控他的股票研究公司和市场卖空者之间存在串通行径。克莱姆与迈克尔·斯坦哈特（Michael Steinhardt）一起加入对冲基金行业。迈克尔·斯坦哈特是伊凡·博斯基（Ivan Boesky）的前同事，也是热那亚有组织犯罪家庭的知名合伙人索尔·斯坦哈特（Sol Steinhardt）的儿子。

7.1　股票市场的操纵活动

为了凸显对卖空行为的重视，美国证券交易委员会引入美国证券交易委员会规章条例第 105 条，禁止在限定期内卖空股票，该限定期通常为公开发售前五个工作日，并禁止通过发售购买同一证券。

2013 年，美国证券交易委员会对 23 家公司和对冲基金经理提起触犯卖空活动禁令的法律诉讼，这是对对冲基金行业的最大打击之一[①]。最终，基金公司同意支付 1 440 万美元，用于了结对其市场操纵活动的起诉。被美国证券交易委员会指控的主要公司包括：黑石投资集团（Blackthorn Investment Group）、克莱瑞特投资公司（Claritas Investments Ltd.）、坚毅资本集团（Credentia Group）、德邵集团（D. E. Shaw & Co.）、迪尔菲尔德管理公司（Deerfield Management Company）和哈德逊湾资本管理公司。据称涉案公司违反了第 108 条规定，在限售期间做空了某一证券，与此同时又从承销商、经纪商或经销商处购买了新发行的股票。

分值股票操纵案的背景

杰根·荷默[②]（Jurgen Homma）是位从业五年多的德国籍对冲基金经理，他被联邦政府指控涉嫌欺诈，在意大利被逮捕。他被指控策划了一个旨在人为地改善基金产品业绩表现的市场操纵方案，给世界各地的投资者至少造成了 2 亿美元的亏损。

操纵手法

荷默是绝对收益资本管理控股有限公司的创始人兼首席投

① 《对冲基金支付 1 400 万美元以解决 SEC 的市场操纵指控》，参见：http://www.hedgeco.net/news/09/2013/hedge-funds-pay-14-million-to-settle-sec-market-manipulation-charges.html。

② 《在逃的对冲基金经理在意大利被捕》，具体参见：http://www.fbi.gov/losangeles/press-releases/2013/fugitive-hedge-fund-manager-arrested-in-italy-in-u.s.-case-alleging-market-manipulation-scam-that-led-to-at-least-200-million-in-losses。

资官，还是一家总部位于开曼群岛的基金公司的投资顾问。2004 年至 2007 年 9 月期间，他管理了 9 只对冲基金产品。洛杉矶的美国地方法院提出的刑事诉讼指控文件显示，荷默利用对冲基金买入了价值数十亿美元的交易清淡的股票——美国本地市场的垃圾股（penny stocks，也称为分值股票）。荷默从他拥有股份的洛杉矶的经纪商——狩猎者全球市场公司手中买入了许多分值股票。此外，据称他还通过其所控制的各种公司，通过交易买入了很多该公司的分值股票。

在对冲基金持有了数亿美元这些流动性差的股票后，荷默开始利用洛杉矶的经纪交易商，让对冲基金通过"交叉买卖"来倒手自己的股票。作为股票操纵计划的一部分，荷默和其他人将自己的分值股票不断出售给荷默所管理的对冲基金产品。"交叉买卖"有助于提振此前低流动性股票的交易价格，反过来又提高了对冲基金的资产净值和业绩表现。对冲基金业绩表现的这种明显改善，可以为荷默和绝对收益资本管理控股有限公司带来额外的管理费收入，并提振了基金公司股票在伦敦股市另类投资板上的股价表现。

结局

据称，对冲基金的欺诈行为至少给投资者造成 2 亿美元亏损。通过狩猎者全球市场公司所单独进行的交易，荷默和他的共谋者获得了超过 5 300 万美元的收入。

7.2 操纵市场以提振业绩

对冲基金之所以操纵市场，不仅是出于结构性利润的考虑，还可能是出于通过提高基金资产的净值来提高投资组合业绩的需要。资产净值往往是按协议规定的报告日进行计算的，并使用当日市场的结算价或收盘价计算。因此，人们可以尝试在市场上不停地报买单，使得收盘价格快速飙升，从而改善基金在全球市场的排名情况。

在一项广受认可的研究中，Ben-David 等人考察了对冲基金是否操纵股票市场，并通过考察关键报告日期中对冲基金持有股票的仓位高低，发现了重要的股价操纵证据。该项研究测算出对冲基金持有的高达四分之一的股票，在当月最后一个交易日都显示出具有 30 个基点的异常收益，次日则会逆转 25 个基点。这项收益的很大一部分是在本月最后一刻的最后一分钟内赚到的，临近收市的收盘价往往也是上涨的。这些证据与对冲基金通过购买某些企业的股票来激励它们的每月业绩表现相一致。那些具有提高在同类型基金中排名动机，并且操纵成本较低的基金经理，往往是最具操纵市场想法的人。

Cici 等人的研究表明，对冲基金投资顾问往往会选择故意虚假记录股票头寸。即使剔出了非流动性证券所固有的无法定价问题，对外披露时还是会存在操纵问题。在其持有的股票表现不佳（表现良好）之后，对冲基金顾问存在上调（下调）仓位的迹象。对于不经常被审计的投资顾问，他们以离岸地区客户为服务对象，自主对商业数据库进行报告，并向投资者频繁报告基金公司的业绩，往往更易于故意对外虚假披露。此外，前期研究发现，一些股票错误记录的报告往往与基金收益率的披露方式有关，例如迎合收益率接近零分布的不连续性和平滑收益的需要。

7.3　商品市场的操纵活动

由于商品市场，尤其是利基市场具有高波动率和低流动性的双重特征，它们极易成为对冲基金的操纵目标。在这些市场中，对冲基金管理人只需手握数千万美元，再配以合适倍数的杠杆，就可以操控整个市场。

2014 年 12 月，联邦能源管制委员会对宾夕法尼亚州的一家对冲基金公司开出了约 3 000 万美元的罚单，指控该公司及其交易员涉嫌操纵电力市场[①]。据称，Powhatan 能源基金有限公司及其交易员 Houlian Chen 因在区域电力传输机构 PJM 监管的电力交易市场上涉嫌操控 up-to-congestion 交易，而被指控违反了反操纵法规。

up-to-congestion 产品由区域电力传输机构提出，是一种纯粹的金融产品，它可以对冲掉系统中电力过剩和损耗所带

---

① 《联邦能源管制委员会的交易员对一家对冲公司开出 3 000 万美元的罚款》，参见：http：//www. law360. com/articles/605976/fercseeks-30m-in-hedge-fund-trader-manipulation-fines。

来的损失。该产品并不包含电力能源本身，且不涉及电力的物理传输。区域电力传输机构把它看作无需实物交割的真实交易，并在合约到期日前一天的市场中为该产品提供清算履约服务。

在充满商机的市场中，这个主要针对电力生产商和消费者设计的金融产品具有一些设计漏洞。交易员 Houlian Chen 意识到，他可以故意在两个同样的交易点同时各放置数百万兆瓦时的等额反向交易单，这两笔交易本身的财务盈亏会相互抵消，他却可以通过这个市场的特有机制获得额外的临界损失盈余分配收益。

由于电力无法储存，因此在每次交易中，电力供求的不平衡需要立刻被补足，以避免价格的跳空。这意味着需要向市场参与者分配电力余量。该机制虽不是为金融投资者所设计的，却被对冲基金者发现了一些可被利用的缺陷。

在大宗商品领域，最近全球的对冲基金开始以实物投资为目标，主要集中于囤积农产品。仅就商品市场而言，便利收益的出现表明拥有实物资产相对于期货资产更有优势。除了投资现货商品实物外，对冲基金开始瞄准存储能源、农业土地和其他相关基础设施。巨大的流动性有助于一些大宗商品的价格上涨和波动。

2010 年，对冲基金 Armajaro 公司在可可实物市场上投资了 9.92 亿美元[①]，几乎相当于整个欧洲的巧克力消费总额。该投资是由 Armajaro 联合创始人兼欧洲可可协会前主席安东尼·沃德（Anthony Ward）于 1998 年最先发起设立的。由于对冲基金通常参与的是期货市场，因此该交易采取实物交割的方式显得非常不寻常。这项投资背后的逻辑是，如果某个交易员控制了可可的全部供应量，那么他可以很轻易地扭转市场走势，并借此获利。虽然投资本身没有引起监管机构的怀疑，但由于商品投机对农业经济实体的负面影响，一些游说团体不断要求查处此类交易。在这个事件之后，一个反贫困的世界发展运动组织开始对英国和欧盟施加巨大压力，要求以美国的案例为参照，对投机者可以在市场中投入的金额上限做出限制。虽然这笔投资并没有违法违规，但它凸显了对冲基金在利基市场上的影响力。因此，在这些类型的环境中，由于对冲基金和其他非金融交易者在获取市场流动性能力上的不对称性，现货和期货市场被操纵的可能性很大。

7.4　对冲基金同盟

伦敦同业拆借利率及汇率被操纵事件显示，银行家们为操控基准利率而狼狈为奸。同样的事情也可能发生在对冲基金之间。在一个拥有近 10 000 亿美元的行业中，尤其是在中型市

---

① 《可可公司投资者购买 6.5 亿磅可可豆》，参见：http：//www.bbc.co.uk/news/business-10682433。

场上，如果一些对冲基金密谋串通执行操纵策略，实施计划将会非常容易成功。即便在大型市场中，只要有大型对冲基金加入，那么操纵策略也很容易成功。比如，在欧元区危机爆发前夕，就有传言称对冲基金试图针对经济极不景气的主权国家债务开展投机性攻击。

8. 对冲基金的业绩评价指标及其问题

为了准确预测基金或策略的风险调整后的收益率，对冲基金会采用一系列指标来进行业绩评价。大多数的业绩衡量指标都是基于历史数据来计算的，但是对其预测未来的能力也都做了回测。经典的业绩表现指标的缺陷在于它们会被平滑化或人为操纵，以便让基金的运营人员能给人留下乐观的印象。以下部分将讨论每个度量指标是如何被歪曲的。

8.1 夏普比率

夏普比率是夏普先生提出的，他总结出两个度量指标（即均值和方差）。夏普比率建立在马科维茨均值—方差组合模型的基础上，假设单期的预期收益率均值和标准差的分布具有足够多的统计数据，那么就可以用来帮助评估投资组合的前景。实际的实现会使用事后结果，而理论讨论集中在事前估值。这或隐含或明确地在假定过往业绩至少具有某种预测能力。我们假设 δ 为收益率，R_X 为超过无风险利率 r_f 的超额收益率；$\delta=R_X-r_f$，σ_δ 是 δ 的标准差。在数学上，把夏普比率定义为：

$$S_X = \frac{E(R_X - r_f)}{\sigma_\delta} \tag{1}$$

戈茨曼（Goetzmann）等人指出，当夏普比率最大化时，夏普比率保持不变。因此，可以将预期的超额收益率固定在任何正值 $\bar{\delta}$ 上，来表示最大化夏普比率。从未来的目标看，这意味着超额收益率应该套用如下公式：

$$\bar{\delta} = \sum_{i=1}^{m} \pi_i \delta_i \tag{2}$$

其中，π_i 是状态 i 的发生概率，δ_i 是物理度量下的超额收益率。

因此，夏普比率可以重新定义为：

$$S_X = \frac{\sum_{i=1}^{m} \pi_i \delta_i}{\sqrt{\sum_{i=1}^{m} \pi_i \delta_i^2 - \bar{\delta}^2}} \tag{3}$$

在以状态概率 $\hat{\pi}_i$（关于 $0 = \sum_{i=1}^{m} \hat{\pi}_i \delta_i$）表征的风险中性措施下，最大可能的夏普比率表示为：

$$S_X^* = \sqrt{\frac{\hat{\pi}_i^2}{\pi_i} - 1} \tag{4}$$

从任何给定时刻的动态角度看，夏普比率可以被人为操纵，以调整实现的回报和未来预期的回报之间的差额。

我们假设基金经理的历史平均超额收益率为 $\bar{\delta}_h$，标准偏差为 σ_h，投资组合的未来平均超额收益率和标准差为 $\bar{\delta}_v$ 和 σ_f。整个周期的夏普比率可以定义为：

$$S - \frac{\pi_h \bar{\delta}_h + (1 - \pi_h)\bar{\delta}_f}{\sqrt{\pi_h(\bar{\delta}_h^2 + \sigma_h^2) + (1 - \pi_h)(\bar{\delta}_f^2 + \sigma_f^2) - [\pi_h \bar{\delta}_h + (1 - \pi_h)\bar{\delta}_f]^2}}$$

$$S=\frac{\pi_h\bar{\delta}_h+(1-\pi_h)\bar{\delta}_f}{\sqrt{\pi_h\bar{\delta}_h^2(1+S_h^{-2})+(1-\pi_h)\bar{\delta}_f^2(1+S_f^{-2})-[\pi_h\bar{\delta}_h+(1-\pi_h)\bar{\delta}_f]^2}}$$

其中，π_h 表示的是过去历史状态的权重。

为了最大化上一个公式的夏普比率，未来的目标意味着超额收益率应该采取如下形式：

$$\bar{\delta}_f^*=\begin{cases}\dfrac{\bar{\delta}_h\cdot(1+S_h^{-2})}{1+S_h^{-2}} & \text{若}\quad \bar{\delta}_h>0\\ \infty & \text{若}\quad \bar{\delta}_h\leqslant 0\end{cases}\tag{5}$$

简单来说，如果基金经理过往业绩的夏普比率较好，那么未来的预期超额收益率应该比过去的要低一些；如果基金经理过往业绩的夏普比率较差，那么未来的预期超额收益率应该超过历史超额收益率。

因此，可以通过平滑目标收益率，使用以下公式实现夏普比率的最大值：

$$S^*=\begin{cases}\sqrt{\dfrac{S_h^2S_f^{*2}+\pi_hS_h^2+(1-\pi_h)S_f^{*2}}{1+(1-\pi_h)S_h^2+\pi_hS_f^{*2}}} & \text{若}\quad S_h>0\\ S_f^*\sqrt{\dfrac{1-\pi_h}{1+\pi_hS_f^*}} & \text{若}\quad S_h\leqslant 0\end{cases}\tag{6}$$

图 15－4 给出了戈茨曼等人设计的系列对冲基金回报的夏普比率的动态操纵。并且如上所述，与夏普比率有关的其他一些指标，如詹森（Jensen）阿尔法指数、索提诺比率或 Treynor-Mazuy 时间计量都可以实现动态操纵。

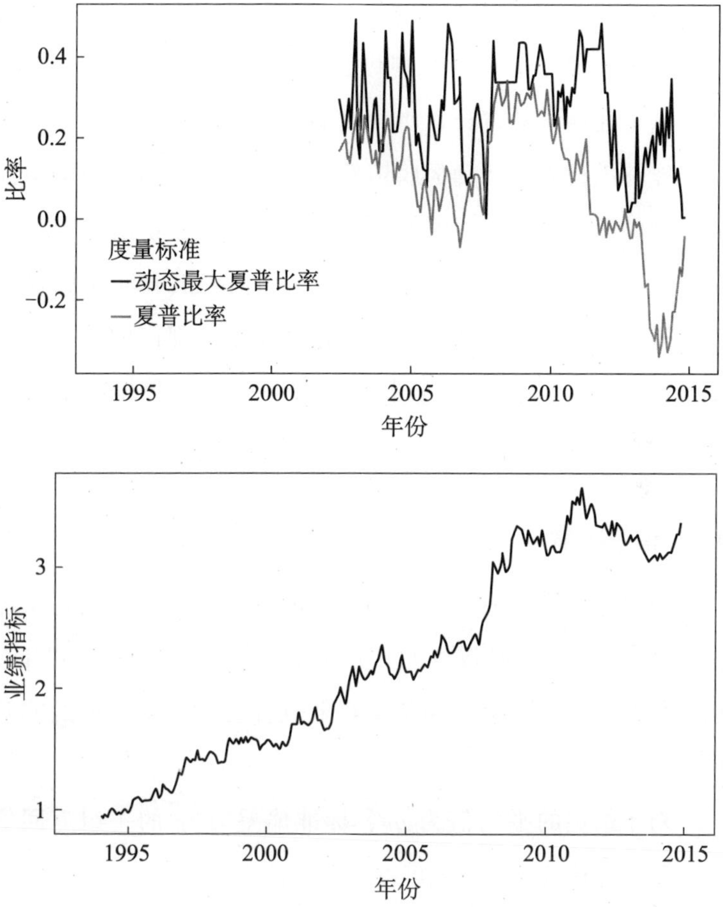

图 15-4　针对一系列对冲基金夏普比率的动态操纵

9. 欺诈的指标

安然事件爆发之后，学者梁（Liang）首次对对冲基金收益率的准确性做了研究。研究显示，经过审计的对冲基金的收益率差异远低于未经审计的对冲基金。另外，研究还指出，审计虚拟变量与基金规模之间存在显著的正相关关系。大型基金往往会被审计，小规模的基金则不需要，因为大型基金能够出得起审计师的聘请费用，而且它们的大型资金池或复杂的组合头寸也更需要接受审计。而在交易所上市的基金、FOF 基金（与对冲基金相比）、面向美国和非美国投资者的基金、向公众开放的基金、投资于单一部门的基金（与多个部门相比），以及无杠杆的基金，它们的数据质量比其他基金要更好。

9.1 偏差比率

由阿卜杜拉（Abdulali）引入的偏差比率指标，是用于评估基金收益率是否被操纵的最常用指标。在麦道夫事件期间，据称偏差比率表现出对冲基金行业软件提供商所预期的非凡价值①。

对于给定的平均值为 μ_R、标准偏差为 σ_R 的一组返回值 R_i，其离散形式的偏差比可以表示为：

$$\mathrm{BR}=\frac{\sum_{i=1}^{M} R_i \cdot 1(0 \leqslant R_i \leqslant \sigma_R)}{\text{Const.}+\sum_{i=1}^{M} R_i \cdot 1(-\sigma_R \leqslant R_i \leqslant 0)} \tag{7}$$

在连续形式中，回归方程表示为：

---

① 关于对冲基金的风险和措施，参见：https：//www.riskdata.com/resources/hedge_funds_risk_and_replication.html。

$$\text{BR} = \frac{\int_{-\infty}^{\infty} R \cdot 1(0 \leqslant R_{\text{i}} \leqslant \sigma_R)\,\text{d}R}{\text{Const.} + \int_{-\infty}^{\infty} R \cdot 1(-\sigma_R \leqslant R_i \leqslant 0)\,\text{d}R} \tag{8}$$

偏差比率类似于随机性的检验，因为它是一种可以识别收益分布中的异常状况的数学技术。偏差比率指标只不过是在观察收益分布的一个标准差范围内，正收益频率与负收益频率的比率，以此来评估收益分布的不对称性。

偏差比率具有以下特征：

（1）$0 \leqslant \text{BR} \leqslant \infty$

（2）如果 $R_i < 0$，对于任意的 $i > 0$，那么 $\text{BR} = 0$

（3）如果 $R_i > \sigma_R$，对于任意的 $i > 0$，$R_i > 0$，那么 $\text{BR} = 0$

（4）如果 $E(R_i) = 0$ 且 $E(R_i^3) = 0$，那么 $\text{BR} \rightarrow 1$。

从上述所列的最后一个特征可以看出，在有效市场中，流动性较高的基金的偏差比率应该接近 1。高流动性证券具有很强的序列相关性，因此该基金的偏差率将大于 1。在古典策略中，投资基金的高偏差率应该是一个报警信号。

9.2　收益分布的不连续性

当业绩指标被基金经理人操纵时，通常业绩改善的频率要高于负向变动的频率，从而导致在关键点（即管理目标绩效）周围的业绩变化分布的不连续性。

对于巴哥泰勒（Burgstahler）和迪切夫（Dichev）报告的收入，对其业绩指标的不连续性进行了讨论。竹内（Takeuchi）

提出了一种简单的统计检验，以验证收益的不连续性。

假定 R_i，$i=1$，2，…，M 是一组具有分布函数 F 的独立随机变量。假设等间隔点 $-\infty=\zeta_0<\zeta_1<\zeta_2<\cdots<\zeta_k=\infty$，其中 $\zeta_k-\zeta_{k-1}=Z$，每个间隔段的经验频率由下式给出：

$$Z_j=\sum_{i=1}^{M}1[R_i\in(\zeta_{j-1},\zeta_j)]\quad(j=1,2,\cdots,k)\tag{9}$$

Z_j 遵循多项分布，因此其可以改写为：

$$p_j=P[R_i\in(\zeta_{j-1},\zeta)]=F(\zeta_{j-1})-F(\zeta_j)\tag{10}$$

其中，Z_j 的期望为 $E(Z_j)=Mp_j$，方差可以写为 $\mathrm{var}(Z_j)=Mp_j(1-p_j)$。

统计不连续性检测是：

- H_0：在 bin j 中，分布平滑，$(p_{j-1}+p_{j+1})/2-p_j=0$
- H_a：在 bin j 中，分布不能表现为平滑。

测试的统计可以表示为：

$$\tau_{\mathrm{BD}}=\frac{(p_{j-1}^*+p_{j+1}^*)/2-p_j^*}{\sqrt{\mathrm{var}[(p_{j-1}^*+p_{j+1}^*)/2-p_j^*]}}\tag{11}$$

在 bin j 中，观察结果的经验概率为 $p_j^*=Z_j/M$，测试方差为：

$$\mathrm{var}[(p_{j-1}^*+p_{j+1}^*)/2-p_j^*]=\frac{1}{M}\{p_j^*(1-p_j^*)+p_j^*[(p_{j-1}^*+p_{j+1}^*)]+0.25(p_{j-1}^*+p_{j+1}^*)[1-(p_{j-1}^*+p_{j+1}^*)]\}\tag{12}$$

在原假设下，测试遵循正态标准分布：

$$\tau_{\mathrm{BD}}\propto N(0,1)\tag{13}$$

基于这个公式，可以根据 τ_{BD} 的值来评估平滑假设是否可以在给定的置信区间水平被拒绝。

9.3　零返回数量

作为前一测试的推论，不连续性经常表示零收益。在博伦（Bollen）和普尔（Pool）之后，假设真实收益正态分布为 $N(\mu, \sigma)$，给定收益的概率 p^0 被归结为最接近基点的基金为 0.0000，由下式给出：

$$p^0 = \int_{-\eta}^{\eta} \frac{1}{\sqrt{2\pi}\sigma} e^{-o.5(\frac{x-\mu}{\delta})^2} \mathrm{d}x \tag{14}$$

其中，η 是四舍五入约定。因此，通过伯努利分布，在 n 次观察中出现 k 次零点的概率为：

$$p_{k,n}^0 = \begin{bmatrix} n \\ k \end{bmatrix} (1-p^0)^{n-k} (p^0)^k \tag{15}$$

然后，基于上述概率，通过累积分布函数确定观察 k 个零点的临界值。当生成观测到 k 零收益的概率或更多的概率低于某个阈值时，就形成了一个报警触发。

对于负收益的情况，概率表示为四舍五入约定 η：

$$p^- = \int_{-\infty}^{-\eta} \frac{1}{\sqrt{2\pi}\sigma} e^{-0.5(\frac{x-\mu}{\sigma})^2} \mathrm{d}x \tag{16}$$

因此，在 n 次观测中观察到 k 次负收益的概率等于：

$$p_{k,n}^- = \begin{bmatrix} n \\ k \end{bmatrix} (1-p^-)^{n-k} (p^-)^k \tag{17}$$

上述情况中的观察阈值可以运用到 $p^{-}_{k,n}$ 中。

9.4 业绩操纵的衡量

为了解决操纵业绩指标问题，戈茨曼等人引入了一个具有三个属性的业绩操纵指标（manipulation-proof performance measure，MPPM）：

• 分数的值不应该取决于投资组合的美元价值。

• 对于不知情的投资者，不能期望通过偏离基准投资组合来提高他们的估计分数；同时，知情的投资者应该能够获得更高得分的投资组合，并且他们总是可以通过利用套利机会来做到这一点。

• 该测试应符合标准的金融市场均衡条件。

同时，度量标准应该考虑到每个业绩指标的一些基本条件：

• 分值必须随着收益而增加。

• 分值应该是凹性的，以避免通过杠杆效应或加剧风险来增加分数。

• 分值应该是可划分时间段的，以防止估计统计的动态操纵。

• 分值应该有一种有效通用的形式。

9.5 疑似比率

布朗娜（Browna）等人提出了一种新的测量方法，即疑似比率（doubt ratio，DR），用其检测基于 MPPM 的可疑资金。如前所述，考虑到观察到的收益和无风险利率，MPPM 是相对风险规避的递减函数。例如，如果某只基金的预期超额收益率为正，且没有波动性，那么该基金的隐含风险规避是无限的，每个观察到的收益是相同的，即 $r_1=r_2=\cdots=r_N$，并且 MPPM 也不会波动，即 Θ（1）$=\Theta$（2）$=\Theta$（3）$=\cdots=\Theta$（N）。

定义疑似比率的公式为：

$$\mathrm{DR}=\frac{\Theta(2)}{\Theta(2)-\Theta(3)}+2\cong\frac{2\bar{\delta}}{(s_{\delta}^{*})^{2}}+1 \tag{18}$$

其中，$\bar{\delta}$ 是平均超额收益，$s_{\delta}^{*}=s_{\delta}\cdot\sqrt{(T-1)/T}$，$s_{\delta}$ 是超额收益的样本标准差。因此，对于一系列没有负收益的收益，疑似比率趋于无穷大。

9.6　条件序列关联

盖特曼斯凯（Getmansky）等人强调对冲基金和其他投资的收益通常是高度连续相关的，这很可能是由流动性不足和收益平滑导致的。由于市场交易的稀缺，通过盯市模型进行估值，会产生一系列的相关性。因此，在流动性不强的市场中，管理者采取平滑误报的倾向性越来越大。

博伦和普尔提出了一个直接的方法来测试有条件的序列相关性，观察到的报告日基金收益 R_t^O 与基金投资组合的实际收益 R_t 之间的区别也是重要的。我们假设平滑程度和序列相关性是实际滞后收益的函数：

$$R_t^O=b_0+b^{+}\cdot R_{t-1}^{O}1_{R_{t-1}^{O}\geqslant\mu}+b^{-}\cdot R_{t-1}^{O}1_{R_{t-1}^{O}<\mu}+\varepsilon \tag{19}$$

其中，ε 为残差，μ 为历史收益的平均值①。

因此，b^- 旨在捕获低于平均收益的序列相关性。b^+ 系数为正，表示高于平均收益率的序列相关性很大，与私自占用资金行为一致。测试结果评估 b^+ 在一定置信水平内是否为正，将引发警报信号。

9.7 数字测试

当管理人员的干预使业绩报告变得平滑时，他们在沟通中使用的数字将遵循一些特定的模式。这些类型的模式可以用本福德（Benford）在金融犯罪评估中使用的方法进行测试。

9.7.1 均匀性试验

施特劳曼（Straumann）开发了一种统计检验方法，该方法可以检测对冲基金的收益率特征，这些模式中表现出独特的且最有可能的人工模式，这是值得研究的。如施特劳曼所述，均匀性检验将 0 到 9 之间的每个数字结束的观测值的百分比与均匀分布在零点以下的 10%的预期值进行了比较。经典适合度测试 U 服从渐近分布：

$$U=\sum_{d=0}^{9}\frac{(D_d-M\cdot 0.1)^2}{M\cdot 0.1} \tag{20}$$

其中，D_d是以数字 d 结尾的观测总数，M 是观测总数。U 为服从自由度为 9 的 χ^2渐近分布的统计量：

① 实际上，博伦的方法是在测试实际回报率是高于还是低于平均值才合适。

$$U \propto \chi_9^2 \tag{21}$$

如果检验统计量超过 χ_9^2 分布的 $1-\alpha$ 百分位数，那么 α 对应置信水平。

如果将这个测试应用于巴克莱对冲基金数据库中的每月收益，纯对冲基金的可疑性表现为 13.4%，基金为 9.2%，CTA 为 15.7%，如表 15-1 所示。

表 15-1　巴克莱对冲基金数据库中每月收益的数字测试

类型	怀疑	总数	百分比（%）
对冲基金	496	3 697	13.4
基金总额	94	1 018	9.2
CTA	158	1 003	15.7

9.7.2　Benford 定律

另外一种评估虚假业绩报告的经验性替代方法是借助 Benford 定律，其面对的是一组 Benford 数值中出现数字为十进制的概率。应该记住，Benford 定律规定，分配由下式给出：

$$P(d)=\log(d+1)-\log(d)=\log(1+1/d) \tag{22}$$

图 15-5 给出了全球巴克莱对冲基金绩效指数的第一位数分布示意。本案例的观测分布遵循理论规律。用 Benford 定律测试业绩报告的各种方法将在另一章中讨论。图 15-6 显示了名为 Fairfield 的基金收益的第一位数分布情况，该基金是 Madoff 主要持有的基金。表 15-2 显示了将 Benford 定律拟合的 χ^2 检验应用于巴克莱数据库每月的资金表现的结果。基金的资金似乎表现出最可疑的模式，超过 34%的资金并不遵循 Benford 的数字定律。

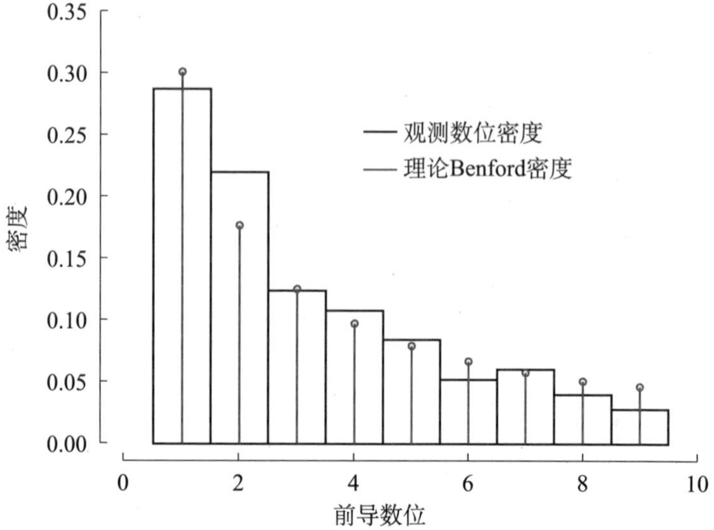

图 15-5　全球巴克莱对冲基金表现指数的第一位数分布

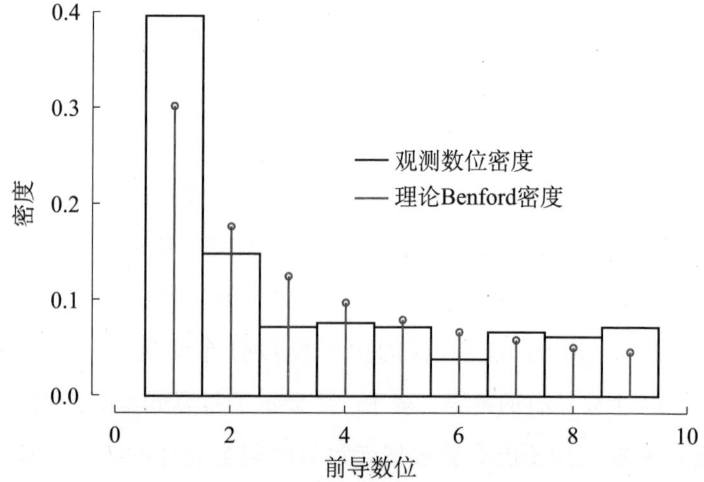

图 15-6　作为 Madoff 主要持有基金的 Fairfield 基金收益的第一位数

表 15-2　Benford 测试适用于巴克莱对冲基金中包含的月度收益率数据

类型	怀疑	总额	百分比（%）
对冲基金	593	3 697	16.0
基金总额	349	1 018	34.2
CTA	148	1 003	14.7

10. 展　望

2014 年 12 月，汇丰银行清盘了泽西对冲基金全球顾问公司的所有账户，并终止了与其的业务关系。全球顾问公司是全球第一个对比特币进行监管的投资服务机构。据称，该银行的决定是正当的，因为比特币存在被用作洗钱工具的嫌疑，并且由于北美当局对来自南美卡特尔的干净资金的禁令，这些比特币被处以罚款。这则消息似乎具备整个事件的所有成分：避税港、加密货币、对冲基金、洗钱和汇丰银行。

然而，背后的事实是对冲基金行业正进入一个非常迅速发展的新领域，该领域尚未被审慎监管机构各部门覆盖到，处于缺乏成熟监管的状态。另一个例子是，随着银行业融资的遍及，P2P 贷款市场发展迅速，特别是在主权债务水平较高的国家。

在当前环境下，对冲基金行业将继续发展，金融犯罪的复杂性和规模也必然会随之增长。由于对冲基金行业缺乏强有力的监管机制，在许多方面该行业仍然保密。这一事实也被其行业的竞争性质所证明。但在这种情况下，就很难预测对冲基金是否会出现异常情况。哈利·马科波洛斯（Harry Markopulos）的案例显示，在骗局曝光之前，麦道夫的骗局在这一领域是独一无二的。

因此，调查对冲基金应该更多的是基于本能和模糊推理，而不是常规的尽职调查问题，例如“风险委员会中有多少成员是公司的董事?”但是，为了能够实施这样的调查，潜在投资人应该有先验信息的权利。富有的个人甚至家族办公室，在评估对冲基金是欺诈还是操纵方面，都不可能具有这种洞察力。仔细查看上述欺诈指标，可以提供一种有效的方式来了解基金的表现是真实可信的还是人为的。多年以来，可疑性比率向麦道夫的投资人发出预警，但毫无结果。在现实社会中，只有经验丰富、人脉广泛的个人，才能公正评价对冲基金给投资人所带来的真实风险。

第十六章
新兴市场的金融陷阱

1. 背 景

20 世纪 90 年代，全球地缘政治平衡发生了结构性变化。加之南美洲、远东地区和非洲地区的经济发展快速，标志着全球金融市场的发展出现了转折。因此，诸如迪拜、香港、上海和莫斯科这样的新兴金融中心，日渐在国际金融交易中发挥重要影响，开始受到全球范围内的重视。

伴随本地区金融市场的发展，这些地区对金融工具的认知和误解所带来的威胁也就随之产生。第一个威胁来源于这样一个事实，即许多新兴国家的经济逐渐从政府管制转向私人所有制。在东欧国家集团，此次产权转移过程没有任何透明度可言，只是让一代商业巨头和寡头们得权。大多数情形下，财产从公有向私人的转让中，都隐藏着地方犯罪团伙直接或通过收保护费的方式在接管财产。

第二个威胁主要是由这些地区对自由市场——尤其是金融市场——普遍缺乏管理经验引起的。因此，在许多新兴股票市场中，操纵市场和内幕交易事件屡见不鲜也就不足为怪了。在越来越多的私有公司上市过程中爆发出证券欺诈丑闻，而且与国家的私有化进程紧密相关。这为贪污人员和犯罪分子创造了机会，使他们得以从金融市场机制中获利。

新兴经济体面临的第三个威胁，来源于对商品和供应能力（运输与货物）的争夺。许多新兴经济体中，如苏联、南美和非洲国家都拥有丰富的天然资源，其中两种最大的天然资源就是石油和铝。

例如，从全球的石油储备资源分布来看，石油主要集中在新兴市场国家[①]中，它们占据全球储备的60%以上，而北美和沙特阿拉伯的占比不到30%（见表16－1）。

表16－1　　2013年石油储备的地理分布

序号	国家或地区	石油（亿桶）	百分比（%）
1	沙特阿拉伯	265.9	15.8
2	加拿大	174.3	10.3

①　对于新兴市场国家有着许多种不同定义，为简单起见，这里把新兴市场国家定义为发展中国家。

续前表

序号	国家或地区	石油（亿桶）	百分比（%）
3	美国	44.2	2.6
4	委内瑞拉	298.3	17.7
5	伊朗	157	9.3
6	伊拉克	150	8.9
7	科威特	101.5	6
8	阿拉伯联合酋长国	97.8	5.8
9	俄罗斯联邦	93	5.5
10	利比亚	48.5	2.9
11	尼日利亚	37.1	2.2
12	哈萨克斯坦	30	1.8
13	卡塔尔	25.1	1.5
14	新兴市场总和	1 038.4	61.5
15	其他	165.2	9.8
	累计	1 687.9	100

资料来源：BP 公司。

在全球金属资源和生产上，新兴市场国家的铝产量占全球产量的约 62%（见表 16－2）①。

表 16－2　　全球铝产量的地理分布

国家或地区	百分比（%）	铝产量（百万吨）
美国	4	1.644
其他	19	7.809
澳大利亚	5	2.055
加拿大	7	2.877

① 全球铝业的情况，可以参见：http：//www. world-aluminium. org/media/filer _ public/2013/02/25/an _ outlook _ of _ the _ global _ aluminium _ industry _ 1972 _ - _ present _ day. pdf。

续前表

国家或地区	百分比（%）	铝产量（百万吨）
挪威	3	1.233
中国	39	16.029
印度	4	1.644
中东	6	2.466
巴西	4	1.644
俄罗斯	9	3.699
新兴市场总和	62	25.482
实物累计	100	41.1

相比 40 年前，目前全球 30%以上的铝是在美国生产的。

商品战争包括两场“战役”。一场发生在金融市场上，另一场则在地缘政治上受到不同层面的影响。进一步说，这场商品战争有两个维度：

• 第一个维度就是资源（矿山、石油和天然气领域）和基础设施（运输和原材料转化）所有权所带来的地面的物理经济战役。在一些非洲国家，这一阶段的战役很残酷，有时甚至出现不同派系为争夺各种资源的所有权和开采权而爆发真正战争。政府和私营企业家直接联络地方政府，并参与资助资源勘探项目。在人均国内生产总值（GDP）低的国家中，频频曝出国家层面的腐败丑闻和白领犯罪活动。在这种情况下，像中国这样的大宗原材料消费大国，主要依赖从非洲国家进口大宗原材料，确保能覆盖从在当地采矿到材料运输及送达阶段的整个供应链条。

• 第二个维度的战役则与金融市场有关，这也与上一维度关系密切。在很大程度上，勘探项目的可行性高度依赖勘探资源的市场价格。低迷的市场价格可能会导致项目的废弃和中断。举一个在塞拉利昂发生的铁矿石开采的案例，正是由于商品市场下跌，铁矿石的价格大幅回落，导致了该开采项目经营困难。因此，在利基市场[①]上，通过对金融市场的操纵，可以对推动或阻止现实的勘探项目起到战略性作用。

新兴市场国家的基本特征是以上三大威胁之间会相互关联，并因各公司参与到资源勘探或能源供应私有化并最终上市而更加紧密地联系在一起。

2. 东部地区的私有化

在这一背景下，私有化标志着产权由政府或政府部门控制的公司或者财产让渡到私有企业或个人的手中。20 世纪 80 年代末、90 年代初，某些共产主义国家掀起了巨大的私有化浪潮。主张国有企业私有化的主要论据，是宣称财产私有化后会大大改善管理效率。管理效率大幅提升的主要原因是私营业主会以盈利最大化为核心运营企业，而政府的焦点是从潜在盈利中进行社会再分配。

1992 年，也就是苏联垮台之后一年，科恩和施瓦茨发布

---

① 利基市场是指那些高度专业化的需求市场，即较大的细分市场中具有相似兴趣或需求的一小群顾客所占有的市场空间。——译者注

了一篇研究报告，给出了他们对于东欧国家私有化过程的非常严谨甚至具有前瞻性的预测。作者明确指出已经呈现出私有化进程的趋势，并准确预测了在这一进程中犯罪集团会聚集起来。此报告中强调了东欧国家的私有化并不能把现有国有企业变成预期的更高效和更有创新力的实体，因为只有在已建立资本主义企业制度的背景下，私有制本身才是有意义的。这些公司之间的相互关系，已经把公司和与它们相对应的传统市场联系起来了。而政治因素的存在，已经使东欧成了“不适宜快速进行私有化改造的地区”。在私有化过程中，官员和工厂的经理人，以及与他们结盟的罪犯们有充足的资本和流动性，使得其可以在工厂财产拍卖时进行投标。同样，科恩和施瓦茨也指出，腐败会成为东欧的一大问题，而缺乏经验的市场监督官员将无法制定出有效的政策来控制局面的恶化。更重要的是，此项研究前瞻性地指出，操纵市场、人为炒作股票、传播内幕消息获取回扣，以及有组织的洗钱等活动都将出现，根本无法避免。

在东欧的私有化进程中，以上的所有预言最终均一一兑现，并形成一种全新的经济发展模式，即“灰色资本主义”。在这种新的经济发展模式下，企业的架构、行为及治理方式都有自己清晰的特点，并与传统的西方企业截然不同。

因此，在东欧经济体系里，提出一种具有代表性的公司治理模式就显得十分重要。柏林墙倒塌后，在宽松的法律框架下出现了更多机会。相对于西方经济体中的公司，新资本主义国家里的企业不够透明，管理不够规范，而日常经营也隐藏着收买、勒索及腐败等活动。在外资进入之前，东欧的商业结构无法完整展现给海外投资者。自 20 世纪 90 年代私有化进程加速，到 21 世纪早期，前共产主义国家的企业重新回归到要将企业经营权与其所有权分离的时代。在此之前，“企业家”得以用个人名义控制了全部的公司财产、员工、供应商、客户和银行服务（见图 16－1）。为了让这些行为在现代商业管理框架下显得具有合理性，这些原来由一个或一帮“企业家”控制的公司纷纷调整管理层架构。管理层掌控有形和无形资产，并负责维护之前与会计、法律服务机构的关系，也确保与银行之间保持联系。所有涉及生产、库存及交易的行为都交由专门部门来执行，以确保全部利益把控在管理层的手中。经营团队则从管理层手中租入企业财产，并用于支付其他普通事务。这样一来，管理层便没有任何违规记录，而经营层也得以继续像他们在 20 世纪 90 年代时那样正常经营。到了 21 世纪末，管理层们大多会选择在避税天堂注册控股公司来巩固地位。在所有避税天堂中，塞浦路斯和迪拜是最具代表性的地域。而其中一些存活下来的公司，则怀揣着更大野心，并最终得以在大型股票交易所挂牌上市。

莫斯科市是全球最大的百万富翁聚集地，在这里集聚了一大批苏联时代的富翁，这里是一个从 20 世纪 90 年代叶利钦时代到现在普京时代幸存的受益者的庇护所。在这些人中，金融圈里最赫赫有名的人物就是奥列格·德里帕斯卡（Oleg Deri-

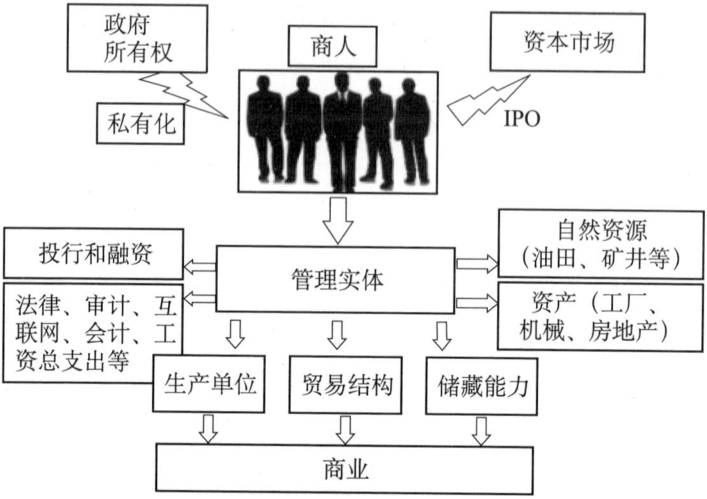

图 16-1　私有化公司的治理结构

说明：这些业务与所有权结构是分开的。一些公司艰难地转向私有化，进而谋求在股票交易所上市。

paska）。20 世纪 90 年代前，苏联私有化的最典型案例就是俄罗斯铝业生产商 Rusal 公司，其在经历了一系列不透明的艰难重组后，终于登陆现代资本市场。隐藏在 Rusal 公司背后的是一位叫做奥列格·德里帕斯卡的标志性人物，他曾是俄罗斯排名前五的寡头执政者，而且他与俄罗斯政府关系甚密。在叶利钦时代早期，奥列格·德里帕斯卡是莫斯科国立大学理论物理学系的优秀毕业生（许多知名的寡头都曾在此做学问和研究）。如果前总统安德罗波夫（Andropov）今天还活着，那么人们可能更多听到的就会是奥列格·德里帕斯卡所发明的定理，而不是现在听到的他投资控股的 Basic Element 公司。在 20 世纪

90 年代前后，他离开大学后，就开始以金属贸易业务为生：当时，他以 400 美元的最低价买进一吨铝，并以 1 200 美元卖出去，一年获得 1 000%的收益。20 世纪 90 年代时，他在最火热的“铝战争”[①] 时期接管了几家铝工厂。这场争夺战主要是为了控制在西伯利亚的（克拉斯诺亚尔斯克、伊尔库茨克和布拉茨克）工厂的生产能力，以及降低铝的生产成本、拥有便宜的水电站。在这场争夺战中，奥列格·德里帕斯卡得到了一位有着刑事调查当局背景的俄罗斯裔以色列商人迈克尔·查尼（Michale Cherney）的支持。争夺战期间，奥列格·德里帕斯卡仔细分析了各种利弊后，也给当地的犯罪集团交纳了保护费。

2010 年 1 月，在完成内部整合后，Rusal 公司在香港和巴黎两地同时上市，并以超过 22.4 亿美元的股价累计发行了股票 16.1 亿股，也可以说其出售了 11%的市值。Rusal 公司在首次公开募股（IPO）全程中，始终被其自身 150 亿美元的巨额负债和所有权争夺诉讼的外部争议所包围。在周四当天的公告中，至少有四家投行都对投资者给出“买入”推荐。瑞士信贷银行、美国银行、美林证券和 Liberum 资本对于 Rusal 公司股票的评价都是“超出预期”。基于 Rusal 公司在西伯利亚拥有低价格的水电站资产这个理由，总部位于香港的中银国际证

① 在俄罗斯电视节目《Brigada》中，对于“铝战争”有着更准确的介绍。亚瑟是西伯利亚铝生产厂的所有人，被迫要向新出现的黑社会团体交纳保护费。

券认为，它会变成全球生产成本最低的铝生产商之一，依据这一理论，它给出了“买入”建议。

这起 IPO 引发了多方人士对香港监管机构的批评。正是由于香港监管机构允许这家负债高达 150 亿美元的公司上市的行为，严重破坏了中国地区作为著名金融中心的信誉。针对这一事件，香港交易所也作出回应：将对潜在投资人做出最多买入 100 万港元（129 000 美元）份额股票的限制，同时也提醒投资人应注意 Rusal 公司高额负债的潜在风险（见图 16－2）。通过超额配售 10.6％的股权，Rusal 公司在这次 IPO 中累计募集资金 22 亿美元，将其 149 亿美元的负债降低到 129 亿美元。在瑞士信贷银行的研究报告中，提到希望 Rusal 公司能从最近铝价反弹中受益。同时，该银行也研判指出，当年铝价会从 2009 年下半年的 86 美分 1 磅上涨至 1 美元 1 磅（1 磅≈0.45 千克）。

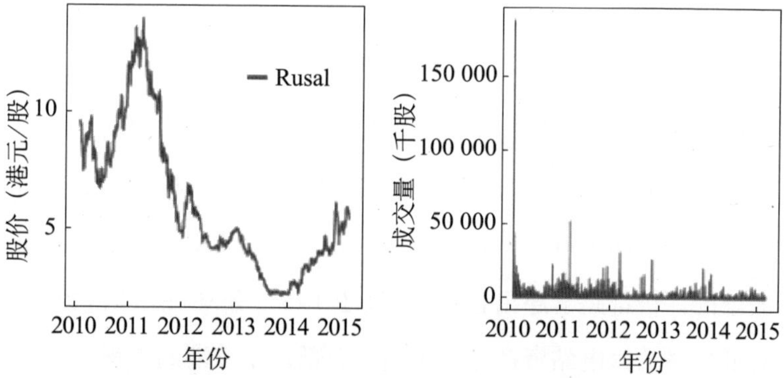

图 16－2　Rusal 公司的股价和成交量

说明：2010 年 1 月，Rusal 公司在香港和巴黎上市，募集超过 22.4 亿美元，出售了 16.1 亿股，占总市值的 11％。

奥列格·德里帕斯卡：俄罗斯新贵的画像

起步时期

在做学术研究时，奥列格·德里帕斯卡发现他可以通过买卖金属和其他商品来挣钱。于是，当时他就以 100 美元注册资金开办了自己的第一家经纪公司。

从 2008 年金融危机中逆袭

在 2008 年金融危机中，奥列格·德里帕斯卡的资产迅速缩水，并差一点破产，这是因为在短短一年不到的时间里他在 Rusal 公司的投资损失就高达 60 亿美元。此外，由于他与普京的私人关系很好，奥列格·德里帕斯卡成为有政府背景的国家发展银行的首批救助对象，收到了 45 亿美元的救助资金，这个数目几乎是一家商业银行所能拿到的救助上限的两倍。

情况补充

奥列格·德里帕斯卡与英国知名政治家包括前内阁首席部长曼德尔森爵士（Lord Mandelson）财政大臣乔治·奥斯本（George Osborne），以及强大的罗斯柴尔德家族的社会精英和商人纳撒尼尔·罗斯柴尔德（Nathanel Rothschild）都过从甚密。

3. 金融市场的廉正风气

毫无疑问，在所有股票市场迅猛发展的国家中，中国占据了领头羊的地位。中国拥有香港和上海这两大金融中心，且近 20 年里 GDP 年均增速超过 7%，毋庸置疑，这些都成为中国证券市场高速发展的前提条件。在此环境下，快速发展中的市场往往很难有效保证市场的诚信。在 21 世纪初期，中国也爆发了许多起操纵市场和内幕交易的案件。近期，中国证券监督委员会开始稽查，主要针对群体哄抬小盘股股价的行为，并把矛头指向了山东省的一家汽车轮胎制造商和一家由政府掌控的水力发电厂等公司身上①。

其中一种操纵市场的新方式是由跨国公司，即在中国大陆管理运营的公司和在美国市场上市的公司联手完成的。中国汽车国际有限公司就是例子之一。

早在 2012 年，美国证券交易委员会就起诉了中国汽车国际有限公司及其 11 个投资人，指控其操纵自身股票交易，对外营造了流动性充足和买卖活跃的假象。公司的一名主管和其他投资人，在美国证券交易活动中欺骗性地交易自家股票，旨在提高每日的成交总量。从 2010 年 10 月开始，被告和相关人士向美国的经纪账户存入 6 000 万美元，并在一家香港经纪商的帮助下达成了数百次的欺骗性买卖。这些交易包括对敲，即在同一时间以相同价格从某一账户卖给另一账户，以及冲销交易，即买卖后股票真实利益的所有人没有任何变化。经调查，

① 《中国调查股价操纵的案件》，参见：http：//www.wsj.com/articles/china-investigates-possible-stock-price-manipulation-1419231997。

中国汽车国际有限公司和其他被告之所以做出此类违法举动，是因为该公司每日的股票成交总量太低，导致所能获得的股票质押贷款的条件对公司非常不利。在 2010 年 11 月到 2011 年 1 月期间，该公司每日平均股票成交量上升到 139 000 股之上，其中通过欺诈账户的成交量占总成交量的 70%[①]（见图 16－3）。

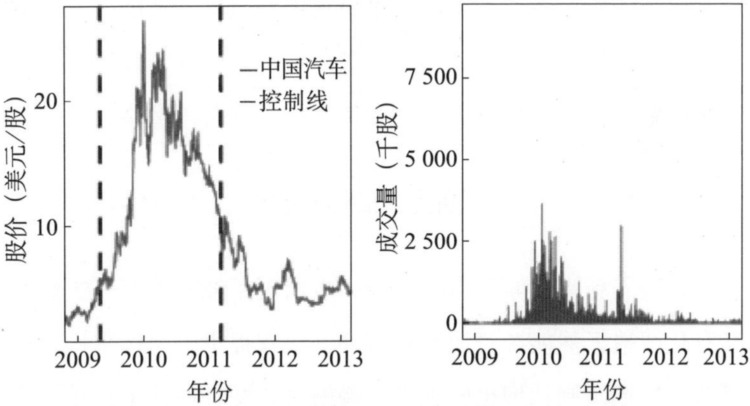

图 16－3　中国汽车国际有限公司的股价和成交量

说明：从 2010 年 11 月到 2011 年 1 月，平均每日成交量增至 13.9 多万股。

另一起跨国证券欺诈案，则采用高频交易手段来操控市场。2015 年上半年，一个名叫亚历山大·米鲁德（Aleksandr Milrud）的加拿大公民因涉嫌证券欺诈被捕。他使用了电子诈骗的手法，即他雇用了股票交易员，每天在中国和韩国同时快

① 《美国证券交易委员会指控中国公司和其他公司操控股价》，参见：http：// www.sec.gov/News/PressRelease/Detail/ PressRelease/1365171488190 ＃.VPZkAvnz2lc。

速报出买单和卖单，然后迅速撤回报单。这样的高频交易会人为地抬高或者压低股票的市场价格，并给了交易员对价格走势和预设利润的可操作空间。调查显示：此类犯案每天可以获得 60 万美元的利润，每个月可以获得 100 万至 5 000 万美元的利润①。

以上两起金融犯罪案例都表明，新兴资本市场以及从新兴国家出来的投资者们在全球资本市场上创造了全新的金融犯罪方法。犯罪方法已经从新泽西的破旧锅炉房中的密谋，日渐进化转移到建立在高科技的高频交易基础上的跨国网络上了。

4. 商品和能源市场

伴随着新兴国家私有化进程，也出现了经济繁荣，这也给私有化改造天然能源资源所有权和开采权提供了绝佳契机。很显然，这场改制转型也转移了巨额财富，并且往往正是在商品和原油价格处于上涨时期完成换手。这其中，最典型的案例就发生在东欧国家。

东欧的案例就发生在一家名叫罗马石化（Rompetrol）的罗马尼亚公司身上，它也是全世界最老牌的石油公司之一。一提到该公司，人们就会很自然地想到一个人，他就是企业家迪努·帕特里休（Dinu Patriciu）。通过漫长且艰难的财务运作，

---

① 《关于中国交易员操纵美国股票的基本情况》，参见：http：//tabbforum.com/opinions/a-brief-history-of-chinese-day-traders-manipulating-u-dot-s-stocks。

最终他得以掌控罗马石化公司。他在石油业务上的资产，发端于 2000 年时以差不多 5 000 万美元收购一家国有炼油厂，由此开始了他自身的财富累积。2004 年，在完成一系列股权买卖后，迪努·帕特里休最终完成罗马石化公司全部股权的收购。而从 2006 年开始，调查人员就在调查帕特里休和其同伙的交易活动，并一直持续至 2014 年。2012 年，迪努·帕特里休去世之前被宣布无罪，而他的同伙须坐牢服刑。他的同伙被以挪用、洗钱和成立有组织犯罪团伙的罪名判处有罪①。

当然，指证他们的最严重的罪名莫过于操纵市场了。2004 年 4 月 7 日，罗马石化公司在布加勒斯特证券交易所上市时，迪努·帕特里休曾聘请了有关联关系的经纪商，在当日大量卖出罗马石化公司的股票。上市当日，股票成交量至少达到 20 亿美元的规模，有些卖价甚至低至 0.0025 美元/股。但是，当天最终以 0.01 美元收盘，收盘价却超过最低价的三倍。特别值得一提的是，2005 年 7 月，该公司股价出现急跌，这是因为恰好那时市场传出其私有化进程遭到官方调查的新闻。

在因洗钱和操纵市场而被调查的迪努·帕特里休的同伙中，有一位是来自得克萨斯州的菲利斯·斯蒂芬森（Phil Stephenson）律师，他曾在乔治·布什（George Bush）的总统任

---

① 罗马尼亚参议员、前罗马尼亚大臣也因为罗马石化操纵股票一案而被判入狱。具体参见：http：//www. romania-insider. com/romanian-senator-former-minister-get-jail-sentences-in-rompetrol-re nery-stock-manipulation/133031/。

期内担任美国财政部官员[①]。在完成全部私有化进程之后，罗马尼亚政府仅仅获得了 5 000 万美元的收益。帕特里休则从中斩获 27 亿美元，这使得他成为（除苏联国家外）东欧国家中最富有的人之一。

新贵迪努·帕特里休的画像

基本背景

作为一位知名的建筑师，在苏联和东欧共产主义国家垮台的前几年，迪努·帕特里休与众多寡头政治家、巨头们一样，自己拥有着一份前途光明的事业。

关于罗马石化公司的那一幕

在铁幕结束之后的几年里，迪努·帕特里休开始对石油生意感兴趣，毕竟石油是最容易暴富的产业之一。迪努·帕特里休对罗马石化公司可谓垂涎已久，这是因为罗马石化公司在非洲和阿拉伯国家都具有巨大影响力。

私有化后的动作

投资罗马石化公司兑现利益后，迪努·帕特里休又投资了一家位于哈萨克斯坦的名叫 KazMunayGaz 的天然气公司。但也正是这时，由于收购罗马石化公司一事，他开始接受诸多相关法律调查。与此同时，迪努·帕特里休在罗马石化公司所获

---

① 《贴着红色标签的石油大亨》，参见：http：//www.washingtonpost.com/wp—dyn/content/article/2005/ 08/15/AR2005081501483.html。

得的利润也因为经济处于危机时期而大为减少。

附言

迪努·帕特里休在汇丰银行开设了富有争议的隐秘账户，他的瑞士账户上有8亿美元存款。

另一个发生在东欧地区的例子，是20世纪90年代保加利亚能源产业所经历的残酷而隐秘的私有化操作。在那几年中涌现了一大批能源大亨，更有传言称其中有几位大亨与犯罪团伙联系甚密。2003年，当负责运营维护Kozlodoy核电站的Atomenergoremont公司完成私有化时，其主要投资人组建了一个名副其实的“内部社团”。这个团体包括了很多富有争议的商人，如康斯坦丁·季米特罗夫（Konstantin Dimitrov）（外号为“Samokovetza”）、瓦西里·博日科夫（Vasili Bozhkov）、赫里斯托·科瓦奇基（Hristo Kovachki）和博克米尔·曼彻夫（Bogumil Manchev）。其中有一些名字也曾出现在官方的犯罪嫌疑人名单中。早在2003年，外号“Samokovetza”的康斯坦丁·季米特罗夫就因贩卖海洛因和敲诈勒索而被通缉，直至2004年他在阿姆斯特丹被杀后才得以了结。他曾涉足几大产业，其中包括旅游业和能源业。另一位潜在投资人瓦西里·博日科夫，他的外号“头颅”闻名远近。他掌控着Nove控股公司的所有权，同时也涉足保险、基础建设和赌博行业。瓦西里·博日科夫受到几项非法经营的罪名指控，如非法采矿和违禁买卖艺术品。

毫无疑问，那些最复杂的案例往往发生在投资人激烈抢夺的国家，比如拥有石油、金属、钻石和软商品[①]等资源的非洲大国。犯罪、种族之间的战争和腐败，诸如这类现象，往往只是全球资源重新分配过程中的小插曲而已。

5. 展　望

在新兴国家及市场中，经济快速增长、资本市场蓬勃向上和科技驱动产品创新等特征往往会相互交织。这些特征也随着人们能够获取大量能源和商品资源而逐渐强化。这些特征足以让新兴经济体这块沃土吸引众多的投资人，但同时也滋生了种种金融犯罪。在某种程度上，有组织犯罪已经成为新兴经济体经济增长的首要标志。地缘政治平衡的新变化，也为这种势力均衡带来了新的影响变量，但同时也给白领犯罪提供了新的契机。

在《2025 年全球趋势报告》中，美国中央情报局重点指出欧亚跨国组织越来越多地涉足能源和矿产领域所伴生的风险。伴随其逐渐扩大涉足范围后，犯罪案件和其他犯罪活动可能会成为对欧洲地区的最严重威胁。由于这些组织的日渐得势，可能会使得一个或多个政府更迭。犯罪组织日渐演变成跨国犯罪组织，资助部分人或者政府掌权上台，这也已经不再是什么新鲜事。

---

① 软商品，一般指除了金银等可以充当货币的商品以外的其他商品。——译者注

第十七章
从恐怖主义融资到恐怖主义经济

1. 背　景

对“风险”一词的看法，投资圈总会受到一些历史事件的影响，但没有哪一事件会比“9・11”事件影响更大。在短短几个小时内，众多华尔街金融公司办公所在的两座高楼竟然轰然倒塌。这让投资界人士关注的问题由运营风险和业务连续性风险，开始拓展至恐怖活动风险，并立刻意识到：恐怖活动风险不只与极端主义意识形态和暴力有关，还与其背后发达的金融体系相关。“9・11”事件后一直到 2014 年底，两场金融危机重创全球经济，市场上石油价格也因此从高位回落。当前，石油不仅被认为是一种普通商品，其价格更是地缘政治平衡结果的体现。全球石油主要产区对石油价格的波动具有决定性影响，而石油实际上扮演了全球货币的角色。

纵观历史，恐怖主义形式多样。从试图暗杀拿破仑的皇家游击队到英国的爱尔兰共和军，从意大利的红色旅（意大利的极左翼恐怖组织）到中东的哈马斯（伊斯兰抵抗运动组织），这些组织有一个共同的特征：资金由参与个体提供，能从相关活动中获益较多的人会提供更多的资金。同时，除从事政治活动之外，这些组织还从事传统型犯罪活动。

"9·11"事件改变了过去平民不参与恐怖活动的情况，平民被意识形态所绑架，成为恐怖主义可以动用的具有破坏力的武器。组织、训练和指挥平民实施恐怖活动，需要大量的资源，尤其是金融资源。近 20 年来，随着油价从 10 美元涨到 100 美元，中东国家发现自己拥有充裕的流动性。2000 年时的石油价格飙升，中东国家开始进行各类国家和私人投资。随着反恐战争的爆发，许多人开始质疑石油美元，因为在以石油换取大量美元财富的国家中，一些个人和组织在为恐怖主义提供资金支持。2008 年石油价格达到顶峰时，海湾国家的公共和私人海外资产净值达到 16 000 亿美元，但由于金融危机的爆发，这些资产在短短几个月内就缩水 19%。截至 2007 年底，海湾国家主权财富基金的投资总额接近 7 240 亿美元，占海外投资总额的 45%。

巨额的石油财富为海湾国家在战略层面上的政治扩张活动创造了可能。例如，在 2008 年 10 月，来自阿布扎比和卡塔尔的投资者花费 120 亿美元购买了在金融危机中受到重创的巴克莱银行 16%的股权。截至 2013 年底，前五个海湾地区国家的经常账户总余额达到了 3 020 亿美元（见表 17-1），占美国国内生产总值的 2%。

表 17-1　　主要海湾国家的经常账户余额表

经常账户余额全球排名	国家	经常账户余额（十亿美元）
3	沙特阿拉伯	132.2
5	科威特	69.13
13	阿拉伯联合酋长国	52.6
14	卡塔尔	47.5
27	阿曼	0.7
	总计	302.2

虽然我们没有详细研究海湾国家海外直接投资的增减变化，但是有一件事是显而易见的。在过去 15 年里，石油价格的上涨刺激了其海外直接投资的增加。同时，来自这些地区的恐怖主义威胁也相应增大了。因此，评估石油美元和恐怖主义之间存在的联系至关重要。

2. 恐怖主义融资机制

在许多著作和专家的表述里，恐怖主义融资常常被错误地与洗钱联系在一起。菲尔德（Field）和吉奥拉（Guiora）正确地表述了洗钱和恐怖主义融资是完全不同的概念：洗钱的目的是清洗和隐藏非法资金；而恐怖主义融资主要是通过各种方式处理合法资金，很少涉及非法资金。当一个人明知资金是非法的，并着手洗白时，这个人就构成了洗钱犯罪；恐怖主义融资犯罪是指在一笔资金被转移很久后，只有当最终持有人把它用于实施恐怖活动时，才能认定犯罪事实成立。一套旨在发现洗钱线索的机制或系统未必就能直接发现恐怖主义融资线索。在洗钱活动中，当非法资金产生时，洗钱犯罪行为就开始了；而在恐怖主义融资中，只有当资金被用于实施恐怖活动时，恐怖主义融资犯罪行为才会发生。因此，洗钱和恐怖主义融资同样都需要利用金融体系，但行动路径恰好是相反的。

通常，人们认为非营利组织和慈善机构是恐怖主义融资的传统媒介[①]。伊斯兰慈善机构的资金来源于“扎卡特”(Zakat)，“扎卡特”是伊斯兰教的“五大宗教支柱”之一，是穆斯林们向最贫困的穆斯林提供捐助的一种机制，是所有虔诚的穆斯林们的宗教义务的体现。客观上，一部分来源于“扎卡特”的资金通过某种渠道以“捐款”的名义流入中东地区恐怖组织的腰包。然而，中东地区的恐怖组织实施的恐怖活动，不能只靠“扎卡特”的“捐款”，还需要一个更加有组织和协调

---

① *Report*：*Blocking Faith*，*Freezing Charity*，参见：https：//www.aclu.org/human-rights/report-blocking-faith-freezing-charity。

有力的融资体系。此外，恐怖组织实施跨国活动，包括在多国招募、培训和转移人员，除考虑融资问题外，还要考虑支付网络和支付工具的问题。

图 17－1 描述了利用慈善机构或非营利组织开展恐怖融资的一个方案：投资控股公司控制一家公司，被控制公司向非营利组织捐款，非营利组织以支付旅行费或培训费用的方式向最终用户（恐怖分子）发放资金。投资控股公司可以注册在中东国家，被控制公司和慈善机构可以在西方或亚洲国家注册，东西方国家间的资金流转可以绕过国际支付系统通过哈瓦拉(hawala)[①] 系统完成。随着电子货币和加密货币的发展，资金转移变得更加便利化，比如利用比特币。

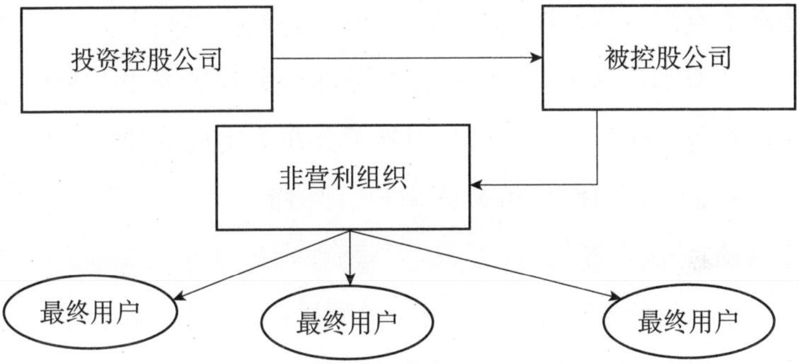

图 17－1　开展恐怖融资的基本方案

说明：投资控股公司通过投资控制一家公司（即被控制公司），由被控制公司向慈善机构或非营利组织捐款，慈善机构或非营利组织向最终用户提供资助。

---

① 哈瓦拉在阿拉伯语中意思是汇票，这是一种非正式的汇款体系，无需真实的资金汇划。在该跨国系统中涉及一个代理人网络，专门以信托为基础转移资金。

3. 金融市场与恐怖主义融资

通常，恐怖主义融资涉及商业银行零售业务，而与金融市场的关系不大。但最近的反恐战争揭示了一些重要的事实：恐怖主义融资活动正在转向金融市场。像巴基斯坦塔利班和“伊斯兰国”（ISIL）[①] 这样的大型恐怖组织需要大量的流动资金，大笔资金通过传统的方法（例如慈善机构）进行转移肯定会引起怀疑，所以，金融市场成了转移大额资金、隐藏资金与恐怖主义活动之间联系的另一种选择。

图 17－2 展示了利用资本市场开展恐怖融资的方案。方案之一是利用设立于中东地区的投资控股公司，通过资本市场获取欧洲、俄罗斯或亚洲公司的控制权。另一个方案是直接参与资本市场 IPO。一旦带有恐怖主义背景的法人股东经营被控股公司时，就可以利用其子公司为不同的非营利机构提供资金，进而支付给最终用户（恐怖分子），供其进行恐怖活动。

正如各种各样的报告所显示的那样，恐怖主义融资不只利用资本市场，“伊斯兰国”还通过向邻国出售石油来获取利润，用更复杂的交易方式在能源市场上买卖大宗商品或进行其他资

① 据称该组织依靠自筹资金。在占据摩苏尔（该地区一个重要的商业城市）后取得哈苏普勒斯的 20 亿美元资产后，该组织向国外卖石油每天可以赚取数百万美元的收入。参见：http：//www. rand. org/content/dam/rand/pubs/testimonies/CT400/CT419/RAND _ CT419. pdf。

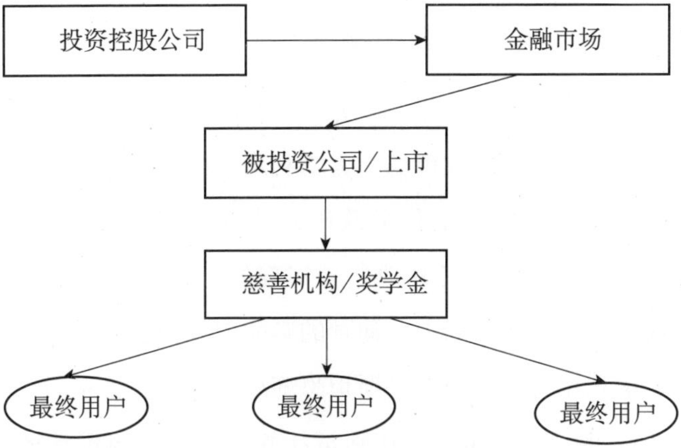

图 17-2　通过金融市场投资海外公司实现恐怖主义融资

产转移。这些交易的目的不是为了赚取利润，只是为了给资金划转找到一个合理的解释（见图 17-3）。

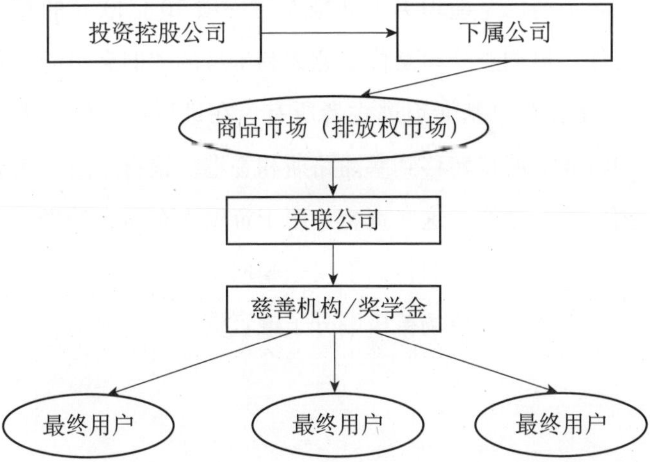

图 17-3　借助能源市场上的大宗商品交易转移资金实现恐怖主义融资

3.1 碳排放市场和恐怖主义融资

2008年到2010年间，设立于欧盟和迪拜的一些公司利用增值税欺诈在碳排放权市场上为塔利班恐怖活动融资。弗伦泽（Frunza）指出，之前的税务欺诈案是通过在英国与阿联酋之间的电子商品交易或者其他贸易实现的。2010年左右，在碳排放权市场和能源市场上，迪拜的影响力进一步增强，有很多迹象显示其相关业务与巴基斯坦恐怖组织融资有关系。

2014年，英国和美国在阿富汗和巴基斯坦边境地区对塔利班开展联合打击行动，在距离本・拉登被击毙的小镇不远处的一个山洞里找到一份文件，文件中记录了注册地在意大利的一家公司的交易，其中涉及二氧化碳排放市场①。在这起案件中，一名英裔巴基斯坦男子涉嫌参与一项10亿欧元的意大利诈骗案件，被调查公司是位于意大利米兰的“旧金山能源贸易公司”，由英裔巴基斯坦逃亡者所有，在逃税后，借助大量空壳公司将非法所得转移到塞浦路斯和香港的银行账户，然后转移到阿联酋。据称，这些资金被用于资助中东地区的恐怖主义经济。可见，诈骗犯的目的不仅是骗取国家的增值税，还包括利用二氧化碳排放市场替极端分子融资资助恐怖活动。

---

① 丹麦的二氧化碳排放配额成为意大利重大诈骗案的一部分。参见：http：//cphpost.dk/news/danish-co2-quotas-part-of-colossal-italian-fraud-case.11071.html。

4. 展　望

依据恐怖主义经济这一新发展出来的概念，恐怖主义融资这个术语也应具有更丰富的内涵。恐怖主义经济不仅指恐怖主义融资，还包括恐怖组织为赚取用于恐怖活动的资金，而经营其所有资产、资本和资源的生产过程。从社会整体的维度来看，这种经济并非所有涉及的东西都与恐怖主义直接有关，其中的部分团体或个人可能宣扬或者参与恐怖主义，其他参与者可能只是为了赚取财务利润而已。

恐怖主义经济被新添上一个标签，即全球性。比如，“伊斯兰国”的成员来自近 80 个国家，主要来自沙特阿拉伯、突尼斯、英国和俄罗斯联邦。恐怖主义经济的跨国性也应该在层级体系背景下来理解，即恐怖主义经济的主体既包括直接进行恐怖袭击的高层组织，也包括为非营利组织提供融资的低层级组织。尽管不同层级之间表面看来相互独立，但其背后依附的经济是一个有机整体，金融市场促进了其各层级和不同地区间的相互作用。所以，反恐战略应该从社会、政治和金融影响等多个方面来考虑恐怖主义经济。

第十八章
网络犯罪

1. 背　景

2010 年，美国对作为伊朗核设施组成部分的 Natranz 工厂发起网络攻击，这是网络安全问题向系统性风险演化的重要转折点。

此次攻击使用了名为 Stuxnet 的计算机蠕虫，其目的在于使其能够侵入工业生产中普遍使用的可编程逻辑控制器（programmable logic controllers，PLCs）。据称，美国和以色列联合工作组做了前期准备工作，然后共同发起了 Stuxnet 攻击。

此次网络攻击活动持续了许多年。

不太为外人所知的是，最初攻击目的是为了秘密收集伊朗工厂基础设施的信息，以了解计算机是如何通过 PLCs 控制用于铀浓缩的离心分离机的。

在第二阶段，病毒通过两项主要任务渗透到机器控制系统中。首先，它以气体分离机把 Natranz 工厂中的铀 235 同位素与铀 238 同位素分离开为目标。其结果是，离心机最终完全失控，或运转减慢直至停滞，在某些情况下甚至自我毁灭。其次，蠕虫与工厂的监测系统密切访问互动，给人制造一种一切都在正常工作的假象。蠕虫记录了核电站的正常运行情况，然后把这些记录传回给工厂的操作人员，这样一来，似乎所有的事情都运行正常。但实际上却并非如此。

在遭遇袭击之后，Natranz 工厂被迫中止了一部分运行操作，而有些操作仍在继续。安全专家指出，极有可能发生更多更为严重的网络袭击事件，2010 年的事件只是这一系列事件中的一个小插曲。

网络犯罪被人们定义为一种借助技术手段开展的有害活动，包括硬件、软件和通信网络（例如，互联网、无线通信系统、GSM 等）。网络罪犯攻击的目标是计算机系统、技术基础设施，以及具有保密性、完整性和可访问性的电子通信硬件。网络犯罪的类型包括：

• 在网络空间中，借助各种电子通信渠道来实施传统型的犯罪活动（即欺诈、伪造）；

• 通过电子媒体传播有害信息，包括网站、社交媒体、电子邮件和电话信息；

• 网络犯罪，包括实施黑客攻击、窃取信息和制造服务障碍；

• 反向网络犯罪是为了避免在现实世界中犯下罪行而使用网络技术来犯罪的一种行为，其中包括用于控制机器或系统的机器人①。

尽管 Natranz 工厂事件与金融机构无关，但是这一事件还是给我们提供了一些关于网络安全威胁的最前沿信息。网络安全威胁，无论是网络攻击还是网络犯罪，都是建立在一个类似于反病毒软件行业基础上的自主产业。有些团体会开发并测试用于网络安全威胁的软件。这些高成本型的活动是由怀着不同目的、拥有不同背景的形形色色的个人（网络犯罪分子）组织的。他们可以分为如下几类：

• 犯罪集团，它们是以获取非法利润为目的而从事网络犯罪活动的。此类网络诈骗者的群体主要集中在前共产主义阵营国家中。

• 在网络环境中，恐怖组织非常活跃，它们想要借助破坏大型机构或组织的活动，来体现它们的存在感，或引起人们恐慌。

---

① 有关马来西亚航空公司 MAS370 航班失踪的猜想中，其中一个版本说的是由于飞机遭遇了电子劫持。

• 国家军事情报机构可以利用网络攻击关闭敌方目标，窃取特定企业和国家的政治或经济机密。

• 黑客，他们或者单独行动，或者代表某个组织去窃取、改变或操纵信息。

• 以政治理想或意识形态为动机的“激进分子”，例如某些生态学家团体。

网络威胁和主要的网络犯罪的目标，更多倾向于大型机构而非个人。传统网络犯罪主要涉及信用卡诈骗、盗窃账户等。在过去十年里，网络犯罪已经瞄准了像核电厂、支付系统或交易所这样的重要系统和机构，并且有了很大的变化。

Natranz 案表明，网络犯罪的真正风险是存在完美犯罪的可能性。除了犯罪本身，无论是盗窃还是传播虚假信息，网络欺诈者都可以很好地掩盖他们的犯罪活动，营造出一个一切显示正常的替代性的虚拟现实。当犯罪活动发生后，不仅警报会被延迟，而且审计跟踪和调查也会被删除，或者只留给你一个由网络罪犯预先制作的虚假信息。

金融行业中的网络犯罪，则主要与信用卡诈骗和银行账户的提款有关。不过，通过信用卡诈骗和账户提款等典型的网络诈骗，网络诈骗者所能窃取的资金数量，终究还是会受到技术条件的限制的。从理论上说，通过金融市场可以获得的资金数额却是可以无限大的。目前，关于网络犯罪分子攻击市场基础设施或网络的证据或公开信息要少得多。市场上常见的网络欺诈行为，包括通过网络传播骗局来影响股票价格，在另一节中我们会详细介绍这种犯罪。

真正的威胁与这样一个事实有关，那就是：整个市场的基础设施主要依赖互联网技术的应用，从而使其在结构上更容易受到黑客攻击或破坏性的网络攻击。

2. 网络犯罪对市场的影响

系统性攻击的影响非常严重，比如会影响到国家安全，特别是当目标具有结构相关性时遭受的系统性攻击，其后果更为严重。2013 年 4 月 24 日下午 1 时 07 分，“白宫连续发生两起爆炸事件以及奥巴马受伤”的消息传出后，在社交媒体上引起一场有关该新闻的热议，金融市场也由此陷入了危机。不久之后，叙利亚网络电子部队（一个支持阿萨德政权的黑客组织）声称对 Twitter 发文负责，“Ops! @ap 被叙利亚网络电子部队控制！＃叙利亚网络电子军＃叙利亚＃ByeByeObama twitter. com/OfficialSEA6/…”传播虚假消息的这个账户很快就被关停了。

图 18－1 给出了所谓的叙利亚网络电子部队攻击对道琼斯指数的影响，该指数在一天内下跌了近 150 点。当交易员们意识到这个消息是一个骗局时，市场立即恢复了常态运行。

在接下来的几年里，涉及网络攻击的地缘政治冲突将会呈现快速发展的势头。因此，“冷战”很可能会演变成“网络战争”。从这个意义上说，一个相关的案例是 2014 年 8 月发生的网络攻击事件。美国联邦调查局调查发现了俄罗斯网络发起的

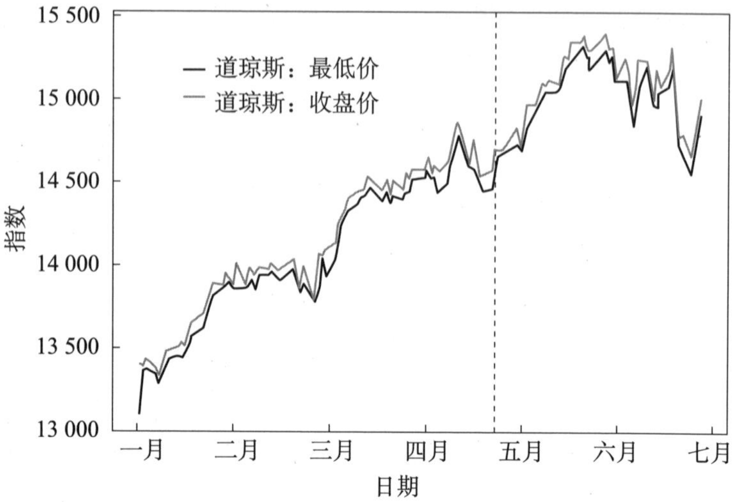

图 18－1　SEA 网络攻击事件及其对道琼斯指数的影响

对摩根大通公司的网络攻击事件，导致了千兆字节的敏感数据丢失。从在银行电脑中提取的攻击和技术指标的复杂程度来看，以至于调查人员有合理理由怀疑这是有俄罗斯政府背后支持的攻击行为。

3. 网络犯罪和证券欺诈

随着社交媒体和网络信息平台的强劲发展，犯罪分子往往会针对股票市场发起网络犯罪。据 McAfee 公司发布的一份关于网络犯罪的研究报告估计，每年因网络犯罪造成的全球经济成本约为 4 000 亿美元。报告指出，对金融机构来说，网络犯罪是一种非常大的风险。证券和经纪公司及其客户是网络犯罪分子的惯常目标。在联邦调查局发布的一份关于金融市场中网络犯罪类型的报告中，相关机构遭遇的典型的犯罪行为包括：散布虚假信息、市场操纵计划和未经授权的股票交易。具体可归纳为如下几点。

（1）劫持经纪账户和未经授权的交易。

不仅非法购买银行存款账户或信用卡是最常见的犯罪活动，非法购买针对现金、股票、债券或各种交易的在线经纪账户也是极为常见的行为。例如，2009 年 12 月，一位佛罗里达的受害者报案称，他网上经纪账户上的 399 000 美元不见了踪影。网络账户劫持是指在受害者遭受电话服务限制（Telephone Denial of Service，TDoS）攻击的同时，犯罪分子会进而切断受害人与其经纪公司之间的通信。近年来，网络犯罪分子在银行或经纪账户上发起未经授权的金融交易的趋势已经越来越明显。这些交易与 TDoS 攻击相结合，在这种攻击中，受害者的合法电话线路充斥着类似垃圾邮件的电话，以防止银行或经纪公司与受害者取得联系，使得他们无法确认交易是否是合法的。

（2）盗取非公开信息。

公司将大部分机密的非公开信息存储在电子存储库中。通过侵入某家公司的网络，或侵入其律师或会计师的网络（有时可能是更易于攻击的目标），网络犯罪分子可以获取兼并和收购计划、季度财务报告或其他可能影响公司股价的内幕信息。

（3）发布虚假信息。

通过传播虚假信息或恶作剧，可以对银行、股票或市场发起攻击。使用 Twitter、社交媒体以及机器人自动生成和跟踪新闻，都会放大这类犯罪活动的破坏力。

（4）操纵市场。

犯罪分子也可以基于网络欺诈来操纵市场。一方面，这种操纵可以从传播有关该资产的虚假信息开始。人们很难识别出利用这些信息来做交易的犯罪分子，因为这种交易可能看起来像是一个正常的交易，尤其是当它在另一个股票市场进行时。使用聊天室和社交媒体来实施“拉高出货”手段，是一种很成熟的技术，犯罪分子捏造公司发展前景的相关虚假信息，然后在市场对信息做出反应时实现收益。另一方面，网络欺诈者可以侵入经纪账户中，并发起可以改变市场流动性的未经授权的交易。

（5）篡改交易记录簿和策略。

访问银行或基金的交易记录簿，并篡改该交易记录，可能会造成各种破坏性影响。随着高频交易的出现，由于其潜在的负面影响，它的脆弱性问题变得愈发重要。2014 年，BAE 系统发布报告称，有黑客曾干扰了一家大型对冲基金的高频交易，时间长达八周之久，并对可能用于在股市欺诈交易中获利的数据进行了重组。调查发现，这次攻击可能与犯罪组织有关。黑客们插入的病毒软件成功地把交易速度延迟了几百微秒。高频交易本身严重依赖在时间窗口中执行交易，时间远远短于安全系统的反应速度。这种天然的结构性缺陷也使得高频交易成为一个相对容易攻击的目标，并且更容易被黑客抓住。

(6) 扰乱信息交互。

网络犯罪分子的目标并不局限于证券从业人员，还包括证券交易所。TDoS 和分布式拒绝服务（Distributed Denial of Service，DDoS）攻击显示，网络犯罪分子希望将他们的精力集中到知名的金融机构身上。联邦调查局报告指出，2009 年有两家美国证券交易所成为 DDoS 持续攻击的受害者。远程攻击导致公共网站暂时中断了，幸运的是，其并没有影响到金融市场的正常运作秩序。一家交易所的母公司表示，该公司在一个私人网络上运行的公共网站，或核心交易和数据系统上的服务，并没有出现任何错误。

2011 年 2 月，犯罪分子在一家外国证券交易所的公共网站上发布了一个已经被恶意软件感染的在线广告。恶意广告会在受害者的电脑上显示为弹出窗口，提醒用户并不存在计算机病毒感染，以试图欺骗用户支付费用和下载这个欺诈性的广告。

同样，当年 2 月，纳斯达克（NASDAQ）的母公司证实，他们的董事的系统被未经授权的入侵者利用办公网络应用程序的安全漏洞侵入，他们因此成了受害者。这个系统并没有与交易平台直接相联，而只是用作高管和董事分享机密信息的在线网络门户。

(7) 窃取电子存储资产。

如果保管人的系统遭到黑客入侵，以电子格式保存的证券可能成为盗窃的对象。

（8）窃取知识产权。

华尔街的银行和对冲基金会把大量的资金用在自己的投资技术和方法改进上，以创造更多利润。包含这些方法的嵌入式系统是非常有价值的资产，具备了比较优势，但也成为黑客和网络诈骗者的攻击目标。2010 年，美国联邦调查局调查了两起涉及盗窃或企图盗窃高频交易程序源代码的案件。这些程序的丢失，将使得竞争对手能预测相关公司的高频交易活动，或者让竞争对手取得获利机会。

3.1 网络诈骗经纪账户

2010 年，美国证券交易委员会开展的一项调查揭露了一系列网络欺诈行为，其中涉及伪造经纪账户、未经授权的交易和市场操纵。Broco 投资公司在股票经纪公司 Genesis 中开设有合法的账户。2009 年至 2010 年期间，Broco 投资公司及其执行董事瓦莱尔·马尔查夫（Valer Maltsev）是执行非法网络欺诈行为的成员。欺诈行为包括多次劫持、盗用毫不知情的投资者的网上经纪账户的登录地址和密码。随后，欺诈者通过这些被入侵的账户来进行未经授权的交易。

Broco 投资公司精心策划了一项计划，即通过账户干预，它至少操控了 38 家发行方的股票交易。欺诈活动采取了以下步骤：

首先，Broco 投资公司在股票经纪公司 Genesis 中用自己的在线经纪账户，以现行市场价格购买了某些交投清淡的证券。

此后不久，与它行动一致的个人，使用盗取的登录地址和密码，侵入各经纪公司名下的其他人的网上经纪账户。然后，与它行动一致的个人使用这些入侵账户进行一系列未经授权的买入决定（即一致购买 Broco 投资公司之前通过股票经纪公司 Genesis 账户所购买的同一家公司的股票），通常价格会远高于这些交易清淡的证券当时的市场价格。

在非常短的时间内，Broco 投资公司再迅速出售其账户中此前所买的股份，最终利用人为虚高的价格出售掉自己的仓位。

AmeriServe 金融公司（简称 ASRV）案例

事件背景

在 Broco 投资公司通过未经授权的交易操纵股票的案例中，最典型的例子之一便与 AmeriServe 金融公司有关，这是一家注册在宾夕法尼亚州的银行。2009 年 12 月 21 日，发生了一起操纵事件，当天的日交易量一下子从这个月以来的 11 300 股飙升到大约 277 500 股。股票的成交价格在 1.6～1.7 美元/股，操纵活动发生在相对较小的价格区间内，因而并不会对价格信号产生明显影响。

操纵股价活动

在短短不到几分钟的时间内，操纵分为三个阶段进行。

首先，Broco 投资公司买入了一些 ASRV 公司的股票；其次，在 Broco 投资公司的指挥下，来自 Scottrade 经纪公司的三个账户被非法侵入，并在未经授权的情况下进行了买入交易，以抬高股价；最后，Broco 投资公司立即以更高价格出售股票，不惜一切代价削减未经授权的头寸。

后果

在这种欺诈行为中，Broco 投资公司以 141 500 美元出售了其买入的全部股票，累计实现 17 760 美元的净利润。而 Scottrade 的客户账户在未经授权的交易后，经清点发现累计亏损达到 20 355 美元。

花絮

瓦莱尔·马尔查夫（Valery Maltsev）是住在俄罗斯圣彼得堡或附近的俄罗斯籍公民。马尔查夫是 Broco 投资公司的主席，并且是该公司唯一的管理人员，他是 Broco 投资公司名下证券账户唯一一个取得授权的交易人员。

事后，调查人员估计，Broco 投资公司使用窃取的侵入账户开展未授权交易，在随后的 38 种证券交易中至少获取了 255 000 美元的非法利润。Broco 投资公司试图通过电汇从其经纪账户中出金 11 万美元。2010 年 3 月，Broco 投资公司试图通过电汇从账户中另外再出金 20 万美元。两次出金都要求将资金划转到 Broco 投资公司在塞浦路斯开立的银行账户，但经纪公司 Genesis 均拒绝处理这些请求。在线经纪商的客户账户被盗用，被用来进行未经授权的交易，其损失累计超过 60

万美元。

虽然 Broco 投资公司事件所造成的伤害很有限，但它让我们看到了网络犯罪分子是如何以有组织协调的方式利用不同技术实施攻击的。网络犯罪的主要威胁来自在很短时间内部署各类手段的能力，以及使用黑客、市场操纵、阻断服务等不同技术进行欺诈的能力。此外，这种类型的攻击也可以进行远程操控。

3.2　碳排放市场中的网络犯罪

一般来说，大宗商品领域的资产盗窃是一种“蓝领”的犯罪行为。这条规律也有例外，其中之一就是碳排放权的许可额。这些补贴赋予欧盟内工业企业排放二氧化碳的权利。这些权利被储存在电子登记系统中，这些信息一度是由各个欧盟国家管理的。排放权市场纯粹是一个由监管驱动的市场，由于其归根结底不是一个完全成熟的金融市场，因此随着时间推移出现了许多缺陷。作为欧盟配额（European allowance，EUA）电子存储库的国家注册中心的安全标准非常低，而且根本没有针对网络攻击做过测试。这个市场被大量攻击，包括对注册中心的网络入侵和对欧盟配额的电子盗窃。在当时，这些系统的安全级别很低，账户相对容易被黑客攻击。一旦被黑客入侵，网络罪犯就可以把这些权利转移到其他账户，然后在市场上出售。在一家普通的欧洲工业公司的账户里存有几百万份配额，每份价值大约 14 美元。

网络攻击始于 2010 年 11 月 30 日，当时瑞士水泥生产商

Holcim 的罗马尼亚子公司报告说，在当年 11 月 16 日，罗马尼亚国家注册的二氧化碳排放限额已被非法访问。匿名人士进入该账户，并盗走了 160 万份排放许可证。黑客通过特洛伊木马方法设法获得了 Holcim 的罗马尼亚注册账户的登录地址和密码。据称，这一安全漏洞是账户持有人自身的责任，而不是注册中心的责任。

Holcim 事件只是 EUA 证书被盗事件的开端。2011 年 1 月 19 日，该事件发生 6 周后，奥地利排放登记处承认在 1 月 10 日发生了涉及 488 141 份 EUA 证书的大规模盗窃事件。这次盗窃并没有涉及公司的账目，而是针对政府的控股账户，这是媒体第一次披露政府名下的碳排放许可证被窃取的报道。在奥地利的案例中，罪犯们通过 DoS 攻击开启了网络攻击，这意味着黑客阻止了注册中心系统的正常运行，并且在用户无法正常使用的情况下窃取了许可证。被盗的 EUA 证书被转移到位于列支敦士登和瑞典的其他账户中。

所有的攻击都持续以一种集中爆发的方式发生：2011 年 1 月 21 日，捷克碳排放许可登记局宣称，从 1 月 18 日中午到 1 月 19 日上午，有 130 万份碳排放许可证被网络罪犯从 6 个不同的账户中盗走。这些配额首先被转移到波兰、意大利和爱沙尼亚的账户中。非常有趣的是，在 1 月 18 日中午，捷克警方收到了炸弹威胁，这迫使注册中心进行了人员疏散，并在一个备份网站上使用了几个小时的操作系统，据称这可能也正是遭遇网络攻击的时间。1 月 27 日，捷克共和国最大的公用事业公司 CEZ 能源集团证实，其账户中有 70 万份二氧化碳排放许可证失窃。与此同时，该公司发现，两笔未经授权的交易也发生在捷克国家注册中心进行人员疏散期间。

在南欧也发生了一系列袭击事件。2011 年 1 月 31 日，有一项声明称一家希腊水泥公司的 30 万份 EUA 证书被偷走。该公司周一表示，1 月 18 日，网络犯罪分子从希腊的水泥生产商 Halyps 公司的排放权登记账户中窃取了排放许可证。该公司隶属于意大利水泥集团。黑客们侵入了 Patras 大学的服务器系统，将其作为一个带有希腊知识产权的特洛伊木马，然后攻击了 Halyps 水泥公司。

2011 年 2 月 8 日，来自意大利环境部门的一名官员确认，在 2010 年 11 月 24 日有人从意大利二氧化碳排放权登记册上盗走 267 991 份 EUA 证书。该盗窃事件案发两个月后才对外公布。然而，在 2010 年 12 月 2 日，意大利政府注册管理处在一个意大利账户里发现了大约 10 万份可能是被人从罗马尼亚偷来的配额。意大利调查人员从受害者的账户配额追踪到了第二个意大利账户的配额，在那里他们将额度迅速划转到列支敦士登注册中心的一个账户，然后再转到英国的注册处。之后，Holcim 公司追回了近 70%的被盗金额。其他国家也出现了类似的情况。慕尼黑再保险公司设计出了一种保险产品，以防止发行人在注册管理中心成为网络犯罪的受害者。

表 18－1 给出了失窃案件发生的时间列表，涉及国家和公司以及被盗的配额金额，偷盗量相当于约 3 500 万美元的市场

价值。攻击发生在一个团体中的事实，表明这个团体是存在相互协作关系的，网络犯罪分子对系统的弱点非常熟悉。

表 18-1　　二氧化碳排放权配额盗窃时间表

日期	信息揭露	公司	国别	盗窃量	行窃者
2010.10.16	2010.10.30	霍尔希姆（Holcim）	罗马尼亚	1 600 000	利希滕斯坦，意大利
—	2011.01.27	捷克电力公司（CEZ）	捷克共和国	700 000	—
2011.01.19	—	—	奥地利	488 141	利希滕斯坦，瑞典
2011.01.18	2011.01.30	哈利普斯（Halyps）	希腊	300 000	—
2010.11.24	—	—	意大利	267 991	利希滕斯坦，英国

资料来源：M.-C. Frunza，Fraud and Carbon Markets：The Carbon Connection，vol. 5，Routledge，Abingdon，2013。

碳排放权登记系统是一个封闭的系统，因此配额不能脱离这个封闭的网络空间。尽管如此，从欧洲的调查经验来看，人们还是很难追查出配额去向以及罪犯的真实身份。首先，该系统没有为了方便识别配额的交易流转而对所有账户采取集中托管措施。二氧化碳排放许可证被盗窃后，在许多情况下，27个国家在其登记册管理上是完全独立行事的。其次，欧洲的各个调查小组无权干预其他国家的调查，这也导致追踪犯罪行动迟缓。

4. 作为系统性风险的网络犯罪

随着经济从实体到数字化领域的不断变化，在转变过程中出现了新的风险和挑战。电子支付、电子交易、电子商务和加密货币只是数字化取代实体领域的一些方面。这种趋势在金融领域更为明显。目前，企业的运营风险与网络安全相关，这一风险占其资本准备金的近15%。然而，几乎所有的银行基础设施都依赖数字支持，从而使这些机构的每个层级都面临着网络攻击风险。

1998年长期资本管理公司破产和2008年雷曼兄弟违约事件发生之后，系统性风险成为金融机构真正关注的问题。目前，业界对系统性风险的认识与机构所遭受的损失或痛苦的风险传染有关。系统性事件与银行网络安全相关的可能性仍然被人们低估。

4.1　市场基础设施和网络犯罪

2013年，国际证券交易委员会和世界交易所联合会发布了一份令人震惊的调查报告，指出网络犯罪是证券基础设施系统风险的来源[①]。

在接受调查的交易所中，超过53%的受访者表示曾遭受过网络攻击，或者是拒绝服务之类的简单攻击，或者是更复杂的攻击，包括蠕虫或特洛伊木马。调查指出，89%的交易所认为网络犯罪是一种系统性风险，并要求出台正式的计划或官方

---

① 《网络犯罪、证券市场和系统性风险》，参见：http://www.csrc.gov.cn/pub/csrc_en/affairs/AffairsIOSCO/201307/W020130719521960468495.pdf。

文件以应对网络威胁；70%的交易所与国家层面的官方、监管机构和其他一致行动人共享了信息。

公开攻击的案例，比如针对交易所运营商纳斯达克 OMX 集团和 BATS 全球市场的攻击，报告称，2012 年它们是 DoS 攻击的攻击目标。2011 年 10 月，纽约泛欧证券交易所的网站有 30 分钟无法访问，但该交易所仍设法保证服务不中断。2010 年，黑客设法侵入了纳斯达克的计算机系统，并安装了恶意软件，这使得他们能够监视公开上市公司的董事。目前，所有这些针对交易所的攻击，均没有影响到市场的完整性和效率。

交易所是不可替代的基础设施，它们之间联系紧密，因此任何具有破坏性质的攻击都会在市场上造成系统性风险事件。以下情形的发生，可能会引发形成网络犯罪的系统性风险：

（1）扰乱交易活动。

网络攻击会影响交易所的交易秩序，也可能影响清算所的功能实现，使其难以完成所有交易的结算。网络攻击也可以通过针对交易所的电子通信基础设施来扰乱交易。本节中，我们还会进一步分析集中清算中的交易对手方风险。

（2）操纵市场。

如前一节所述，可以通过劫持账户和在这些市场中操作未经授权的交易来操纵市场。

（3）操控数据。

交易所也是各类机构获取财务数据信息的来源，机构利用这些财务数据信息开展投资和风险管理决策。故意篡改数据，如结算价格或买卖价格，并破坏财务数据的完整性，最终都可能造成毁坏性的影响。

（4）盗窃数据。

交易所中存储了各家参与机构的财务和交易信息等高度机密信息。通过植入病毒或蠕虫来获取内幕信息，可能会诱发更多的金融犯罪活动。

4.2　中央对手方与网络犯罪：系统性风险的场景

2008 年金融危机爆发以来，监管机构开始重新评估“太大而不能倒”的市场运行模式。因此，2009 年美国国会通过《多德-弗兰克法案》，该法案涉及其他事项，即中央交易对手方（centralized counterparties，CCP），旨在推动大型银行所持有的场外衍生品头寸进行集中清算。随后，欧盟通过了一项类似的法规——《欧洲市场基础设施监管规则》（European Market Infrastructure Regulation，EMIR）。

通过主动介入交易，CCP 有助于管理市场成员之间的交易对手风险，并推动实现了市场净额结算模式（见图 18 - 2）。然而，CCP 本身也会面临各种风险，最重要的风险是清算成员违约而造成损失扩散的风险。当出现清算成员违约的情形时，损失部分需要由 CCP 来冲销，这取决于当时的风险暴露程度。如果无法冲销这些损失，CCP 就会陷入违约状态。然而，在 CCP 出现技术性违约之前，清算成员便会开始评估各自的损失。

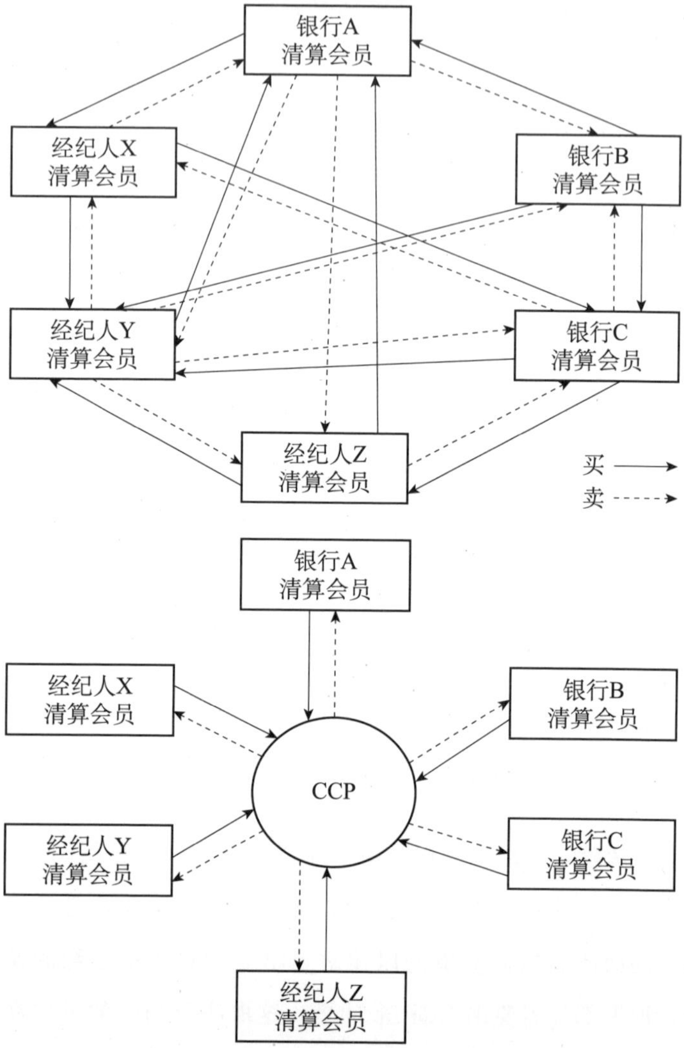

图 18-2　通过双边清算（上图）和借助 CCP 清算（下图）的衍生品交易模式

场外衍生品市场上的大多数交易，都明确了交易双方之间未来的债权债务关系。如果其中一方破产了（见图 18－3），那么很可能其就无法有效履行其债务义务。这种违约进而可能会导致更多参与方的破产，特别是当这些头寸是重要的对冲头寸时。

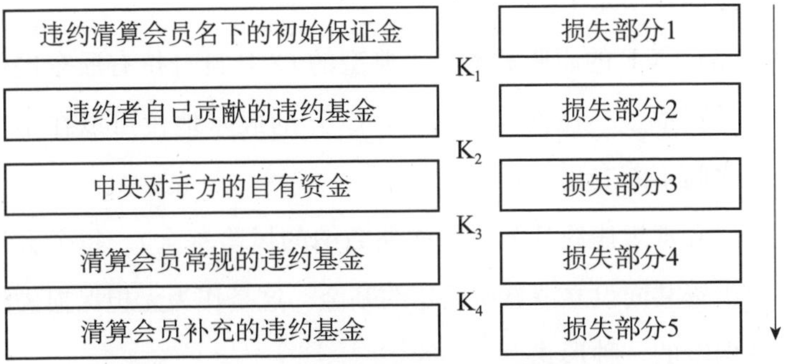

图 18－3 CCP 违约处置准备金池的典型结构

为了降低交易对手方风险向实体经济传播的负外部性，《多德-弗兰克法案》和《欧洲市场基础设施监管规则》强制要求将标准化的掉期交易转移到掉期执行机构和中央交易对手方中。货币互换的风险不再取决于交易对手的信用，而只取决于 CCP。交易双方不再面临高额风险溢价，执行大额单边交易所存在的成本高昂现象也得以化解。CCP 通过集中限额和基于信用的利润来应对这一问题。非典型的 CCP 有一种多层次的资金结构（CCP 违约处置准备金池），以保护自己和其成员免受因个别成员违约而造成的损失。CCP 的违约处置准备金池是由以下几个部分组成的，其目的是为了弥补最终的损失。

（1）变动保证金。每日收取变动保证金，或把其记入结算会员的账户，以覆盖其投资组合市值变动的任何风险。

（2）初始保证金。清算成员向 CCP 缴纳初始保证金。这是为了弥补违约成员在投资组合中所发生的各种各样的损失。在正常市场情况下，通常这部分保证金可覆盖所有损失，以满足预设的置信水平。

（3）CCP 的注册资本金。典型的 CCP 自身持有股东提供的权益资本金。在资本结构中，CCP 的股东地位可以在不同股东之间不断变化。

（4）常规违约基金（即前期缴纳的风险基金）。每个会员都应出资共同设立清算所的违约基金。这是作为无担保损失的共同保险的一种形式。

（5）补充违约基金（即后期要求补缴纳的基金）。除了向 CCP 交纳的违约基金的资金外，通常在必要时每个结算会员都负有再次注入资金的义务。CCP 有权设定再次要求追加的最大金额。在某些情况下，这种追加责任完全不设上限。

从本质上来说，CCP 集中承担了市场风险和交易对手风险。除了这些高风险以外，CCP 还很容易成为网络攻击的目标。在对它的潜在网络攻击中，真实目的更多是与恐怖分子的破坏活动有关，而不再只是为了欺诈。如果一群人或国家企图破坏某一国家、地区甚至全球层面的金融体系，那么 CCP 无疑就是达成这一目的的完美目标。从情景分析的角度来看，弄清楚 CCP 的安全保障机制是如何做到化解金融损失的，这是至关重要的。

这种结构设计的底线是不能出现 CCP 违约。如果其中一个成员遭受了巨额的损失，它传播到了组织架构的所有层级，那么最终其余的成员应该用自有储备资金来消化损失。因此，在网络攻击的影响下，CCP 存在着直接和间接的风险。

（1）CCP 的某个成员可能会成为 DoS 或蠕虫的网络攻击的直接目标，这些攻击最终会影响市场的交易估值或结算。

（2）如果 CCP 的某个成员成为攻击对象，其损失需要在 CCP 成员中分摊，那么 CCP 就会间接地遭受连带损失。实验表明，在特定市场条件下，即使是很不起眼的某个小成员的损失，也会对其他成员造成巨大损失。

尽管最近有证据表明这种事件的破坏性究竟有多大，但我们仍然低估了间接风险。图 18－4 描绘了一幅潜在的网络攻击场景，它足以破坏 CCP 的正常经营活动。一名网络罪犯是（或不是）一家经纪公司的客户，可以对其发起攻击。攻击手段可以包括 DoS、黑客攻击甚至入侵交易算法，或者欺诈订单记录簿。这样的攻击会给经纪商造成巨大损失，而这种损失可能会传递给 CCP。如果违约处置准备金池不能冲销损失，那么大的系统性银行出现损失将不得不启动注资，以维持 CCP 的运转。因此，对一家小型清算成员的网络攻击都会影响到 CCP 自身及其更大的成员。

韩国经纪公司 HanMag 的惨痛教训正是解释这一局面的相关证据。2013 年 12 月，韩国唯一的证券交易所——韩国证

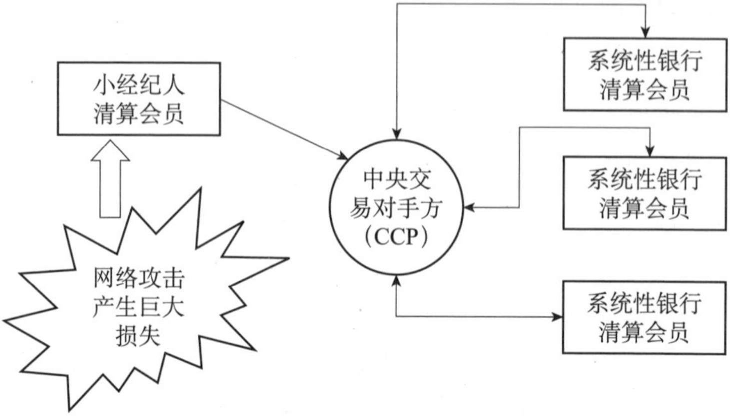

图 18-4　网络攻击场景

券交易所遭遇了其成员之一 HanMag Securities（一家专门从事期货交易的小型经纪公司）的违约事件。据称这家券商涉嫌干扰韩国综合股价指数。在 HanMag Securities 的交易平台上发生亏损，该交易平台与其自营交易平台有关，因此交易价格并不真实。在市场开盘后，它立即安排了一项计划。HanMag Securities 将这个错误归咎于它的计算机网络。该事件总共涉及 46 名交易员的 36 100 笔交易。该券商在证券市场的风险敞口约为 630 万美元，而衍生品市场价值则高达 5 840 万美元。HanMag Securities 只能对衍生品敞口支付 140 万美元，因此，累计损失 5 700 万美元。HanMag Securities 发生的亏损是其总股本 1 900 万美元的 3 倍。

HanMag Securities 是一家私人控股公司，动荡结束之后，它向韩国证券交易所提出对其交易亏损给予救济的请求。但由于不符合过失交易的认定标准，因此，韩国证券交易所拒绝了该公司的请求。经纪公司的破产风险最终由韩国经纪公司出资3.5亿美元的专项基金来承担，但是由于这一事件中并没有出现客户损失，因此，韩国证券交易所只需在自己的层面自行承担损失。一家很小的经纪商却造成了如此大的损失，以至于初始保证金和韩国证券交易所的违约基金根本不足以弥补。因此，CCP的所有其他成员都被要求注入流动资金，以解决HanMag Securities引发的问题。

在针对CCP的网络攻击中，作为（或不是）某家经纪公司客户的一名网络犯罪分子，就可以对其发起攻击。攻击手段可以包括DoS、黑客攻击甚至入侵交易算法或者骗取交易订单簿。这样的攻击会给经纪商造成巨大损失，而这种损失可能会传导给CCP。作为一个拥有系统性角色的资金准备池，CCP也是违约基金（补充违约基金）的出资人。如果CCP的违约准备金无法完全消化损失，那么具有系统性角色的大银行将不得不注资，以确保CCP能维持运转。因此，针对某个小的清算成员的网络攻击就可能会波及CCP及其更大的成员。

5. 展　望

在证券市场上，网络犯罪仍然是被人们普遍低估的一种威胁。这种趋势正在改变，对证券市场遭受网络攻击的担忧将会为我们提供更多动力，未来将会出台更多的解决方案来应对此类网络犯罪。针对市场或市场基础设施的网络攻击并不是孤立的，其经常与市场操纵、内幕交易和洗钱等金融犯罪有关。网络安全需要与金融机构自身的实体安全和内部监管制度协调一致。组织中的实体安全要比信息安全更容易进行评估。网络攻击可能会与组织内的个人或团体联系起来，尽管我们很难追踪这种情况。

可以预见，像大型投资银行、交易所或集中清算机构这样的系统性机构，都可能成为网络攻击的目标，并会产生系统性影响。这些攻击的发起人可能是犯罪组织、恐怖组织，甚至会是某国的政府。

Introduction to the Theories and Varieties of Modern Crime in Financial Markets
Marius-Christian Frunza
ISBN：9780128012215

《金融陷阱：金融史上的骗局解密》（年四伍 译）
ISBN：978-7-300-29841-2

图书在版编目（CIP）数据

金融陷阱：金融史上的骗局解密/（法）马里乌斯-克里斯蒂安·弗朗扎编；年四伍译．-- 北京：中国人民大学出版社，2021.10

书名原文：Introduction to the Theories and Varieties of Modern Crime in Financial Markets

ISBN 978-7-300-29841-2

Ⅰ.①金… Ⅱ.①马… ②年… Ⅲ.①金融犯罪—研究 Ⅳ.①D914.330.4

中国版本图书馆 CIP 数据核字（2021）第 179060 号

金融陷阱

金融史上的骗局解密

［法］马里乌斯-克里斯蒂安·弗朗扎（Marius-Christian Frunza）编

年四伍 译

Jinrong Xianjing

出版发行	中国人民大学出版社		
社　　址	北京中关村大街 31 号	**邮政编码**	100080
电　　话	010－62511242（总编室）		010－62511770（质管部）
	010－82501766（邮购部）		010－62514148（门市部）
	010－62515195（发行公司）		010－62515275（盗版举报）
网　　址	http://www.crup.com.cn		
经　　销	新华书店		
印　　刷	涿州市星河印刷有限公司		
规　　格	148mm×210mm　32 开本	**版　　次**	2021 年 10 月第 1 版
印　　张	14	**印　　次**	2021 年 11 月第 2 次印刷
字　　数	268 000	**定　　价**	79.00 元

企业生命周期

伊查克·爱迪思(Ichak Adizes) 著 王玥 译
2017年10月出版

豆瓣评分8.6分，京东7800条评论，一本畅销30年的商业经典

- 被翻译为20多种语言，畅销全球30年，影响了无数人
- 周期规律，是创业、投资、管理及任何工作的底层逻辑
- 了解周期并采取恰当的干预，能帮助我们避免很多不必要的问题

水平思考：如何开启创造力

[英] 爱德华·德博诺（Edward de Bono）著
2018年4月出版

全球创新思维大师德博诺博士教人们如何打开脑洞、成为善于创新的人

- 德博诺博士被评为对全球贡献最大的250人之一，《六顶思考帽》《水平思考》是他关于创新思维的两部代表作
- 好玩有趣的练习、清晰实用的方法，助你脑洞大开
- 奔驰等全球知名企业都在采用的创新思维训练方法

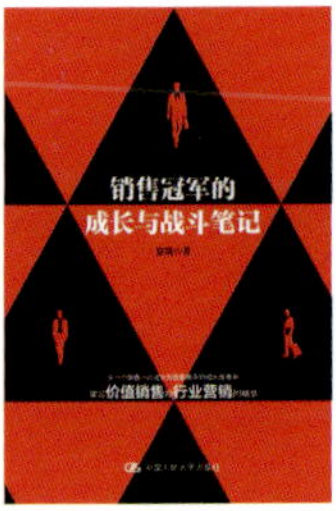

销售冠军的成长与战斗笔记

夏凯 著
2021年3月出版

在一位销售小白成长为签单高手的故事中，讲透了行业经销和解决方案销售的精髓

- 一部引人入胜的销售小说
- 再现了销售人员的困惑和迷茫、成长和艰辛，每一位销售人员都可以从中看到自己的身影
- 讲述解决方案销售的实际应用，也是销售人员的职业规划指南

如果您喜欢这些书，
想与作者或其他读者交流，
可以扫描二维码添加编辑的微信，
我们邀请您进我们的读书交流群。

投稿邮箱：185130921@qq.com
联系电话：010-62510371